AI 에디터 커서 Cursor 완벽 가이드

AI 에디터 커서 Cursor 완벽 가이드

Original Japanese Language edition
AI Editor Cursor Kanzen Guide
by Yuichiro Kinoshita
Copyright © Yuichiro Kinoshita 2024
Published by Ohmsha, Ltd.
Korean translation rights by arrangement with Ohmsha, Ltd.
through Japan UNI Agency, Inc., Tokyo and Lee&Lee Foreign Rights Agency, Gyeonggi-do

이 책의 한국어판 저작권은 리앤리에이전시를 통한 저작권자와의 독점 계약으로 영진닷컴이 소유합니다. 저작권법에 의해 한국 내에서 보호를 받는 저작물이므로 무단 전재와 복제를 금합니다.

독자님의 의견을 받습니다.

이 책을 구입한 독자님은 영진닷컴의 가장 중요한 비평가이자 조언가입니다. 저희 책의 장점과 문제점이 무엇인지, 어떤 책이 출판되기를 바라는지, 책을 더욱 알차게 꾸밀 수 있는 아이디어가 있으면 팩스나 이메일, 또는 우편으로 연락주시기 바랍니다. 의견을 주실 때에는 책 제목 및 독자님의 성함과 연락처(전화번호나 이메일)를 꼭 남겨 주시기 바랍니다. 독자님의 의견에 대해 바로 답변을 드리고, 또 독자님의 의견을 다음 책에 충분히 반영하도록 늘 노력하겠습니다.

파본이나 잘못된 도서는 구입처에서 교환 및 환불해 드립니다.

ISBN 978-89-314-8049-8
이메일 support@youngjin.com
주　소 (우)08512 서울특별시 금천구 디지털로9길 32 갑을그레이트밸리 B동 10층
등　록 2007. 4. 27. 제16-4189호

STAFF
저자 키노시타 유이치로 | **역자** 김모세 | **총괄** 김태경 | **기획** 박지원 | **디자인·편집** 강민정
영업 박준용, 임용수, 김도현, 이윤철 | **마케팅** 이승희, 김근주, 조민영, 김민지, 김진희, 이현아
제작 황장협 | **인쇄** 예림

AI 에디터 커서 Cursor 완벽 가이드

키노시타 유이치로 저 | 김모세 역

들어가며

프로그래밍의 상식이 바뀌고 있습니다. 생성형 AI의 등장은 소프트웨어 개발 패러다임의 대변혁을 예고합니다.

지금까지 프로그래밍은 프로그래밍 언어 학습, 프레임워크 및 라이브러리 이해, API 숙지, 로직 설계, 코드 작성 등 일련의 과정을 전제로 했습니다. 그러나 생성형 AI를 활용하면 이러한 프로세스를 근본적으로 변화시킬 수 있습니다.

이제는 AI에게 「이런 프로그램을 만들어 주세요.」라고 지시하는 것만으로도 코드를 자동 생성할 수 있습니다. 실행 결과가 기대와 다를 경우, 「이 부분을 이렇게 수정해 주세요.」라고 요청해 반복적으로 개선할 수 있으며, 이를 통해 원하는 결과물에 점점 가까워집니다.

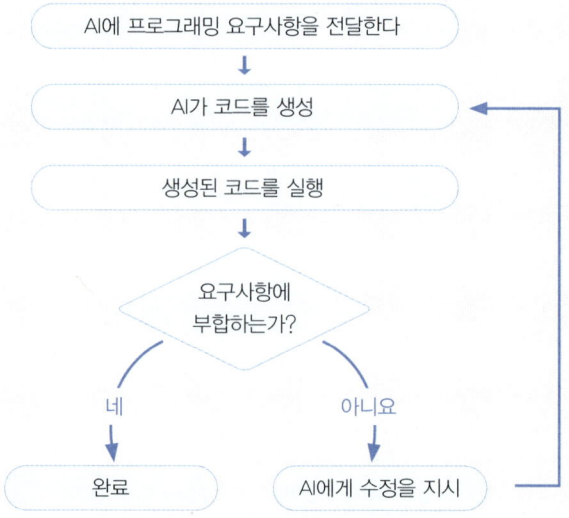

물론 AI만으로 대응하기 어려운 경우에는 사람이 직접 코드를 작성해야 합니다. 하지만 그럴 때조차도 AI로부터 다양한 지원을 받을 수 있습니다. 이 새로운 개발 방식은 생산성을 비약적으로 향상시키기 때문에, 머지않아 주류로 자리 잡게 될 것입니다.

AI를 활용한 프로그래밍은 더 이상 엔지니어만의 영역이 아닙니다. 우리가 일상적으로 사용하는 자연어로 명령을 내려 프로그램을 작성할 수 있게 되면서, 비전문가도 일상적으로 프로그래밍에 참여할 수 있는 길이 열렸습니다.

이러한 변화에 따라 개발 도구도 AI 네이티브 환경으로 진화하고 있습니다. 그 중심에는 AI 퍼스트 코드 에디터(AI first code editor) 또는 AI 페어 프로그래머(AI pair programmer)로 설계된 IDE, Cursor가 있습니다.

이 책에서는 Cursor의 개요와 주요 기능, 다양한 활용 사례, 효과적인 프롬프트 작성법 등 실전적인 기법을 폭넓게 다룹니다. 프로그래밍 입문자부터 숙련된 개발자까지, 누구나 AI를 활용한 새로운 프로그래밍의 미래를 배울 수 있을 것입니다.

여러분이 이 책을 통해 AI 네이티브 프로그래밍의 세계를 경험하고, 새로운 시대를 이끄는 주역이 되어, 프로그래밍의 미래를 함께 만들어 가길 바랍니다. 그럼 이제, Cursor와 함께 AI 시대의 새로운 프로그래밍을 시작해 봅시다!

대상 독자

이 책은 AI를 활용한 프로그래밍에 흥미를 가진 다양한 독자를 대상으로 합니다.

- 프로그래밍 초보자
- 프로그래밍 경험자
- 전문 엔지니어
- 비 엔지니어

프로그래밍 초보자에게 이 책은 AI를 활용한 새로운 프로그래밍 세계로 들어가는 입구가 될 것입니다. 기존의 프로그래밍 학습은 프로그래밍 언어의 문법과 구문 같은 기초 지식을 익히는 것에서 출발했으며, 동작하는 프로그램을 완성하기까지 높은 진입 장벽이 있어 쉽게 좌절하기도 했습니다. 그러나 Cursor를 활용한 AI 네이티브 프로그래밍은 자연어 지시만으로 프로그램을 만들 수 있어, 프로그래밍의 즐거움을 느끼는 동시에 기초 개념과 원리를 자연스럽게 익힐 수 있습니다.

프로그래밍 경험이 있는 독자에게 이 책은 AI를 활용한 새로운 개발 방식을 배울 수 있는 절호의 기회가 될 것입니다. 기존의 프로그래밍 지식을 바탕으로 AI와 협업하여 보다 효율적이고 창의적인 개발을 실현할 수 있는 다양한 힌트를 담고 있습니다. 이 책을 통해 지금까지 쌓아온 개발 경험을 AI 네이티브 환경에서 어떻게 확장하고 적용할 수 있을지 발견하게 될 것입니다.

전문 엔지니어에게도 이 책은 높은 실용적 가치를 제공합니다. AI 네이티브 개발 환경인 Cursor의 활용법, 프롬프트 기반 개발을 위한 실전 팁 등 실천적인 기법들을 상세히 설명하며, 이를 숙달함으로써 개발 생산성을 크게 높일 수 있습니다. 더불어 AI 기반 개발의 리더로서 팀을 이끌어가기 위한 전략과 통찰도 얻을 수 있습니다.

프로그래밍에 직접 관여하지 않는 비전문가에게도 이 책은 매우 흥미롭게 다가올 것입니다. AI의 도움으로 프로그래밍이 점점 더 친숙해지는 미래상을 구체적으로 그려볼 수 있으며, 자연어 기반 프로그래밍의 가능성을 통해 자신의 업무나 취미에 프로그래밍을 어떻게 활용할 수 있을지에 대한 아이디어를 얻을 수 있습니다. 또한, AI 네이티브 개발 환경에 대한 기본적인 이해를 통해 엔지니어와의 소통이 한층 원활해질 것입니다.

이처럼 이 책은 프로그래밍 입문자부터 숙련된 개발자, 그리고 비전문가에 이르기까지 폭넓은 독자를 대상으로 합니다. AI 네이티브 프로그래밍에 관심 있는 모든 분들에게 새로운 발견과 배움의 기회를 제공할 것입니다. 각자의 환경과 목적에 맞게 이 책의 내용을 활용해 보시기 바랍니다.

사전 지식

이 책은 자연어를 활용한 프로그래밍 세계를 폭넓은 독자층에 소개하는 것을 목표로 합니다. 따라서 프로그래밍 언어에 대한 사전 지식이 없어도 무방합니다.

프로그래밍이 처음인 독자도 AI를 활용한 새로운 프로그래밍 방식을 이 책을 통해 경험할 수 있습니다. Cursor 사용법과 자연어 명령을 이용한 프로그래밍 기초부터 차근차근 설명하므로, 프로그래밍 지식이 없어도 무리 없이 읽어 나갈 수 있습니다.

프로그래밍 경험자라면 기존 지식을 바탕으로 AI를 활용한 새로운 개발 방식을 보다 깊이 있게 학습할 수 있습니다. 이 책에서는 Python, JavaScript(React), Go, Swift, Dart(Flutter), 셸 명령어 등 다양한 언어의 활용 사례를 소개하며, 이들 언어에 대한 기본적인 이해가 있다면 내용을 더욱 명확하게 파악할 수 있습니다.

Cursor는 VS Code(Visual Studio Code)를 기반으로 한 에디터입니다. VS Code 사용 경험이 있다면 Cursor의 조작 방식과 UI를 보다 빠르게 익힐 수 있습니다. Cursor만의 기능을 이해할 때도 VS Code와의 유사점과 차이점을 의식하면 보다 효과적으로 학습할 수 있습니다.

또한 ChatGPT나 Claude와 같은 대화형 AI 언어 모델 사용 경험이 있다면, 생성형 AI에 자연어로 지시하는 과정이 더욱 구체적으로 그려질 것입니다. 물론 이러한 경험이 없어도 책의 이해에 지장은 없습니다.

이 책은 Cursor에서 AI에게 프로그래밍을 지시하는 전체 흐름을 중심으로 설명하며, 독자가 직접 코드 작성에 깊이 관여하지는 않습니다. 프로그래밍 언어 자체에 대한 세부적인 설명도 생략되어 있어, 입문자도 부담 없이 읽을 수 있도록 구성되어 있습니다.

책의 구성

이 책은 독자 여러분이 실제로 Cursor를 사용해 자연어 기반 프로그래밍을 체험할 수 있도록 구성되어 있습니다. 각 장에서는 Cursor의 기능과 활용법을 스크린샷과 함께 단계별로 자세히 설명하므로, 프로그래밍 초보자도 당황하지 않고 AI를 활용한 프로그래밍의 흐름을 쉽게 따라올 수 있습니다.

먼저 Cursor를 이용한 프로그래밍을 직접 경험할 수 있도록 두 가지 실습용 예제를 소개합니다. 이후 Cursor의 핵심 기능과 설정 방법을 설명하며, 이어지는 장에서는 다양한 프로그래밍 예제를 통해 Cursor를 활용한 개발 실습 능력을 차근차근 익힐 수 있도록 구성했습니다. 마지막으로 Cursor를 보다 효과적으로 활용할 수 있는 유용한 기법과 팁도 함께 소개합니다.

각 예제에 사용된 프롬프트, 사양서, 생성된 소스 코드는 GitHub에 공개되어 있어, 누구나 자유롭게 다운로드하여 활용할 수 있습니다. 이를 바탕으로 다양한 방식으로 코드를 수정하고, 자신만의 프로그램을 만들어보는 연습도 가능합니다.

다만 생성형 AI의 특성상 동일한 명령을 반복해도 결과로 생성되는 소스 코드가 달라질 수 있습니다. 따라서 책에 수록된 예제 코드는 어디까지나 참고용으로 활용해 주시기 바랍니다.

Cursor는 매우 빠른 주기로 업데이트되며 지속적으로 발전하고 있습니다. 이 책이 출간된 이후에도 기능이나 설정, 사용 방법 등에 변경이 생길 수 있으므로, 주요 변경 사항은 다음 GitHub 저장소를 통해 제공할 예정입니다. 책에 수록된 Cursor의 화면과 실제 화면이 다를 경우, 해당 저장소를 참고해 최신 정보를 확인해 주세요. 단, 실제 내용과 다소 차이가 있을 수 있음을 양해 바랍니다.

https://github.com/Youngjin-com/Cursor

※ 본문에서는 Cursor의 주요 기능과 인터페이스를 설명하기 위해 공식 문서의 내용을 일부 참고하였습니다.

이 책에서 사용한 소프트웨어 버전은 다음과 같습니다.

Cursor
- Cursor v1.1.3까지의 주요 업데이트 내용을 반영

Python
- Windows: 3.12.x (3.12 계열 최신 버전)
- macOS: 3.11.x (3.11 계열 최신 버전)

각 예제에 필요한 환경은 해당 예제 내에서 자세히 설명합니다. 책에 수록된 스크린샷은 특정 시점의 버전을 기준으로 캡처한 것으로, 독자가 이 책을 읽는 시점에는 다소 오래된 버전일 수 있습니다. 이 점 양해 부탁드립니다.

이 책의 모든 내용은 해당 버전의 소프트웨어를 기준으로 작성되었습니다. Cursor는 지속적으로 활발하게 개발되고 있으므로, 항상 최신 버전의 소프트웨어를 사용하는 것을 권장합니다. 버전에 따라 화면 구성이나 기능에 차이가 있을 수 있으나, 기본적인 조작 방식과 핵심 기능은 크게 달라지지 않을 것입니다. 만약 책의 설명대로 진행되지 않는 경우에는 Cursor의 Chat 기능을 활용해 문제를 해결해 보시기 바랍니다.

이 책의 내용에 대한 여러분의 피드백은 언제든지 환영합니다. 오탈자나 내용 관련 수정 제안은 물론, 독자의 의견이나 감상도 GitHub를 통해 자유롭게 남겨 주세요. 책의 내용과 관련한 질문에 대해서는 가능한 범위 내에서 지원해 드리겠습니다. 다만, 개별적인 프로그래밍 문제에 대한 대응에는 한계가 있을 수 있는 점 양해 부탁드립니다.

메뉴 조작 표기 방법과 용어 사용 방법

메뉴 조작 순서는 홑낫표(「」)를 사용하여 「File」→「New file」과 같이 표기합니다. 이는 먼저 「File」 메뉴를 클릭한 뒤, 표시되는 드롭다운 메뉴에서 「New file」을 선택하라는 의미입니다.

또한 단축키는 「⌘(cmd)+L(Mac)/Ctrl+L(Win)」와 같이 macOS와 Windows 양쪽의 키 조합을 함께 기재합니다.

그리고 프롬프트와 답변은 Q 아이콘과 A 아이콘으로 각각 구분하여 표시하므로, 책을 읽을 때 참고하시기 바랍니다.

다음은 이 책에서 사용하는 주요 AI 관련 용어입니다.

- 「AI」: 인공지능 전반을 의미합니다.
- 「LLM」: 대규모 언어 모델(Large Language Model)로, 대량의 텍스트 데이터를 학습한 언어 처리용 AI 모델 기술을 말합니다.
- 「생성형 AI」: 텍스트, 이미지, 음성 등 다양한 콘텐츠를 생성하는 AI 기술을 포괄하는 용어입니다. LLM도 생성형 AI의 한 범주입니다.
- 「모델」: GPT-4o, Claude 3.7 Sonnet 등의 구체적인 LLM 유형이나 버전을 의미합니다.
- 「프롬프트」: AI 어시스턴트에게 명령하거나 질문하기 위해 사용자가 입력하는 문장을 말합니다.
- 「AI 어시스턴트」: LLM을 기반으로 자연어 프롬프트에 응답하는 대화형 시스템이나 서비스를 지칭합니다.

책을 읽는 동안 이 용어들의 의미를 염두에 두고 내용을 따라가시기 바랍니다. 개념이 모호하게 느껴질 경우 언제든지 이 페이지를 다시 참고해 주세요.

이제 Cursor와 함께 AI 프로그래밍의 세계에 첫 발을 내딛어 봅시다.

키노시타 유이치로

목차

1장 Cursor 도입

1.1 Cursor 개요 _18

1.2 Cursor 요금 플랜 _20

1.3 Cursor 설치 _22
- Windows에서의 설치 순서 _22
- macOS에서의 설치 순서 _22

1.4 Cursor 기본 설정 _23
- 최초 실행 시 설정 _23
- 한국어화 _27

2장 Cursor 기본 조작

- 들어가기 _32

2.1 기본 조작 실습 – Python편 _36
- Python 환경 설정 _36
- 틱택토 CLI 애플리케이션 _40
- 틱택토 GUI 애플리케이션 _47

2.2 기본 조작 실습 – JavaScript(React)편 _51
- Node.js 설치 _52
- React를 사용한 웹 애플리케이션 _54

2.3 프로그래밍이 처음인 분들을 위해 _63

3장 Cursor 기능 설명

- 들어가기 _66

3.1 Chat _66
- Header 메뉴 _67
- Chat의 다양한 모드(Mode) _68
- AI 모델 _72
- Tools _76
- 심볼 참조 _77
- 「image」 버튼 _88
- 「Send」버튼 _89
- 「Apply」버튼 _90
- 「Reapply」 버튼 _92
- 「Copy」 버튼 _92

3.2 Context _93
- Codebase Indexing _93
- Rules for AI _96
- MCP _98

3.3 Cmd K _100
- 실행 순서 _100
- 사용 방법 _101
- 심볼 참조 _102
- Edit Selection _103
- Edit Full File _103
- quick question _103
- Add a follow-up _105

3.4 터미널 Cmd K _107
- 실행/조작 순서 _107

3.5 Cursor Tab _110
- Cursor Tab 설정 화면 _111

4장 Cursor Settings

- 들어가기 _114

4.1 General _114
- Preferences _122
- Privacy _126

4.2 Chat _127
- Chat _128
- Context _128
- Applying Changes _129
- Auto-Run _129
- Inline Editing & Terminal _129

4.3 Tab _130

4.4 Models _131

4.5 Tools & Integrations _133
- Integrations _134
- MCP Tools _135

4.6 Rules _136
- Memories _138
- Project Rules와 User Rules _139

4.7 Indexing & Docs _139
- Codebase _140
- Docs _141

4.8 Network _142

4.9 Beta _143

5장 프롬프트 프로그램 실전 예제

- 들어가기 _146

5.1 시스템 정보 표시 명령어 _146

5.2 이미지 크기를 한 번에 변경해 다른 폴더에 저장하기 _149
   - 의존 라이브러리 설치 _151

5.3 이미지 형식 일괄 변환 및 파일명 변경해서 저장하기 _154
   - 의존 라이브러리 설치 _155

5.4 PDF 파일 결합하기 _156
   - 의존 라이브러리 설치 _159

5.5 텍스트 파일 결합하기 _159

5.6 로그 파일에서 에러행 추출 및 저장하기 _161

5.7 CSV 파일 데이터 검증하기 _164
   - 의존 라이브러리 설치 _169

5.8 대량 파일의 문자 인코딩 일괄 변환하기 _169
   - 의존 라이브러리 설치 _172

5.9 생성한 명령어를 셸 스크립트로 바꾸기 _173

5.10 정규 표현으로 날짜 형식 통일하기 _177
   - 변환 전 CSV 데이터 _177
   - 변환 순서 _178
   - 의존 라이브러리 설치 _185

5.11 CLI 틱택토 Python 프로그램을 Golang으로 변환하기 _186
- Go 설치 _186
- 코드 변환 순서 _187

5.12 PyGame 오셀로 게임 _192
- PyGame 설치 _192
- 프로그램 작성 _193

5.13 웹 스크래핑 해보기 _199
- 추출할 정보 항목 확인 _200
- 프로그램 작성 순서 _201
- 의존 라이브러리 설치 _209

5.14 SQL 데이터베이스 다루고 집계하기 _209
- 환경 준비 _210
- SQLite 설치 확인 _212
- SQLite3 Editor 확장 기능 설치 _213
- 데이터베이스와 테이블 생성 _214
- 샘플 데이터 작성 및 등록 _217
- 데이터 집계 _222

5.15 iOS 애플리케이션 개발하기(Swift) _226
- 개발 환경 설정 _227
- Cursor를 사용한 개발 순서 _231

5.16 Android 애플리케이션 개발하기(Flutter) _239
- 개발 환경 설정 _240
- 새 프로젝트 작성 _244
- 사양서 기반 앱 만들기 _247

6장 Cursor 개발 기법

- 6.1 프롬프트 기법 _270
  - 프롬프트 엔지니어링 _270
  - 프로그래밍에 특화된 프롬프트 작성 요령 _270
  - 화면(UI) 디자인에 특화된 프롬프트 작성 요령 _271
  - 리버스 프롬프팅 _272
  - 이미지로 설명하기 _273
  - 심볼 참조의 활용 범위 _273
  - 프로그래밍 지식 _274

- 6.2 코드 보호 _275
  - 「Accept」 전에 변경 내용 확인 _275
  - 변경 범위의 제한 _275
  - 모듈(파일)의 분할 _276
  - Git을 활용한 버전 관리 _276
  - 이전 단계로 되돌리기 및 코드베이스 복원 _276

- 6.3 Tips _277
  - 파일 저장 시 자동으로 줄 끝 공백 제거하기 _277
  - 동일한 프롬프트 반복 전송 _278
  - 변경된 부분만의 코드 제시 프롬프트 _279
  - 마크업 언어, 태그 언어의 Cmd K 변환 _281

- 6.4 마지막: AI로 인해 프로그래머는 더 이상 필요하지 않은 존재가 될까? _283

1장

Cursor 도입

1.1 Cursor 개요

생성형 AI의 등장은 프로그래밍 분야에서도 AI를 내장한 다양한 도구의 등장을 이끌고 있습니다. 특히 2022년 후반, OpenAI가 ChatGPT를 공개하면서 AI를 활용한 코드 생성과 대화형 프로그래밍 지원이 주목받기 시작했습니다.

이러한 흐름에 따라, 가장 먼저 VS Code(Visual Studio Code)에 확장 기능 형태로 AI를 연동하려는 시도가 이어졌습니다. 하지만 확장 기능을 통한 접근에는 기술적 한계가 있었고, 이에 따라 VS Code를 포크(fork)하여 AI 네이티브 애플리케이션으로 새롭게 개발된 것이 바로 Cursor입니다. 공식 문서에서는 「왜 확장 기능이 아닌가?」라는 질문에 대해 「단독 애플리케이션으로 개발해야만 보다 고도화된 AI 연동이 가능하다. 일부 기능은 확장 기능으로는 구현할 수 없다.」고 설명하고 있습니다.

Cursor는 생성형 AI를 기본 내장한 코드 에디터로, OpenAI의 GPT-4o, Anthropic의 Claude 4 Sonnet 등 최신 대규모 언어 모델(Large Language Model)을 통합하고 있습니다. 이를 통해 마치 AI 어시스턴트와 짝을 이뤄 프로그래밍하는 듯한 페어 프로그래밍(pair programming) 경험을 제공하는 것이 Cursor의 가장 큰 특징입니다. Cursor의 등장은 프로그래밍 세계에서도 본격적인 AI 활용 시대가 도래했음을 보여줍니다.

Cursor를 개발한 기업 Anysphere는 OpenAI가 주도한 스타트업 펀드의 시드 자금으로 800만 달러(약 117억 원)를 유치했으며, GitHub 전 CEO인 Nat Friedman, Dropbox 공동 창업자 Arash Ferdowsi 등 유력한 엔젤 투자자들도 투자에 참여했습니다. 이를 통해 Anysphere[1]는 총 1,100만 달러(약 150억 원)의 자금을 확보했습니다.

---

1 2025년 5월 기준 Anysphere는 투자 유치로 기업 가치가 약 90억 달러(한화 약 12조 원)로 급등하였습니다.

OpenAI Investment Thesis Map

- SEED VC
  - Bookkeeper — Kick
  - Chip manufacturer — Atomic Semi
  - Design tool — Diagram
  - Developer assistant — qqbot.dev
  - Family calendar manager — (Milo)
  - Integrated development environment (IDE) — Anysphere, Cursor
  - Legal assistant — Harvey
- SERIES A
  - Database — EDGE|DB
  - Work productivity tool — mem
- SERIES B
  - Language learning app — Speak
- SERIES C
  - Audio & video editor — descript

OpenAI Startup Fund

Source: CB Insights
Based on OpenAI's investments since 2022.
CBINSIGHTS

(출처: https://www.cbinsights.com/research/openai-investment-strategy/)

Anysphere의 공동 창업자이자 CEO인 마이클 트루엘(Michael Truell)은 확보한 자금이 AI 및 머신러닝 연구 강화에 활용될 예정이라고 밝혔습니다. 그는 「나의 사명은 프로그래밍 속도의 차원을 바꾸고, 프로그래밍을 보다 즐겁고 창의적인 활동으로 만드는 것이다.」라고 말하며, 「Cursor를 통해 모든 개발자가 소프트웨어를 더 빠르고 효율적으로 구축할 수 있게 될 것.」이라고 강조했습니다.

Cursor는 꾸준히 인기를 얻고 있으며, 이미 수만 명의 사용자가 플랫폼을 이용하고 있습니다. 유료 고객 기반도 빠르게 확장되고 있으며, 출시 후 1년도 되지 않아 경영 이익이 100만 달러(약 15억 원)를 돌파하는 성과를 거두었습니다. 이러한 수치는 스타트업으로서 매우 놀라운 출발이라 할 수 있습니다.

Cursor는 앞으로 다음과 같은 기능 개선과 확장을 로드맵에 포함하고 있습니다.

❶ 파일이나 폴더 단위에서의 보다 복잡한 편집 기능
❷ 코드 검색의 고도화
❸ 문서를 활용한 새로운 라이브러리 학습 기능

현재는 개인이나 팀을 위한 개발 경험 향상에 중점을 두고 있지만, Cursor는 개발자의 생산성을 크게 높여주는 도구이기 때문에, 장기적으로는 기업 사용자에게도 필수적인 도구가 될 것으로 기대되고 있습니다.

 1.2 Cursor 요금 플랜

Cursor를 처음 사용하는 분이라면, 먼저 Hobby 플랜으로 시작해보는 것이 좋습니다. 이 플랜은 기본 기능을 체험해보기에는 충분하며, 가입 후 일정 기간 동안은 Pro 기능도 함께 제공됩니다.

더 많은 기능이 필요해지면 Pro 플랜으로 전환할 수 있습니다. 이 플랜은 에이전트 요청과 자동 완성 기능을 제한 없이 사용할 수 있고, 백그라운드 에이전트, Bug Bot, 더 많은 코드 범위를 한 번에 이해할 수 있는 확장된 컨텍스트 윈도우 등 다양한 고급 기능을 제공합니다.

특히 Pro 플랜은 두 가지 방식 중 하나를 선택할 수 있습니다. 매달 500회 요청 제한이 있는 고정형과, 요청은 무제한이지만 속도 제한이 적용되는 방식 중에서 자신의 작업 방식에 맞게 선택하면 됩니다.

더 많은 작업량과 최신 기능 우선 접근이 필요한 경우에는 Ultra 플랜, 팀 단위로 사용하는 경우에는 Teams 플랜, 대규모 조직과 고급 보안이 필요한 환경에는 Enterprise 플랜이 적합합니다.

이처럼 Cursor는 다양한 목적과 환경에 맞는 플랜을 제공하고 있어, 사용자는 자신의 필요에 따라 가장 적합한 요금제를 선택해 효율적으로 Cursor를 활용할 수 있습니다.

Cursor의 요금 플랜은 다음과 같습니다.

플랜	월 요금	주요 기능 요약
Hobby	무료	• Pro 기능 일부 체험 (2주) • 자동완성 및 탭 완성 제한적 사용 • 느린 요청 사용 가능 (속도 제한 있음) • 개인 데이터 프라이버시 설정 가능
Pro	$20	• Hobby 기능 포함 • 무제한 요청 가능 (속도 제한 있음) • 도구 호출 제한 없음 • Max 모드 사용 가능 • 기존 사용자: 500회 제한 방식 유지 설정 가능
Ultra	$200	• Pro 대비 20배 사용량 제공 • 고성능 사용자용 요금제 • 예측 가능한 고정 요금 • 최신 기능 우선 제공
Teams	$40/사용자	• Pro 기능 포함 • 팀 전체 프라이버시 모드 강제 적용 • 관리자 대시보드 및 사용 통계 제공 • SAML/OIDC 기반 싱글 사인온 • 팀 단위 요청량 관리 가능
Enterprise	맞춤형 견적 제공	• 맞춤형 견적제공 • Teams 기능 포함 • 대규모 조직에 적합한 요청량 • SCIM, 고급 접근 제어, 전담 지원 포함

Cursor 요금 플랜

https://www.cursor.com/pricing

1.3 Cursor 설치

● **Windows에서의 설치 순서**

❶ Cursor 공식 웹사이트(https://www.cursor.com/)에 접속합니다.

❷ 「Download for Windows」 버튼을 클릭하여 설치 프로그램을 다운로드합니다.

❸  다운로드한 설치 파일(CursorUserSetup-(비트 수)-(버전 번호).exe)을 실행합니다.

❹ 첫 실행 시 설정 절차로 이동합니다.

● **macOS에서의 설치 순서**

❶ Cursor 공식 웹사이트(https://www.cursor.com/)에 접속합니다.

❷ 「Download for Mac」 버튼을 클릭하여 「Cursor Mac Installer.zip」 파일을 다운로드합니다.

❸ 다운로드한 「Cursor Mac Installer.zip」 파일을 더블 클릭하여 압축을 풉니다.

❹ 압축 해제된 「Install Cursor.app」 파일을 실행합니다.

❺ 「Applications」 폴더에서 Cursor를 실행합니다.

❻ 「열기」를 클릭해 클릭하여, 인터넷에서 다운로드한 애플리케이션 실행을 허용합니다.

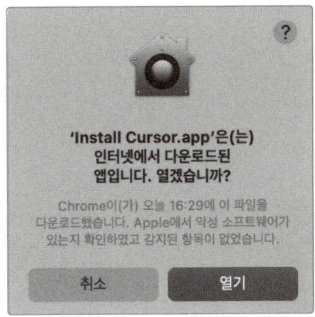

❼ 첫 실행 시 설정 절차로 이동합니다.

1.4 Cursor 기본 설정

● 최초 실행 시 설정

❶ Cursor를 처음 실행하면 가입(Sign Up) 또는 로그인(Log In)을 선택할 수 있는 환영 화면이 나타납니다. 이때 하단의 「Skip and continue」 버튼을 클릭하면 로그인 없이 테마, 키 바인딩, 데이터 공유 등의 초기 설정을 먼저 진행할 수 있습니다. 우선 「Skip and continue」을 눌러줍니다.

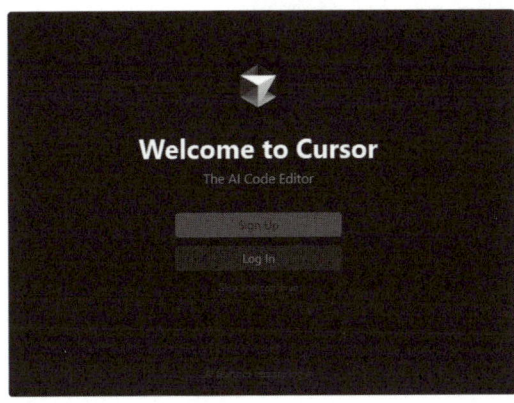

❷ VS Code 설정을 가져올 수 있는 화면이 나타납니다. 가운데에 있는 'Import from VS Code' 버튼을 클릭하면 기존 VS Code의 테마나 확장 기능 등을 불러올 수 있습니다. 처음 사용하는 경우에는 하단의 'Skip and continue' 버튼을 눌러 설정을 건너뜁니다.

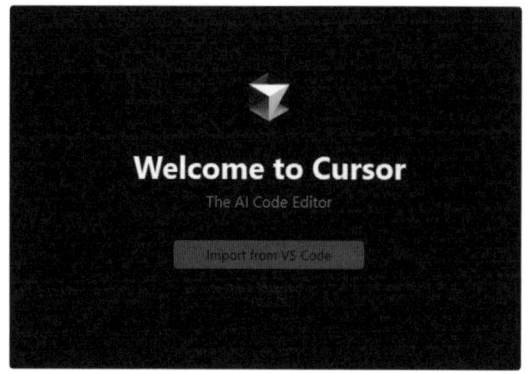

❸ 에디터 테마를 선택하는 화면으로 넘어갑니다. 「Explore other themes」를 클릭하면 더 다양한 테마를 고를 수 있습니다. (이 책에서는 가독성을 높이기 위해 밝은 테마를 선택하였습니다.)

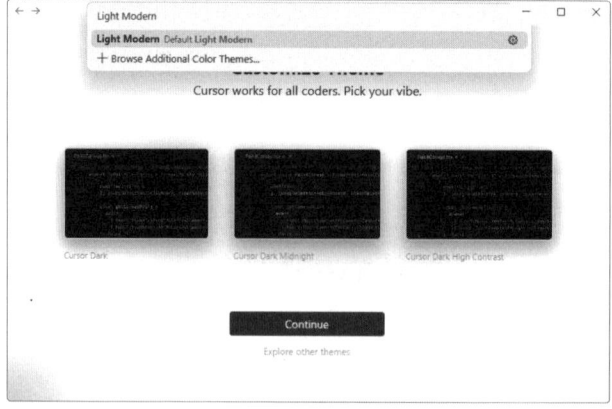

❹ 이 화면에서는 주요 기능을 간단히 소개하는 튜토리얼이 표시됩니다. 'Continue' 버튼을 눌러 진행합니다.

❺ 『Data Sharing』 화면에서 안내 내용을 확인한 후, 「I am fine with Cursor learning from my code」 항목을 체크한 다음 [Continue] 버튼을 클릭합니다.

- 이 화면은 Cursor가 사용자 코드, 프롬프트, 코드베이스, 편집 기록 등의 데이터를 학습에 활용하여 제품을 개선할 수 있음을 안내합니다. 데이터 공유 기능은 설치 후 첫날에는 기본적으로 꺼져 있지만, 이후 자동으로 활성화됩니다. 이 설정은 언제든지 「Settings」 → 「Privacy」 메뉴에서 사용자가 직접 비활성화할 수 있습니다. 민감한 정보를 다루는 경우, 설치 직후 해당 기능을 꺼둘 것을 권장합니다.

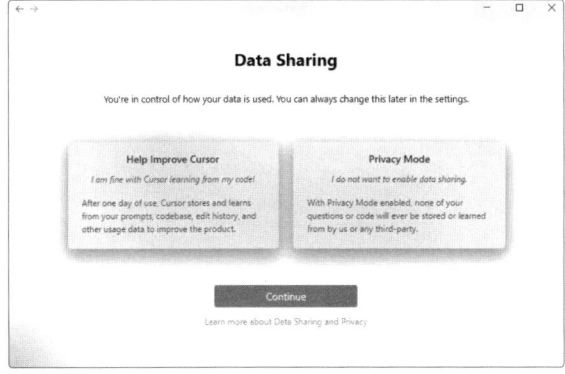

❻ 「Language for AI」에서 「Korean」을 선택한 후, 「Open from Terminal」에서 「Install」을 클릭하고, 이어서 「Continue」를 클릭합니다.

❼ 화면이 표시되면 Cursor의 초기 설정이 완료됩니다.

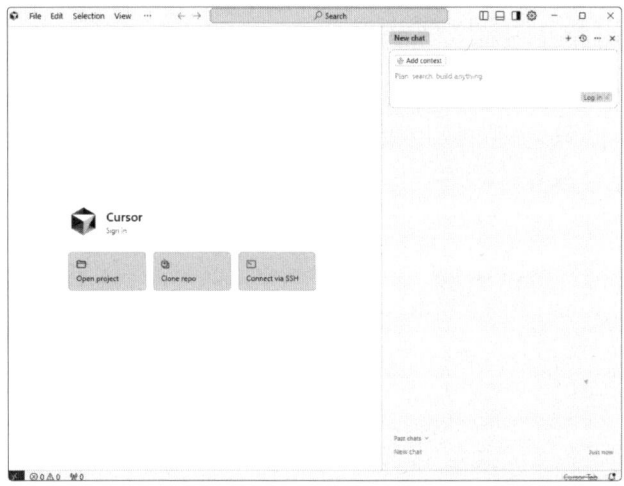

❽ 로그인하지 않은 상태이므로, 우측 상단의 톱니바퀴 아이콘을 클릭하면 Cursor 설정 창이 열립니다. 여기서 「General」 항목의 「Sign in」 버튼을 누르면 웹 브라우저가 열리며 계정 인증을 진행할 수 있습니다.

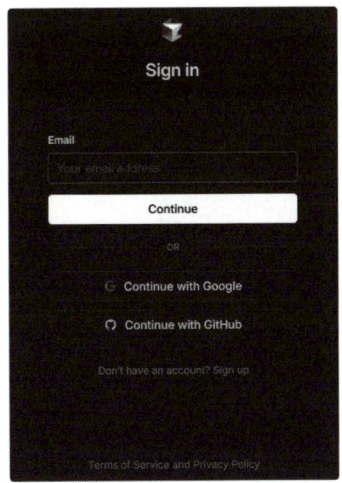

계정 인증에 성공하면 「All set! Feel free to return to Cursor.」라는 화면이 표시됩니다. 이로써 Cursor의 초기 실행 설정이 모두 완료됩니다.

● **한국어화**

기본 설정 상태에서는 메뉴가 영어로 표시됩니다. 다음 순서를 따라 한국어로 변경할 수 있습니다.

❶ 왼쪽 사이드바의 확장 기능 아이콘 을 클릭하거나 Ctrl + Shift + X (Win) / ⌘ + Shift + X (Mac)을 누릅니다.

❷ 검색 바에 「korean」을 입력합니다.

❸ 검색 결과에서 「Korean Language Pack for Visual Studio Code」를 선택합니다.

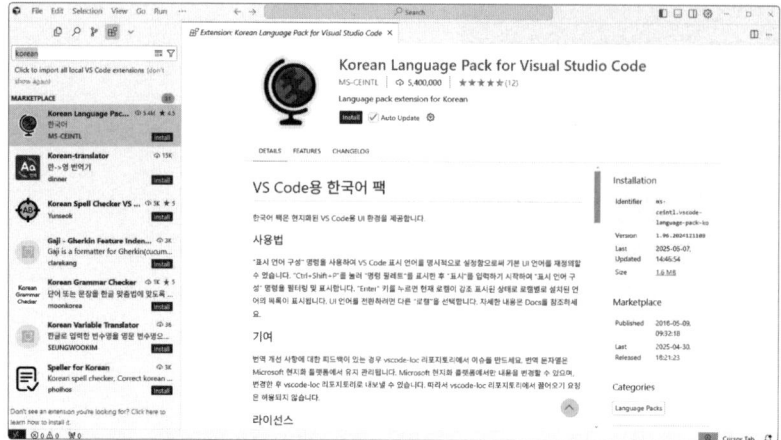

❹ 「Install」 버튼을 클릭합니다.

❺ 설치가 완료되면, 표시 언어를 한국어로 변경하고 재실행할지 묻는 대화 상자가 나타납니다.[2] 「Change Language and Restart」 버튼을 클릭하여 Cursor를 재실행합니다.

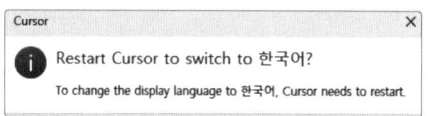

❻ 재실행 후 메뉴 바의 내용이 한국어로 표시되는지 확인합니다.
(일부 메뉴는 한국어로 표시되지 않을 수 있습니다.)

「Korean Language Pack for Visual Studio Code」 설치 후 영어로 설정을 되돌리고 싶을 경우, 확장 기능을 비활성화하거나 「보기」 → 「명령 팔레트…」에서 「Configure Display Language(표시 언어 구성)」를 입력한 후 「English (en)」을 선택합니다.

---

1 만약에 대화상자가 나타나지 않는다면, Ctrl + Shift + P (Win)/⌘ + Shift + P (Mac)로 커맨드 팔레트 실행 후 "language"로 검색해서 Configure Display Langage를 선택하고 한국어 항목을 클릭합니다.

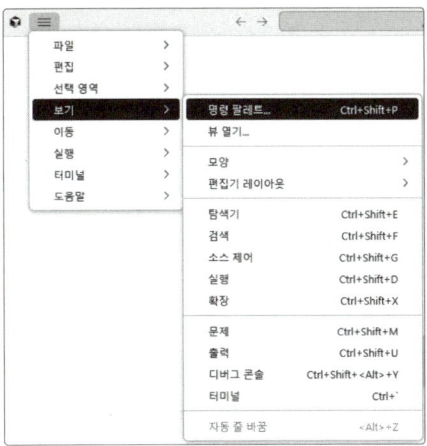

이후 장에서는 샘플 코드 실행과 설명에 필요한 최소한의 확장 기능을 소개하지만, 사용하는 프로그래밍 언어나 프레임워크에 따라 본인의 필요에 맞춰 적절한 VS Code 확장 기능을 설치하고 설정하여, 보다 편리한 개발 환경을 구성해 보시기 바랍니다.

> ☑ **노트**
> 이 책에서는 영어 메뉴를 기준으로 설명합니다.

2장

Cursor 기본 조작

> 들어가기

이 장에서는 튜토리얼 파일을 활용해 Cursor의 기본적인 사용법을 배워보겠습니다. 아래 GitHub 저장소를 원하는 위치에 클론하거나 다운로드해 주세요.

https://github.com/Youngjin-com/.cursor-tutor

파일을 다운로드한 다음, Cursor에서 「File」 → 「Open Folder」 메뉴를 선택하거나 Ctrl + O (Win) / ⌘ + O (Mac)를 눌러 다운로드한 폴더를 열고, README.md 파일을 확인해 주세요.

이번 장에서는 해당 파일을 활용해 Cursor 사용 방법을 익혀보겠습니다.

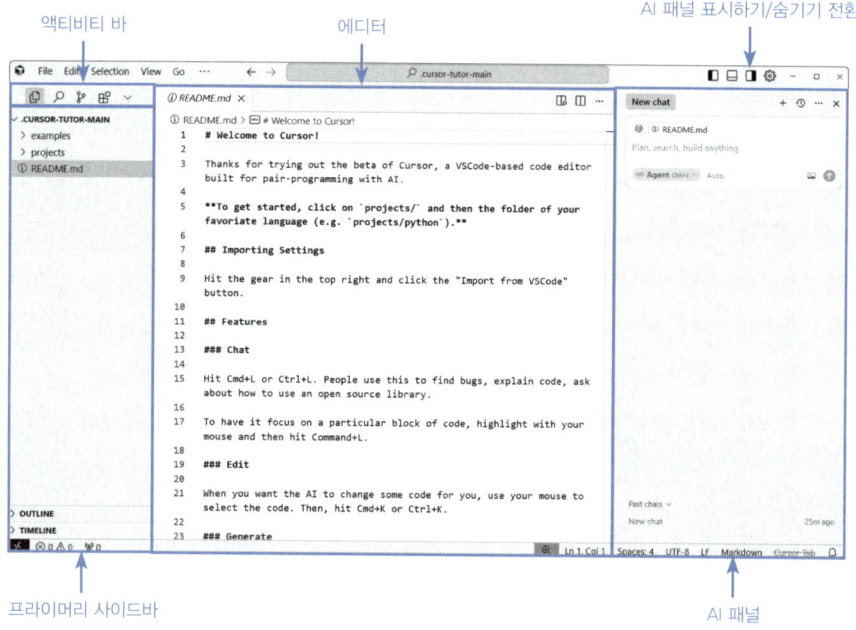

왼쪽에 폴더 계층이 표시되는 영역을 「프라이머리 사이드바」(primary sidebar), 가운데 「README.md」 파일이 열리는 탭을 포함한 영역을 「에디터」(editor)라고 부릅니다.

Cursor 창 오른쪽 상단의 ⚙ 왼쪽에는 ▢ 아이콘이 있습니다. 이 아이콘은 「AI 패널」(AI pane)을 표시하거나 숨기는 토글 버튼입니다. 아이콘을 클릭하면 에디터 오른쪽에 AI 패널이 나타나거나 사라집니다.

창 오른쪽에 「New chat」으로 표시된 영역이 「AI 패널」입니다. 「AI 패널」은 AI 어시스턴트와 작업할 수 있는 공간입니다.

VS Code 사용자라면, AI 패널과 액티비티 바(activity bar)의 배열을 제외하고는 대부분 익숙한 화면일 것입니다. AI 어시스턴트 관련 기능을 제외하면 기본적인 조작 방식도 거의 동일합니다.

그럼 이제, AI 어시스턴트와 실제로 대화를 시작해 봅시다.

「AI 패널」에서 「New Chat」 라벨 아래에 표시된 「Plan, search, build anything」이라는 플레이스홀더(placeholder)는 AI 어시스턴트에게 지시를 입력하는 프롬프트 입력창입니다. 이곳을 "Chat"이라고 부릅니다. 여기에 다음과 같이 입력한 후 Enter 를 누르거나 「Send」 버튼을 클릭하세요.

쓰여 있는 내용을 한국어로 설명하세요.

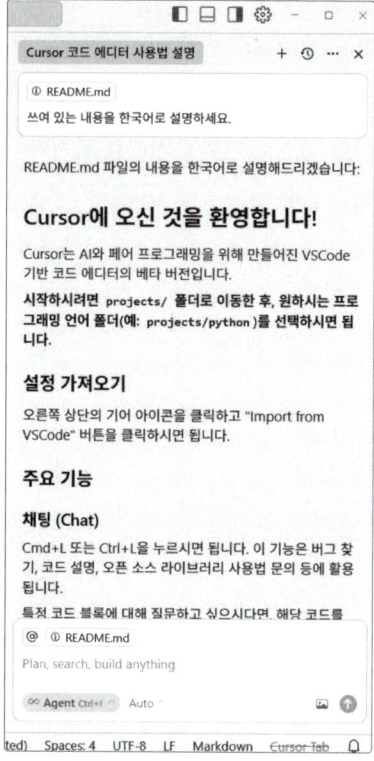

현재 에디터에 「README.md」 파일이 열려 있고, 화면에 활성화되어 있습니다. Cursor는 이처럼 열려 있는 파일의 내용을 자동으로 인식합니다. 프롬프트 입력 필드에 「@README.md」라는 표시가 나타나는 것은 해당 파일이 인식되었음을 의미합니다.

이 파일의 내용을 한국어로 읽어보면, Cursor의 주요 기능과 사용 방법을 간단히 소개하는 안내문임을 알 수 있습니다. 설명이 다소 부족하게 느껴진다면, 프롬프트 입력란에 다음과 같이 입력하고 [Enter]를 누르거나 「Send」 버튼을 클릭합니다.

> **Q** 각 기능에 관해 자세히 설명해 주십시오.

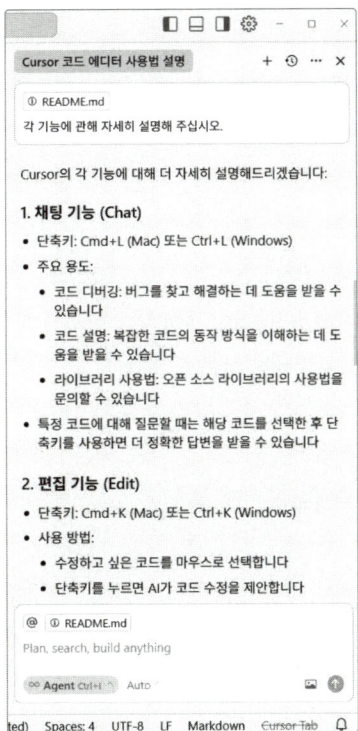

파일에 기술된 각 기능의 조작 방법과 목적 등에 대해 추가로 설명하는 것을 볼 수 있습니다.

ChatGPT와 같은 웹 기반 생성형 AI를 사용해 본 경험이 있다면, 이러한 조작 방식이 익숙하게 느껴질 것입니다. 질문이나 지시문을 입력해 AI 어시스턴트의 응답을 받는 것이 기본적인 사용 흐름입니다.

이제 좀 더 구체적인 사용 기능을 살펴보겠습니다. 「cursor-tutor」에는 Python과 JavaScript(React) 샘플이 포함되어 있으며, Cursor의 프로그래밍 기능은 이 샘플들을 통해 소개됩니다.

2.1 기본 조작 실습 - Python편

● **Python 환경 설정**

이 책에서는 Python에 익숙하지 않은 독자도 최소한의 작업만으로 개발 환경을 구축할 수 있도록 간단한 설치 절차를 안내합니다. 물론, 본격적인 개발을 위해서는 Python 가상 환경이나 Docker 컨테이너처럼 다양한 버전의 Python과 라이브러리를 분리해 사용할 수 있는 환경 구성이 필요합니다. 그러나 이는 이 책의 주제에서 벗어나므로 다루지는 않습니다.

이미 Python이 설치되어 있다면 다음 섹션으로 넘어가고, 설치가 필요한 경우에는 아래 순서에 따라 Python을 설치합니다.

Windows

❶ Python 공식 웹사이트(https://www.python.org/downloads/)에 접속합니다.

❷ 「Download the latest version for Windows」 아래의 「Download Python (버전 번호)」 버튼을 클릭합니다.

❸ 다운로드한 설치 파일을 실행합니다.

❹ 설치 화면에서 「Add Python to PATH」 체크박스를 선택하여, Python을 시스템의 PATH 환경 변수에 추가합니다.

❺ 「Use admin privileges when installing py.exe」 체크박스를 선택하여, py.exe를 관리자 권한으로 설치하도록 설정합니다.

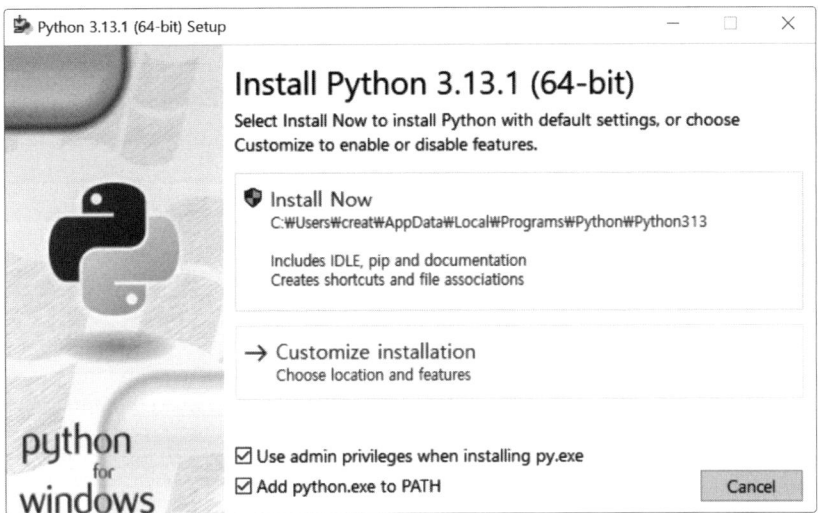

❻ 「Install Now」를 클릭하여 설치를 시작합니다.

❼ 설치가 완료되면 「Close」를 클릭해 설치 프로그램을 종료합니다.

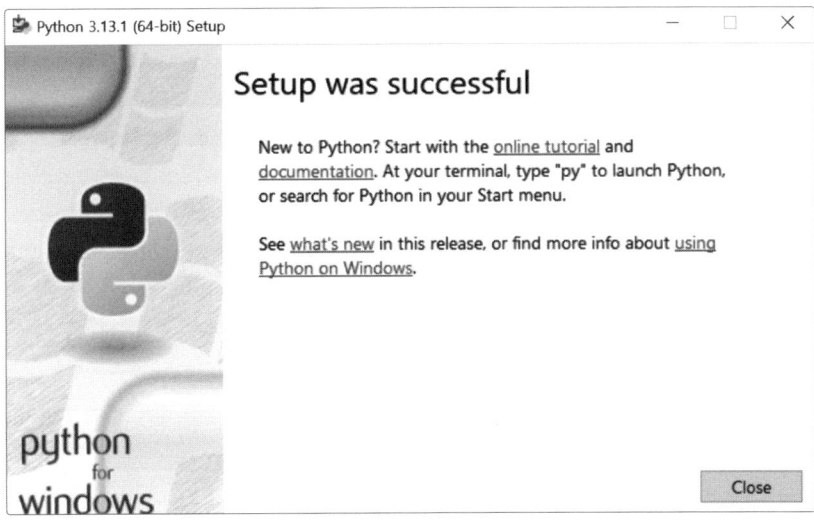

❽ 명령 프롬프트(cmd) 또는 PowerShell을 엽니다.[1]

---

1 ※ Windows에서는 ⊞+R을 누른 뒤, 'cmd'를 입력하면 실행할 수 있습니다.
　※ Mac에서는 터미널(Terminal)을 사용하며, Spotlight 검색(⌘+Space Bar)에 '터미널'을 입력해 실행할 수 있습니다.

❾ 다음 명령어를 입력하여 Python 버전을 확인합니다.

```
> python --version
```

Python 버전이 정상적으로 표시되면 설치가 완료된 것입니다.

> **주의** 다른 버전의 Python은 아래 웹사이트에서 다운로드할 수 있습니다.
> https://www.python.org/downloads/

macOS

❶ 「터미널」 애플리케이션을 엽니다.

❷ 다음 명령어를 입력하여 Homebrew(macOS용 패키지 관리자)가 설치되어 있는지 확인합니다.

```
% brew --version
```

❸ Homebrew가 설치되어 있지 않다면 다음 명령어를 실행해 Homebrew를 설치합니다. (Homebrew 공식 홈페이지(https://brew.sh/ko/)에서 명령어를 복사할 수도 있습니다.)

```
% /bin/bash -c "$(curl -fsSL https://raw.githubusercontent.com/Homebrew/install/HEAD/install.sh)"
```

❹ Homebrew를 사용하여 다음 명령어로 Python을 설치합니다.

```
% brew install python
```

❺ 설치가 완료되면 다음 명령어를 입력해 Python 버전을 확인합니다.

```
% python3 --version
```

❻ Python 버전이 정상적으로 표시되면 설치가 완료된 것입니다.

Python 확장 기능

Python 코드를 작성하거나 실행할 때는 오류 감지, 디버깅 등의 기능을 제공하는 「Python」 확장 기능이 필수입니다. 원활한 Python 개발을 위해 이 확장 기능을 미리 설치해 두는 것을 권장합니다. Cursor는 VS Code의 확장 기능과 호환되므로, 이 확장 기능을 포함한 대부분의 VS Code 확장 기능을 그대로 사용할 수 있습니다.

❶ 왼쪽 사이드바에서 확장 기능 아이콘 [⊞]을[2] 클릭합니다.

❷ 검색바에 「Python」을 입력합니다.

❸ 검색 결과에서 「Python」확장 기능을 선택합니다.

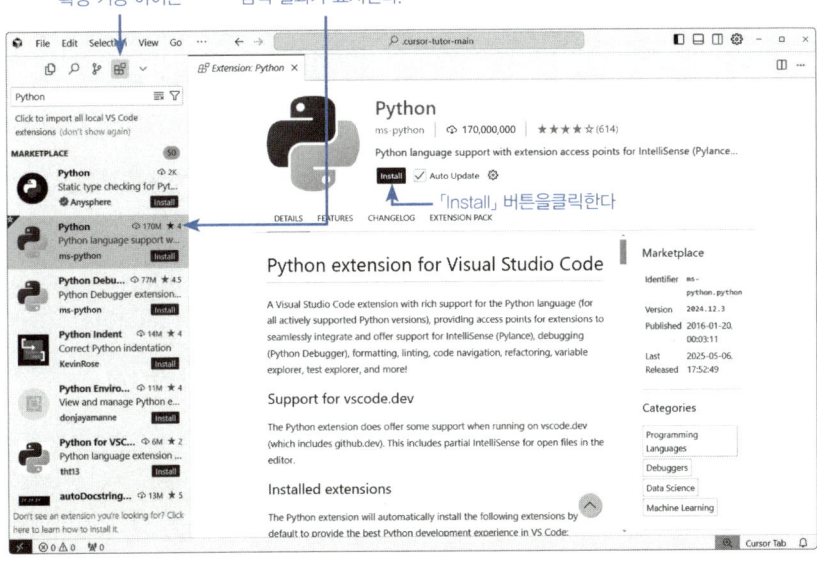

❹ 「Install」 버튼을 클릭합니다.

이제 Cursor에서 Python 프로그래밍을 할 준비를 마쳤습니다.

---

2 단축키는 Ctrl + Shift + X (Windows) / ⌘ + Shift + X (Mac)입니다.

- **틱택토 CLI 애플리케이션**

왼쪽 폴더 계층이 보이는 「프라이머리 사이드바」에서 아이콘을 클릭해 파일 탐색기로 이동한 다음, 다음 계층에 있는 「main.py」 파일을 엽니다.

Windows

```
.cursor-tutor₩projects₩python₩main.py
```

macOS

```
.cursor-tutor/projects/python/main.py
```

이제 Cursor를 사용하는 방법을 1단계부터 4단계까지 차근차근 따라가며 익혀봅시다.

1단계

1단계에서는 ⌘+K(Mac)/Ctrl+K(Win)를 눌러 CLI 기반의 틱택토 게임[3] 생성을 요청해 보겠습니다.

「main.py」의 마지막 줄에 커서를 둔 뒤, Ctrl+K(Mac)/⌘+K(Win)를 누릅니다. 그러면 AI 어시스턴트와 대화할 수 있는 입력창(다이얼로그)이 나타납니다. 이제 다음과 같은 프롬프트를 입력한 뒤, 「Send」 버튼을 클릭하거나 Enter 를 눌러 지시를 전송합니다.

---

[3] 틱택토는 가로, 세로, 대각선 중 한 줄을 먼저 완성하면 이기는 보드 게임입니다.

CLI 기반의 틱택토 게임을 만들어줘.[4]

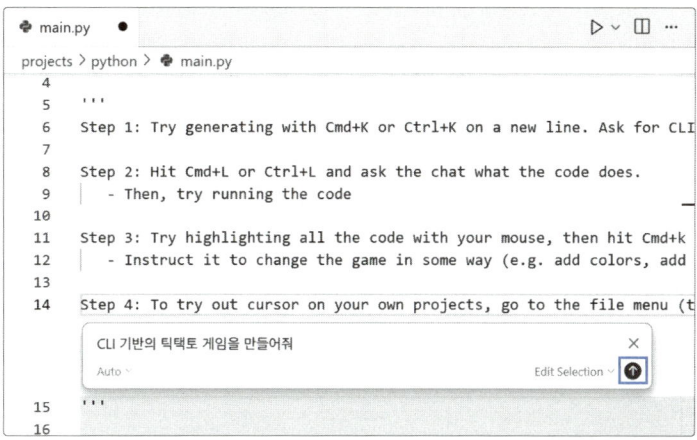

AI 어시스턴트가 프로그램을 생성하는 모습을 실시간으로 볼 수 있습니다.

생성이 완료되면 「Accept」 버튼을 클릭하거나, Windows에서는 Ctrl + Enter , macOS에서는 ⌘ + Enter 를 눌러 생성된 코드를 받아들일 수 있습니다. 생성된 코드를 받아들이고 싶지 않은 경우에는, Windows에서는 Ctrl + N , macOS에서는 ⌘ + N 으로 거절할 수 있습니다.

---

4 CLI는 마우스를 사용하지 않고, 명령어를 직접 입력해 컴퓨터나 프로그램을 조작하는 방식입니다.

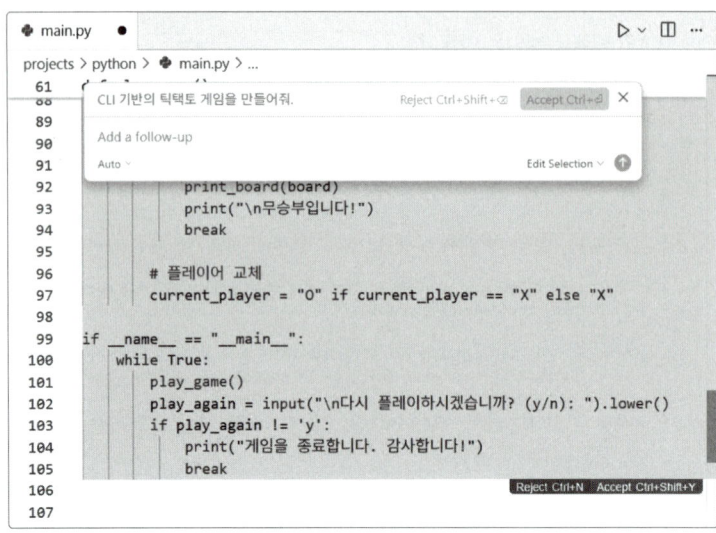

이제 CLI 기반의 틱택토 게임 코드가 생성되었을 것입니다.

2단계

2단계에서는 채팅창에 해당 코드가 무엇을 하는지 물어보겠습니다. 방금 생성된 코드를 마우스로 드래그하여 선택합니다. 그리고 「⌘+L」(Mac)/Ctrl+L(Win)을 누르면, 채팅창에 선택한 메시지 범위를 나타내는 박스가 표시됩니다(예: "main.py (16-91)").

먼저 아래 프롬프트를 입력한 뒤 전송합니다.

이 코드는 무엇을 하는 코드입니까?

AI 어시스턴트는 코드를 이해하고, 그 기능이나 동작 방식을 자세히 설명해 줍니다.

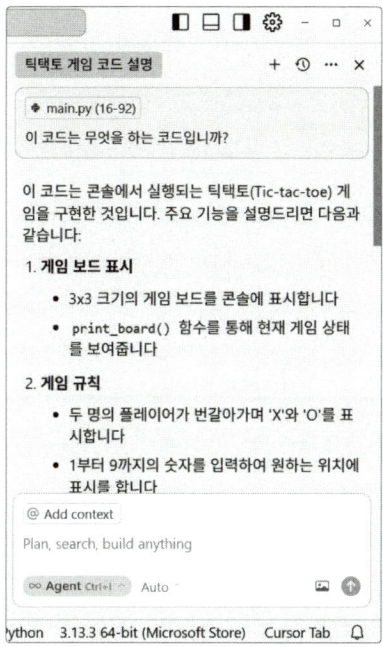

코드 설명을 들었다면, 다음 단계에 따라 실제로 틱택토 게임을 실행해 봅시다.

❶ 이 게임은 CLI 기반이므로, 명령줄(Command Line)에서 실행하여 조작합니다. 타이틀바의 「AI 패널」 토글 버튼 왼쪽에 위치한, 아래쪽 절반이 나뉘어 있는 네모 아이콘(▣)이 있습니다. 이것이 '패널 전환' 버튼입니다. 이 버튼을 클릭하면, 창의 하단에 터미널이 표시됩니다.

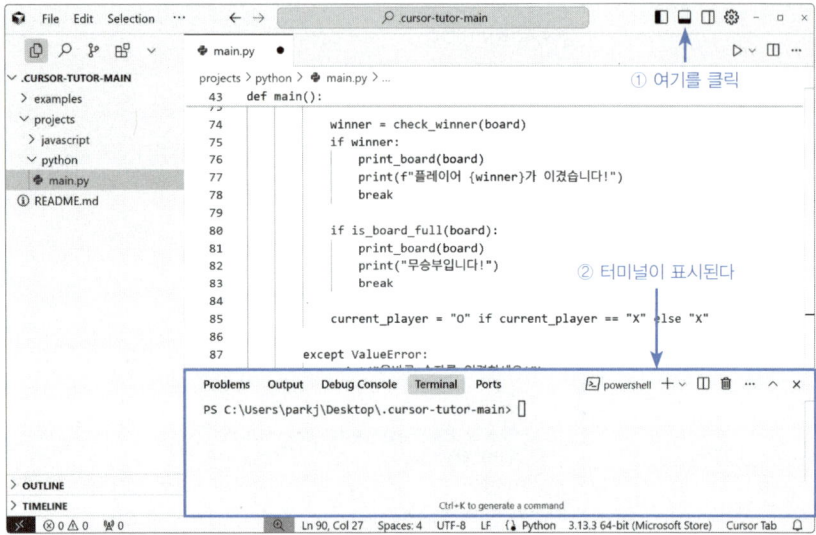

❷ 현재 열려 있는 폴더는 「.cursor-tutor」이므로, 「main.py」 파일이 있는 폴더로 이동합니다. 터미널 화면에서 cd (cd 다음에 공백 입력)라고 입력한 뒤, 화면 왼쪽의 프라이머리 사이드바에 있는 「python」 폴더를 터미널 화면으로 드래그 앤 드롭합니다. 이로써 폴더 이동 명령어가 완성되었습니다. [Enter] 키를 눌러 명령어를 실행합니다.

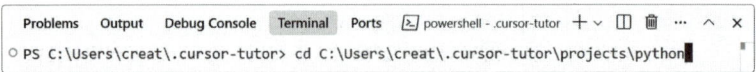

❸ 그리고 우측 상단 「File」 → 「Save」 버튼을 클릭하여 「main.py」 파일을 저장합니다. 이제 코드 실행 명령어를 입력해 보겠습니다.

터미널에 python main.py라고 입력합니다(python과 스페이스를 입력한 후 m을 입력하고 Tab 키를 누르면 파일명이 자동 완성됩니다). 그런 다음 [Enter] 키를 눌러 실행합니다.

❹ 게임을 플레이해 봅시다.

혼자 플레이하는 게임이라 재미는 다소 떨어질 수 있지만, 간단한 프롬프트만으로 생성된 게임을 실제로 플레이할 수 있다는 건 정말 놀라운 일입니다.

칸 번호는 1부터 시작합니다. 가장 왼쪽 위 칸은 0행 0열로 「1」번, 가장 오른쪽 아래 칸은 「9」번, 가운데 칸은 「5」번입니다

```
PS C:\Users\creat\.cursor-tutor\projects\python> python .\main.py
틱택토 게임을 시작합니다!
1-9의 숫자를 입력하여 위치를 선택하세요:
 1 | 2 | 3
---------
 4 | 5 | 6
---------
 7 | 8 | 9
```

규칙으로서, 다음 수를 두기 위한 위치의 행과 열 번호를 입력하는 점은 공통이지만, 환경이나 타이밍에 따라 행과 열을 연결하는 문자가 공백인지, 쉼표인지 등 차이가 생길 수 있습니다.

이는 게임을 생성할 때 사용한 프롬프트에서 이러한 입력 방식까지 구체적으로 지시하지 않았기 때문입니다.

이는 생성형 AI를 활용한 프로그래밍에서는 원하는 세부 동작까지 정확히 구현되도록 하기 위해, 프로그래머의 의도를 명확히 전달하는 프롬프트를 작성하는 것이 매우 중요하다는 점을 보여주는 좋은 예입니다.

3단계

더 나아가 마우스로 전체 코드를 드래그한 다음, ⌘+K (Mac) / Ctrl+K (Win)를 눌러 봅시다. 그러면 AI에게 게임을 원하는 방식으로 수정해 달라고 지시할 수 있습니다. (예를 들어, 색상을 추가하거나, 시작 화면을 만들거나, 3×3 대신 4×4로 바꾸기 등.)

하지만 칸 수를 늘리면 동작 검증이 어려워지고, 색상을 추가하려면 라이브러리를 설치해야 하는 등 추가적인 절차가 필요할 수 있기 때문에, 여기에서는 시작 화면을 만드는 간단한 프롬프트를 먼저 입력해 보겠습니다.

이 게임의 플레이 방법을 안내하는 시작 화면을 추가해 줘.

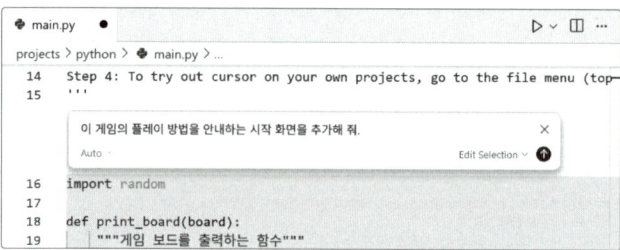

「Send」버튼을 눌러 코드를 생성합니다.

생성된 코드는「Accept」버튼을 눌러 수용하고, 저장한 뒤 터미널에서 앞서 실행했던 명령어를 다시 실행합니다[5](↑를 눌러 이전 명령어 실행 이력을 불러올 수 있습니다).

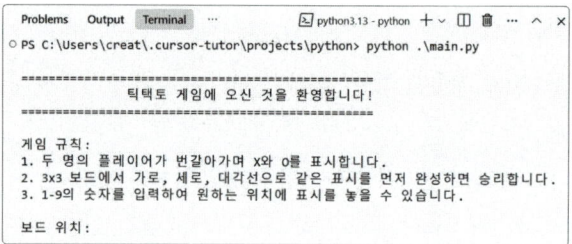

이제 게임 플레이 방법을 설명하는 시작 화면이 표시된 후, 게임이 진행됩니다.

4단계

이미 직접 프로그래밍을 해본 적이 있는 분이라면 위의 작업으로 폴더를 열고, 지금까지 해본 작업들을 시도해 보시기 바랍니다. 물론, 파일을 수정하기 전에는 백업을 해두는 것이 좋습니다.

그럼 여기서 한 가지 질문을 드리겠습니다.

---

[5] 이전에 실행한 프로세스가 남아 있을 수 있습니다. 실행 중이라면 이전 터미널에서 Ctrl+C(Win)/⌘+C(Mac)를 눌러 프로세스를 먼저 중지하세요.

틱택토 게임을 만들면서 처리 내용을 설명하고 실행하며, 기능을 추가하고 다시 실행하는 과정을 거쳤습니다.

이 과정에서 여러분은 한 줄이라도 직접 코딩을 하셨나요?

프로그래밍 언어를 사용한 코딩 없이, 일상 대화와 같은 자연어를 사용하여 생성형 AI에게 프로그램을 작성하게 하는 것이 Cursor 개발의 핵심입니다. ChatGPT와 같은 웹 UI 기반 생성형 AI도 프로그램을 만들 수는 있지만, 편집기와 브라우저 사이에서 복사 & 붙여넣기를 반복해야 하므로 매우 번거롭습니다. 한편 Cursor에서는 로컬 환경에서 곧바로 프로그램을 작성할 수 있다는 점이 큰 장점입니다.

● 틱택토 GUI 애플리케이션

틱택토 CLI 애플리케이션을 GUI[6](그래픽 사용자 인터페이스) 애플리케이션으로 확장해 보겠습니다. Python에는 Tkinter라는 GUI 라이브러리가 포함되어 있어, 이를 활용해 보겠습니다.

Homebrew 등 패키지 매니저를 통해 설치한 Python은 macOS 환경에서 Tkinter가 포함되지 않는 경우가 있으므로, 별도로 설치해야 합니다. 터미널에서 아래 명령어를 실행해 설치해 주세요.

(Python Software Foundation에서 배포하는 공식 설치 프로그램을 사용해 설치한 경우에는 이 과정이 필요하지 않습니다.)

```
brew install tcl-tk
```

이제 ⌘+L(Mac)/Ctrl+L(Win)을 눌러 AI 패널을 연 뒤, 아래 프롬프트를 입력하고 전송해 보겠습니다.

---

[6] GUI는 명령어 대신 그림이나 버튼 등 시각적 요소로 컴퓨터를 쉽고 직관적으로 사용할 수 있게 해주는 방식입니다.

이 프로그램을 Tkinter를 사용하여 GUI 애플리케이션으로 바꿔줘.

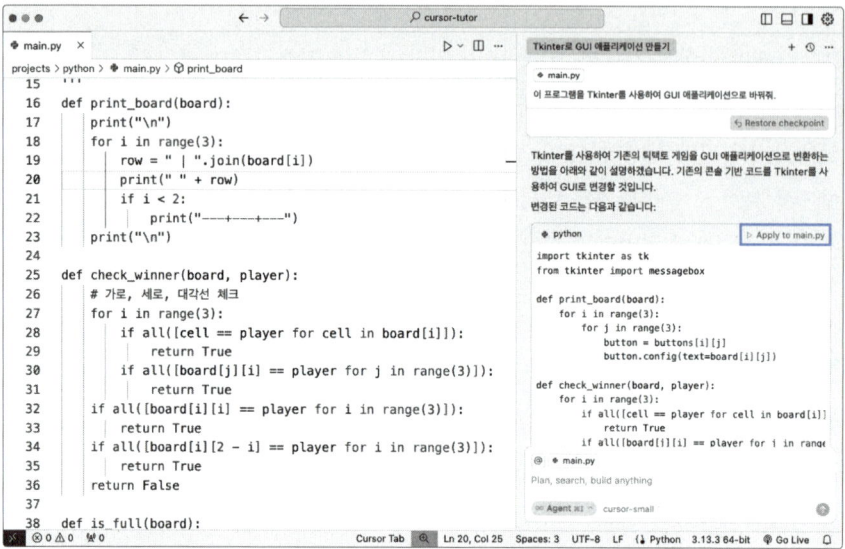

AI 패널에서 새로운 코드가 생성되는 과정을 실시간으로 확인할 수 있습니다. AI 패널에 새로운 코드가 생성되면, 제안된 코드 영역의 「Apply」[7] 버튼을 클릭해 「main. py」파일의 내용을 모두 치환합니다.

이때 에디터 화면을 보면 기존 코드가 새 코드로 대체되며, 빨간색 배경은 변경 전 코드, 녹색 배경은 변경 후 코드로 표시되는 것을 확인할 수 있습니다.

에디터에서 각 변경 사항을 개별적으로 수용하거나 거부할 수도 있지만, 여기서는 전체 코드를 변경할 예정이므로 「Accept all」을 클릭하여 생성된 코드를 모두 수용합니다.

---

7 AI 모델에 따라 Apply 버튼이 생략되고, 바로 에디터에 적용될 수 있습니다.

Accept file 버튼을 클릭해 제안을 모두 수용한다.

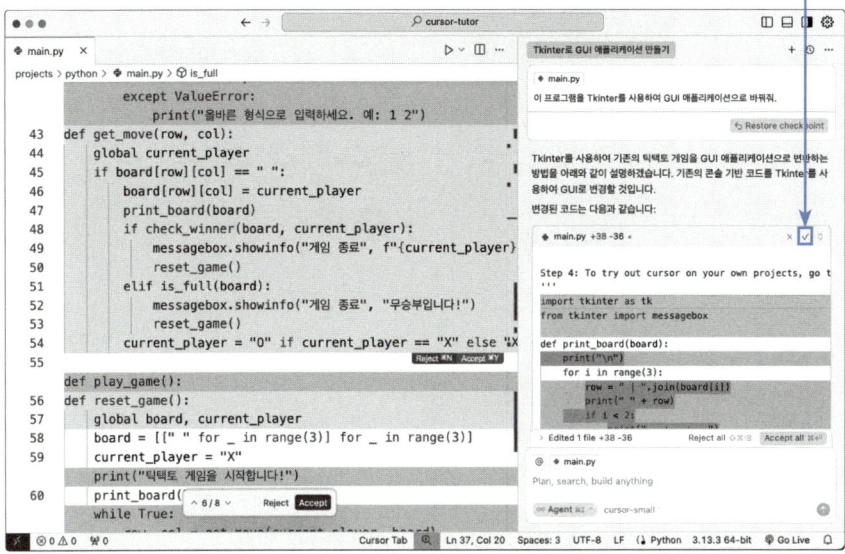

Ctrl + S (Win) / ⌘ + S (Mac)를 눌러 파일을 저장한 후, 터미널 화면을 열고 CLI 애플리케이션을 실행할 때와 동일한 명령어를 실행합니다.

GUI 애플리케이션으로 틱택토 게임이 실행되며, 이제 마우스를 사용해 게임을 플레이할 수 있습니다.

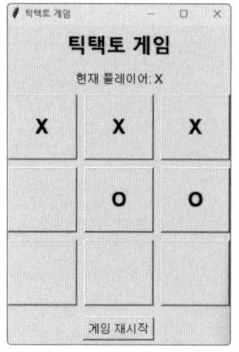
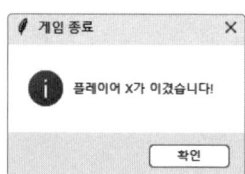
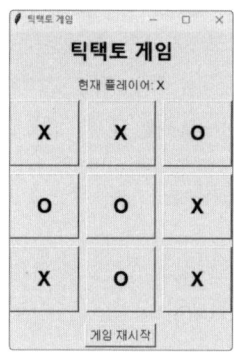
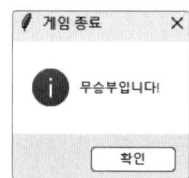

이처럼 간단한 프롬프트만으로도 GUI 애플리케이션을 손쉽게 만들 수 있습니다. 중요한 건, 지금까지의 과정에서 한 줄의 코드도 직접 작성하지 않았다는 점입니다.

Tkinter를 사용해 생성된 Python 틱택토 게임 코드에 대해 설명을 요청하거나, 코드 내에 주석을 추가하도록 지시할 수도 있습니다. 어떤 부분이 잘 이해되지 않는다면, 해당 부분에 대해 AI에게 질문해도 좋습니다.

흥미가 있다면 더 많은 기능을 추가하면서 게임을 확장해 나가는 것도 충분히 가능합니다. 예를 들어, 점수판을 만들거나, 사용자 이름을 입력받거나, 승패 통계를 기록하는 기능을 추가할 수도 있죠.

이때 기억해야 할 것은, 이 책에서 소개한 프롬프트를 그대로 사용하더라도 생성형 AI가 항상 같은 프로그램을 생성하는 것이 아니라는 점입니다. 실행 시점, 사용 중인 환경, 선택한 AI 모델 등에 따라 결과는 달라질 수 있으며, 때로는 원하는 결과와 달라질 수도 있습니다.

그런 경우에도 문제 상황을 AI에게 설명하고 수정 요청을 하면 대부분 해결할 수 있습니다. 이러한 유연성과 반복적인 피드백 과정이 생성형 AI와 함께하는 개발의 핵심입니다.

앞으로 이 책에서는 Cursor를 더욱 잘 활용할 수 있는 다양한 방법도 소개하니, 이어지는 내용을 천천히 즐기며 읽어보시기 바랍니다.

2.2 기본 조작 실습 – JavaScript(React)편

React는 웹사이트 화면을 만드는 데 사용하는 자바스크립트 라이브러리입니다. 복잡한 화면도 작고 독립적인 '컴포넌트'라는 단위로 나누어 개발할 수 있어, 관리와 수정이 쉬워집니다.

이번에는 React를 사용해, 앞에서 파이썬으로 만들었던 틱택토 게임을 웹 브라우저에서 직접 플레이할 수 있도록 만들어보겠습니다.

「.cursor-tutor」 폴더에는 JavaScript 샘플도 포함되어 있으며, 이를 React 라이브러리를 사용한 웹 애플리케이션 예제로 사용하겠습니다.

프라이머리 사이드바에서 다음 경로에 있는 「index.js」 파일을 열어 봅시다.

Windows

    .cursor-tutor\projects\javascript\src\index.js

macOS

    .cursor-tutor/projects/javascript/src/index.js

이제 1단계부터 4단계까지 차례대로 따라가며 실습을 진행해 봅시다.

● **Node.js 설치**

React를 실행하려면 JavaScript 실행 환경인 Node.js가 필요하므로 먼저 설치합니다. 이미 Node.js를 설치했다면 이 단계는 건너뛰어도 됩니다.

Windows

❶ Node.js 공식 웹사이트(https://nodejs.org/en)에 접속합니다.

❷ 웹사이트의 첫 화면에서는 최신 안정 버전(LTS)을 제공합니다. 화면에 있는 Download Node.js (LTS) 버튼을 클릭합니다.

❸ 다운로드한 설치 프로그램을 실행합니다.

❹ 「Next」 버튼을 계속 클릭합니다. 다음 화면이 표시되면 「Automatically install the necessary tools…」 항목의 체크를 해제한 상태에서 다시 「Next」를 클릭합니다.

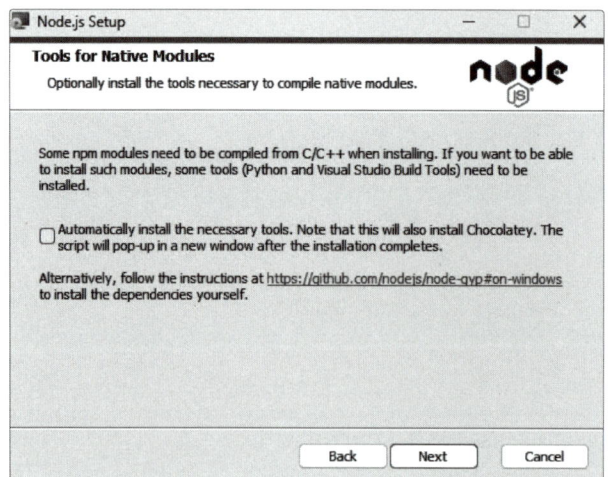

❻ 「Install」을 클릭합니다.

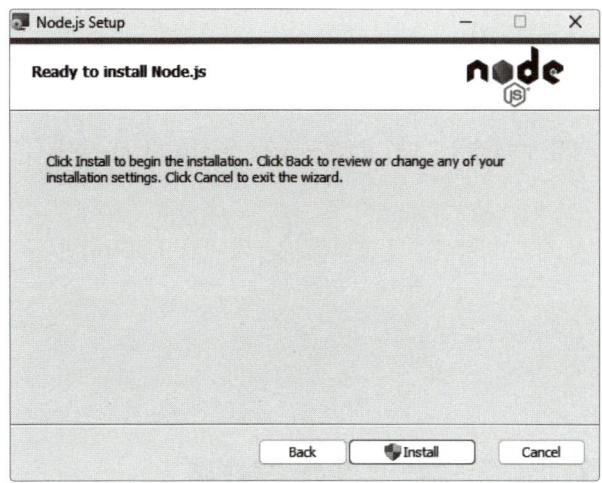

❼ 터미널에서 설치한 명령어를 인식시키기 위해 Cursor를 종료한 뒤 다시 실행합니다.

❽ Cursor의 터미널에서 다음 명령어를 실행했을 때 각 버전이 표시되면 설치가 완료된 것입니다.

> node -v
> npm -v

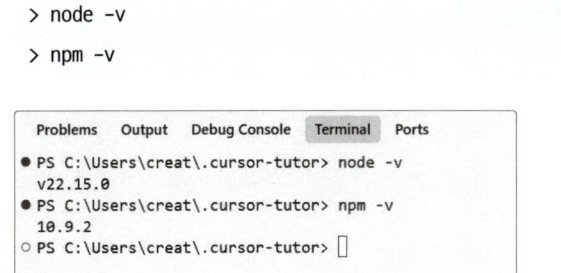

macOS

❶ 「터미널」 애플리케이션을 엽니다.

❷ 다음 명령어를 입력하고 실행합니다. 이 책에서는 최소한의 단계로 설치하는 방

2장 Cursor 기본조작 **53**

법을 안내합니다. 여러 버전의 Node.js를 나누어 사용하고 싶다면 Nodebrew 명령어 사용을 검토할 수 있습니다.

```
% brew install node
```

❸ 터미널에서 설치한 명령어를 인식시키기 위해 Cursor를 종료한 뒤 다시 실행합니다.

❹ Cursor의 터미널에서 다음 명령어를 실행했을 때, 각 버전이 표시되면 설치가 완료된 것입니다.

```
% node -v
% npm -v
```

```
PROBLEMS   OUTPUT   DEBUG CONSOLE   TERMINAL   PORTS
moseskim :.cursor-tutor moseskim$ node -v
v20.18.1
moseskim :.cursor-tutor moseskim$ npm -v
11.0.0
moseskim :.cursor-tutor moseskim$
```

● React를 사용한 웹 애플리케이션

1단계

React를 사용해 간단한 인터페이스를 만들어보겠습니다. 이번 예제에서는 브라우저에서 실행 가능한 틱택토 게임 컴포넌트를 직접 생성하고, 실행 중 발생할 수 있는 오류도 확인해봅니다. 이를 통해 프로그래밍 과정에서 발생하는 코드 오류, 즉 버그를 찾고 수정하는 디버깅 과정까지 함께 익힐 수 있습니다.

먼저, 「index.js」 파일의 가장 아래 줄을 클릭해 입력 위치를 지정한 뒤, macOS를 사용하는 분은 ⌘+K, Windows를 사용하는 분은 Ctrl+K 단축키를 실행합시다. 다음 프롬프트를 입력하고 Enter 또는 「Send」 버튼을 클릭해 전송합니다.

틱택토 게임 React 컴포넌트를 생성해.

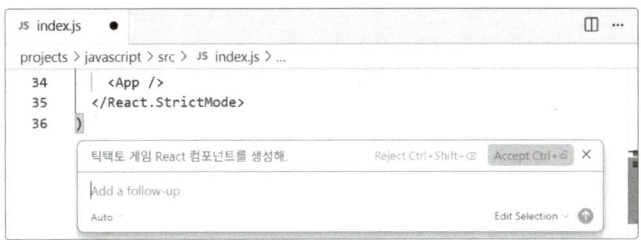

「Accept」 버튼을 클릭해 생성한 코드를 수용합니다. 이때, 「Problems」 탭에 에러가 표시될 수 있습니다.

JavaScript에 익숙한 분이라면 에러 메시지를 통해 원인을 유추할 수 있을 것입니다.

AI 어시스턴트도 이러한 실수를 할 수 있으며, 생성된 코드는 매번 달라지기 때문에 사용자 환경에 따라 다른 유형의 에러가 발생할 수 있습니다. 때로는 처음부터 완전한 코드가 생성되기도 합니다.

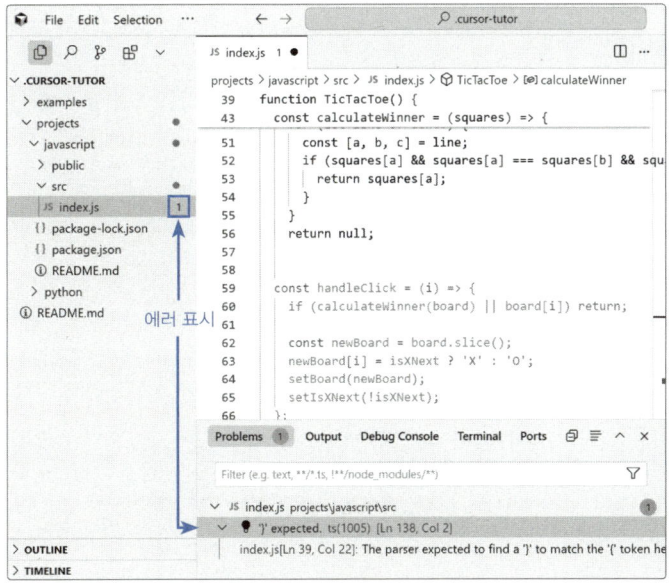

에러를 수정해 봅시다. 「Problems」 탭에서 에러가 표시된 부분을 마우스 오른쪽 버튼으로 클릭하면 「Fix with AI」라는 컨텍스트 메뉴가 나타납니다. 이 메뉴를 선택하면 AI 어시스턴트가 자동으로 문제를 수정합니다.

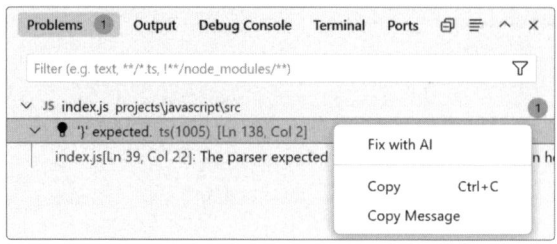

에러가 정상적으로 수정되면 터미널의 「Problems」 탭에는 「No problems have been detected in the workspace(워크스페이스에서 문제가 발견되지 않았습니다).」라고 메시지가 표시됩니다.

이처럼 에러 정보를 기준으로 코드를 자동으로 수정해 주는 기능은 Cursor의 매우 유용한 특징 중 하나입니다.

「Send」 버튼을 눌러 변경을 요청하고, 변경 내용을 반영하려면 「Accept」를 클릭한 뒤 파일을 저장합니다.

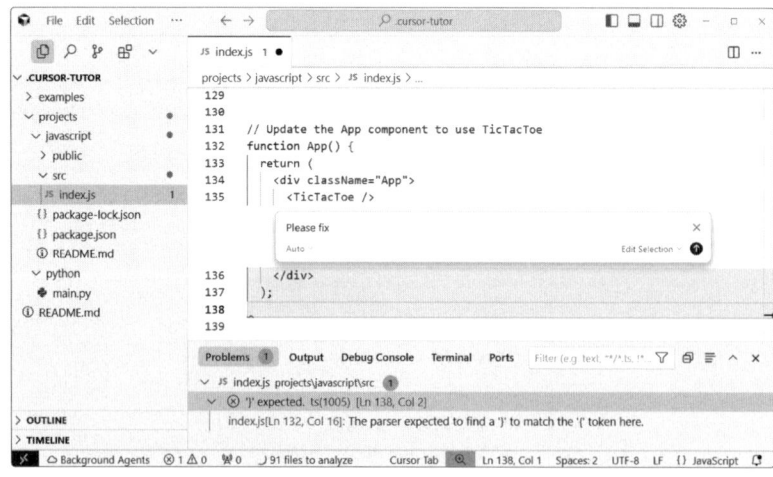

에러가 사라졌으므로 이제 코드를 실행해 봅시다.

코드 실행 전에 먼저 수행해야 할 작업이 있습니다. npm i 명령어로 프로젝트 실행에 필요한 외부 라이브러리(의존 패키지)를 설치해야 이후 npm start 명령이 정상적으로 작동합니다. 이 과정을 건너뛰면 필요한 모듈이 없어 실행 중 오류가 발생할 수 있습니다.

❶ 다음 명령어를 실행해 JavaScript 프로젝트 폴더로 이동합니다.

Windows

```
cd projects\javascript\
```

macOS

```
cd projects/JavaScript
```

그리고 pwd 명령어를 실행해 현재 위치가 「.cursor-tutor」 아래 「projects」 아래 「javascript」인지 확인합니다.

❷ 필요한 패키지를 설치합니다. 「javascript」 폴더 안에서 아래 명령어를 실행하여 「package.json」에 명시된 의존 패키지를 설치합니다.

```
npm i
```

❸ Node.js 프로젝트를 실행합니다. React 애플리케이션이 실행되면서 브라우저가 자동으로 열리고, React 애플리케이션이 화면에 표시됩니다.

```
npm start
```

❹ 「Hello World」 문자열 아래에 틱택토 게임이 표시되면 성공입니다.

2단계 (디버그 – 프로그램 수정)

필자가 이 책의 원고를 작성할 당시에는 AI 어시스턴트의 성능이 충분하지 않았던 탓인지, 생성 단계에서와 마찬가지로 실행 단계에서도 에러가 발생했습니다.

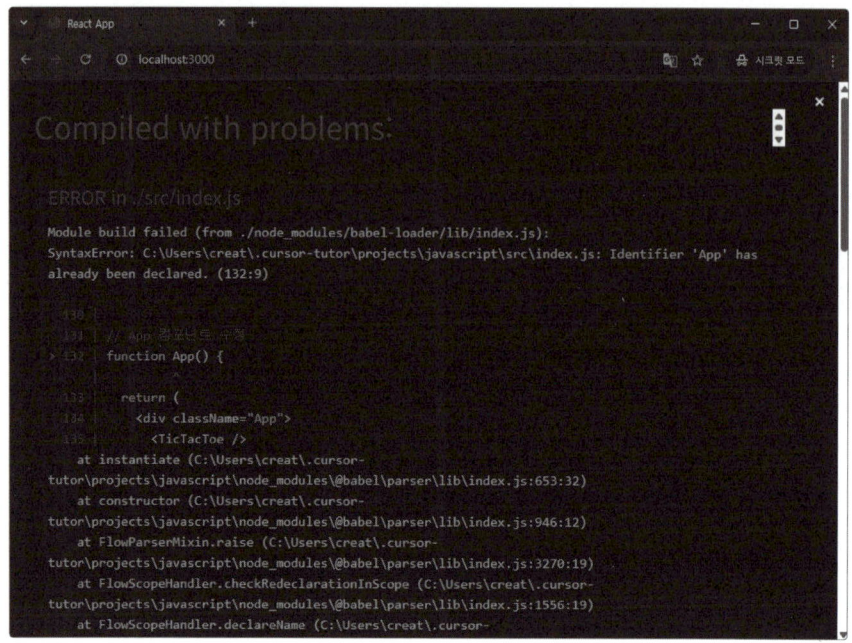

Cursor를 사용하지 않았다면, 에러 메시지를 확인한 뒤 관련이 있어 보이는 소스 코드를 조사하고, 이를 수정하며 동작 여부를 검증했을 것입니다. 문제가 해결되지 않으면 같은 과정을 반복했을 것입니다.

하지만 이제는 AI 어시스턴트에게 에러 해결을 맡겨봅시다.

브라우저 화면의 에러 메시지를 복사하고, AI 패널을 연 다음 Chat에 붙여넣은 후, 다음과 같은 프롬프트를 입력해봅시다.

Q 브라우저에서 다음과 같은 에러가 발생했어. 수정 방법을 알려줘.

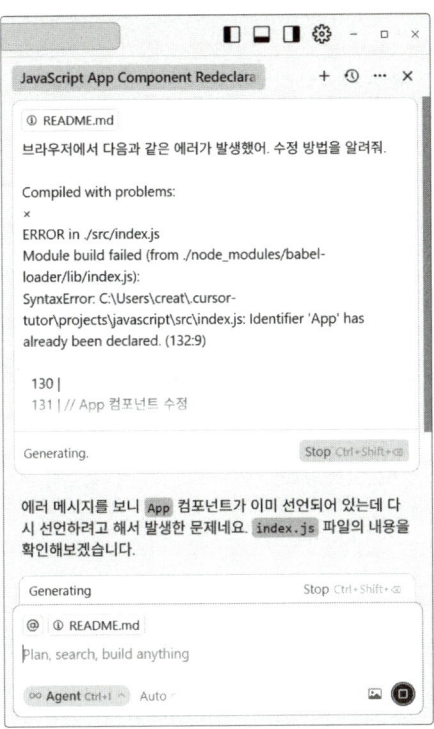

에러의 원인과 수정된 코드를 AI 어시스턴트가 제시해 줄 것입니다. 문제가 없다면 「Accept」를 눌러 변경 사항을 수용합니다.

그다음 틱택토 게임이 표시되지만, 게임 보드가 3×3 형태로 표시되지 않아 게임을 수정했습니다. (우리가 3×3 형태로 구체적인 프롬프트를 제시하지 않았기 때문입니다.)

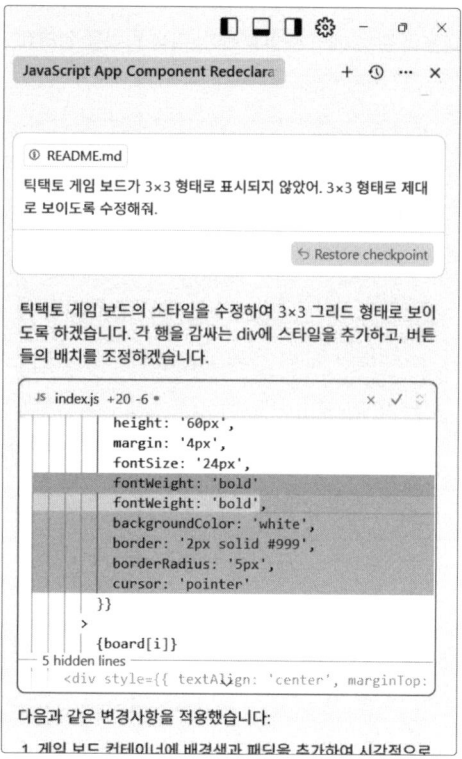

두세 차례 디버깅을 거쳐 마침내 게임이 완성되었습니다.

에러가 발생하더라도 문제 원인의 조사부터 수정까지 모두 AI 어시스턴트에게 맡길 수 있다는 점은 프로그래머에게 큰 도움이 되며, 정신적인 부담도 상당히 줄여 줍니다.

3단계

3단계에서는 시작 화면을 추가하고 기존 3×3 틱택토 게임을 4×4로 변경해 보겠습니다.

여기에서는 다음과 같은 프롬프트를 입력해 봅니다.

> Q 시작 화면을 추가하고, 틱택토 게임을 3×3 대신 4×4 형태로 변경해.

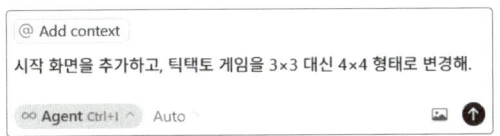

이번에도 칸과 세로 선이 정렬되지 않거나, 승자가 표시되지 않는 등의 문제가 발생했습니다.

두 차례에 걸쳐 수정을 요청한 끝에 완성한 게임은 다음 그림에 나오는 4×4 틱택토와 같은 형태입니다.

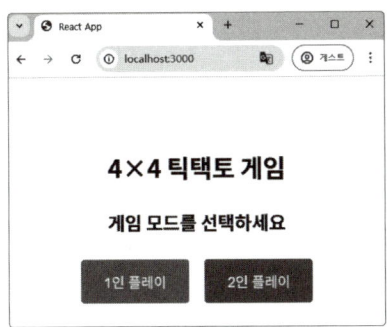

4단계

프로그래밍 코드를 볼 때 단순히 어떤 기능을 하는지만 묻는 것은 아쉽습니다. 이번에는 지금까지 작성한 코드의 동작 원리와 배경까지 자세히 설명해 달라고 요청해 보겠습니다.

 이 코드는 무슨 일을 하는 거야? JavaScript나 React를 잘 모르는 초보자도 쉽게 이해할 수 있게 아주 간단하게 설명해 줘.

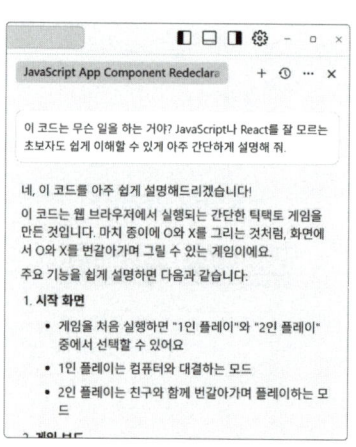

기술적인 용어나 복잡한 설명은 피하고, 누구나 이해할 수 있도록 쉽게 설명하고 있습니다. 이처럼 프롬프트를 작성할 때도, 어떤 답변을 기대하는지 미리 생각해두면 더 만족스러운 결과를 얻을 수 있습니다.

지금까지 Cursor의 공식 튜토리얼을 따라 학습하면서, 응용 단계까지 보다 깊이 있게 이해할 수 있게 되었습니다. 프로그래밍 경험이 있는 분이라면, 이제 자신의 프로젝트에서도 Cursor를 충분히 활용할 수 있을 것입니다. 백업 파일을 작성한 뒤, Cursor를 사용해 코드 수정, 기능 추가, 코드 설명 등을 직접 시도해보며 학습을 실전으로 확장해 보세요.

2.3 프로그래밍이 처음인 분들을 위해

프로그래밍이 처음이라면, 먼저 컴퓨터에 개발용 폴더를 하나 만든 뒤 Cursor에서 해당 폴더를 열어보세요. 「File」 → 「Open File…」 메뉴를 통해 폴더를 열면, 그 폴더가 Cursor에서 작업하는 기준점이 됩니다. 터미널도 동일한 위치에서 열리기 때문에, 별도로 폴더를 이동할 필요 없이 명령어를 바로 실행할 수 있습니다.

처음에는 막막하게 느껴질 수 있지만, 이 책의 안내에 따라 실행 환경을 준비하고 간단한 Python 프로그램을 만들어 보면 어렵지 않게 시작할 수 있습니다.

다음 그림은 「practice」라는 폴더를 만든 뒤 Cursor에서 열고, 「practice1.py」 파일을 생성한 상태를 보여줍니다.

Python 코드는 「.py」 확장자를 사용하며, 왼쪽 사이드바의 아이콘을 클릭하면 새 파일을 만들 수 있습니다.

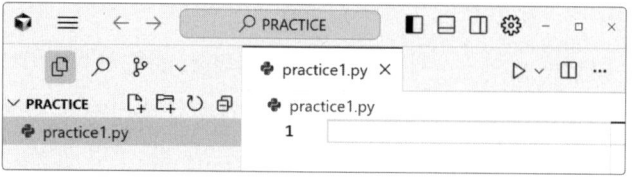

여기에서 ⌘+K(Mac) / Ctrl+K(Win)를 누르거나, AI 패널의 프롬프트 입력 필드에 원하는 소프트웨어 기능을 입력해 AI 어시스턴트에게 요청해 보세요.

생성된 코드를 에디터에 반영하고 저장한 뒤 실행해 보면, AI 어시스턴트의 도움으로 누구나 원하는 프로그램을 단계별로 차근차근 만들어 나갈 수 있습니다.

3장

Cursor 기능 설명

> 들어가기

지금까지는 AI 어시스턴트를 활용한 프로그램 개발 경험에 초점을 맞췄기 때문에, Cursor 자체 기능에 대해서는 깊이 있게 다루지 않았습니다. 그러나 기능을 어떻게 사용하느냐에 따라 AI 어시스턴트의 응답 정확도와 활용 효과가 달라집니다. 각 기능을 잘 이해하고 적절히 활용하면 작업 효율을 크게 높일 수 있습니다.

이번 장에서는 Cursor가 제공하는 다양한 기능을 자세히 소개하겠습니다.

3.1 Chat

지금까지 우리가 오른쪽 사이드바에 있는 AI 어시스턴트에게 질문을 해왔던 것, 기억하시나요? 이 기능은 Chat이라고 하며, Cursor에서 제공하는 가장 핵심적인 기능입니다.

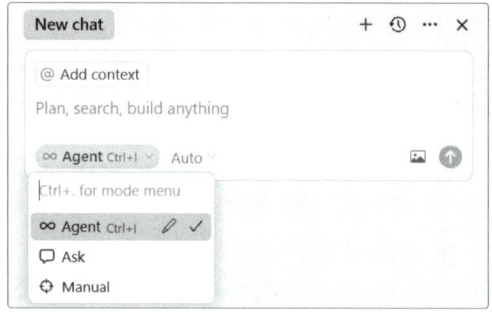

Chat은 사이드바에 위치한 Cursor의 AI 비서로, 자연어를 통해 코드베이스와 직접 상호작용할 수 있도록 도와줍니다. 질문을 하거나, 코드 수정을 요청하거나, 터미널 명령어에 대한 제안을 받는 등 다양한 작업을 한 곳에서 바로 수행할 수 있습니다.

• Header 메뉴

New Chat

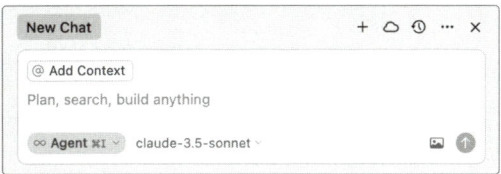

「+」로 표시된 「New Chat」 버튼을 클릭하면, AI 패널에 새로운 (빈) 채팅 화면이 표시됩니다. 이전 대화와는 별도로 질문을 하거나, 다른 주제의 요청을 새로 입력하고 싶을 때 사용합니다.

Show Chat History

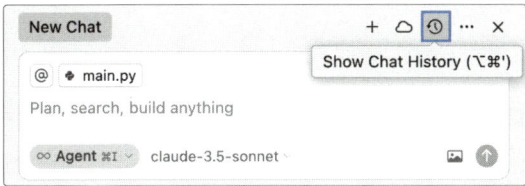

시계 반대 방향으로 회전하는 모양의 아이콘을 클릭하면, 이전 Chat 이력 목록이 표시됩니다. 목록에서 각 항목을 클릭하면 해당 Chat 내용을 불러올 수 있으며, 연필 아이콘을 누르면 Chat 이름을 변경할 수 있습니다. 또한 휴지통 아이콘을 클릭하면 Chat을 삭제할 수 있습니다.

위쪽 「Search chats...」 입력란에 텍스트를 입력하면, 해당 텍스트가 포함된 Chat 이름만으로 목록을 좁혀서 검색할 수 있습니다.

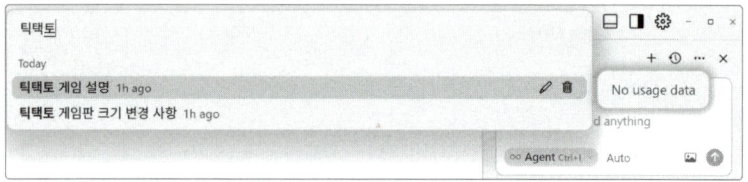

Cursor의 Chat은 창 단위로 대화 기록이 저장되기 때문에, 각 대화의 맥락이 유지됩니다. 이로 인해 특정 주제에 대해 이어서 이야기하거나, 이전 대화를 참고하는 것이 더 쉬워집니다. 또한 각 창의 채팅 기록은 자동으로 저장됩니다. 즉, 창을 닫거나 Cursor를 종료하더라도, 다음에 해당 창을 열었을 때 이전 대화 내용을 불러올 수 있습니다.

Open as Editor

「…」 → 「Open as Editor」를 클릭하면, 별도의 에디터 탭에 Chat이 표시됩니다. 이 탭은 편집 중인 파일 옆에 나란히 배치할 수 있어, 화면이 작은 개발 환경(예: 노트북 등)에서 에디터와 AI 패널을 동시에 띄우기 어려울 때 유용합니다.

다시 「…」 → 「Open as Pane」을 클릭하면, Chat은 원래의 AI 패널 형태로 전환됩니다.

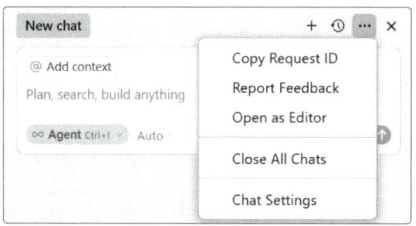

● Chat의 다양한 모드(Mode)

Chat은 특정 작업에 최적화된 다양한 모드를 제공합니다. AI와 대화 중에는 모드 드롭다운 메뉴를 클릭하거나 ⌘+.(Mac)/Ctrl+.(Win)을 눌러 모드를 변경할 수 있습니다.

Agent 모드는 여러 파일 수정과 명령 실행까지 포함한 자동화 중심 모드이며, Ask 모드는 코드에 대한 질문이나 설명을 주고받는 대화 중심 모드입니다. Manual 모드는 사용자가 원하는 변경을 명확히 지시하고 정밀하게 적용하는 편집 중심 모드이고, Custom Modes는 각자의 워크플로에 맞는 사용자 정의 모드를 구성할 수 있는 기능입니다. 이제 Chat에서 지원하는 모드들을 하나씩 자세히 살펴보겠습니다.

Agent

Cursor의 기본 모드이자 가장 자율적인 모드로, 최소한의 지침만으로도 복잡한 코딩 작업을 독립적으로 탐색하고 계획하며 실행할 수 있도록 설계된 AI 코딩 도우미입니다. 코드베이스를 자유롭게 탐색하고, 문서를 읽고, 웹을 검색하고, 파일을 편집하며, 터미널 명령을 실행하는 등 Cursor가 제공하는 모든 도구를 활용하여, 에디터 안에서 워크플로를 벗어나지 않고 새로운 기능 작성, 기존 코드 수정 등 다양한 작업을 효율적으로 수행할 수 있습니다.

이 Agent 모드는 마치 사람처럼 단계적인 방식으로 작업을 진행합니다. 먼저 사용자 요청과 코드베이스의 맥락을 분석해 작업의 목표를 파악하고, 관련 파일과 문서를 탐색하여 현재 구현 상태를 이해합니다. 그 다음, 작업을 세부 단계로 나누어 변경 계획을 수립하고, 코드 전반에 걸쳐 필요한 수정을 수행합니다. 이 과정에서 외부 라이브러리 제안이나 터미널 명령 실행도 함께 고려되며, 수정 후에는 결과를 검토하고 문제가 있으면 추가로 보완합니다. 최종적으로는 전체 변경 사항을 요약하여 사용자에게 전달하며 작업을 마무리합니다.

Agent 모드에서는 다음 작업을 수행할 수 있습니다.

- 코드베이스 전반에 걸친 구조 변경 및 리팩터링 수행
- 요구사항에 따른 신규 기능 설계 및 구현
- 다수의 파일에 걸친 복잡한 버그 분석 및 해결
- 테스트 코드 작성 및 기술 문서화
- 프로젝트 전반의 스타일과 구조 일관성 유지

Ask

Ask 모드는 코드베이스를 안전하게 탐색하고 이해할 수 있도록 돕는 읽기 전용 모드입니다. 기본적으로 검색 도구가 활성화되어 있어, 파일과 문서의 내용을 분석하거나 코드 구조를 파악하는 데 활용할 수 있습니다. 이 모드는 코드를 직접 수정하지 않고 AI와 대화를 통해 코드베이스를 학습하거나 문제 해결 방향을 계획할 때 유용합니다. Agent와 달리, Ask 모드는 제안된 변경 사항을 자동으로 적용하지 않기 때문에 코드에 영향을 주지 않고 자유롭게 탐색할 수 있는 것이 특징입니다.

Ask 모드에서는 다음과 같은 작업을 수행할 수 있습니다.

- 특정 코드 영역에 대한 질문
- 복잡한 함수의 동작 방식 설명 요청
- 코드 패턴이나 예시 검색
- 프로젝트 구조나 흐름에 대한 질의 수행

Manual

Manual 모드는 사용자가 무엇을, 어디서 바꿀지 정확히 알고 있을 때 사용하는 모드입니다.

파일을 직접 지정하거나(@로 파일 지정), 수정할 내용을 명확하게 지시하면, AI가 그대로 실행해줍니다.

이 모드는 전체 코드베이스를 스스로 분석하거나 탐색하지 않고, 사용자의 정확한 지시만을 따라 움직입니다. 에디터 기능만 사용하며, 검색이나 터미널 도구는 지원하지 않습니다.

Manual 모드에서는 다음 작업을 수행할 수 있습니다.

- 특정 함수 이름 변경과 사용처 일괄 수정
- 기존 함수의 로직 일부만 정확히 수정
- 명확한 지시를 기반으로 지정한 파일들을 동시에 편집

Custom (Beta)

Cursor는 사용자가 직접 도구와 프롬프트를 조합해 자신만의 작업 방식을 구성할 수 있는 Custom 모드 기능을 제공합니다. 이 기능은 현재 베타 단계로, 설정 메뉴의 Cursor Settings → Chat → Custom modes에서 활성화할 수 있습니다.

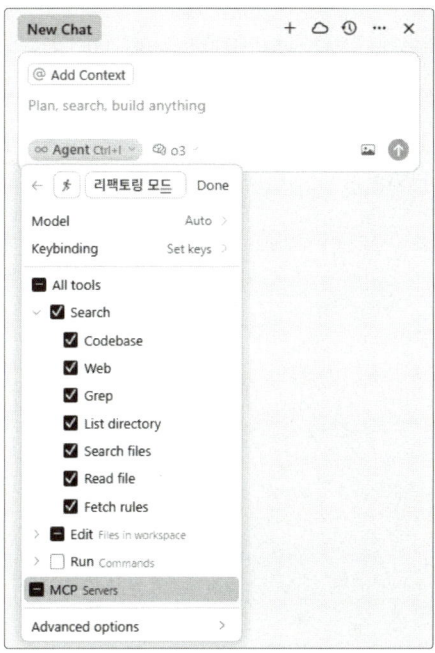

Custom 모드는 사용자가 원하는 목적에 맞게 모드를 새로 만들고, 아이콘, 이름, 단축키, 사용할 도구, 기본 지침 등을 자유롭게 설정할 수 있습니다. 향후에는 .cursor/modes.json 파일을 통해 모드를 코드 기반으로 정의하고 공유하는 기능도 지원될 예정입니다.

실제 사용 예로는, 개념 설명에 집중하는 학습용 모드(Learn), 기존 코드를 정리하는 리팩토링용 모드(Refactor), 구현 계획만 문서화하는 Plan 모드, 과감하게 자동 실행하는 Yolo 모드, 웹 검색까지 활용하는 조사용 모드(Research), 디버깅에 특화된 Debug 모드 등이 있습니다.

이처럼 Custom 모드는 각자의 개발 스타일이나 작업 흐름에 맞춘 AI 활용 환경을 구축할 수 있는 강력한 수단입니다. 사용자 커뮤니티가 만든 다양한 모드 예시는 https://playbooks.com/modes 같은 사이트에서도 참고할 수 있습니다.

● AI 모델

드롭다운 목록에서 사용할 AI 종류를 선택할 수 있으며, 사용자의 설정이나 등록된 API Key에 따라 선택 가능한 AI는 달라질 수 있습니다. 선택한 AI에 따라 지원되는 기능(예: Apply/Copy 버튼, 이미지 입력 등), 답변의 정확도, 이용 비용이 달라지므로, 프롬프트의 목적이나 활용하려는 기능에 맞춰 적절한 AI 모델을 선택하는 것이 중요합니다.

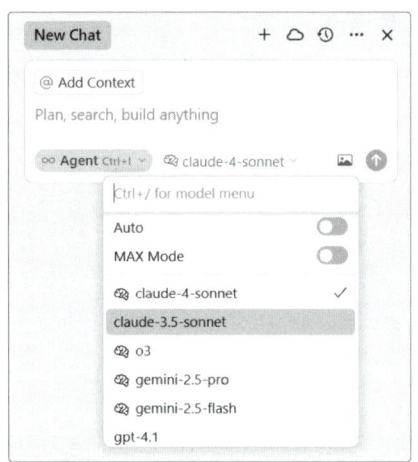

모델 선택 기능의 특징

Cursor의 모델 선택 기능에는 다음과 같은 두 가지 특징이 있습니다.

- 프롬프트마다 사용할 모델을 선택할 수 있습니다.
- 동일한 대화를 이어가면서도 모델을 적절히 변경할 수 있습니다.

이러한 특징을 효과적으로 활용하려면 다음 사항에 유의해 모델을 선택해야 합니다.

❶ 프롬프트를 입력하기 전에 목적과 기대하는 응답을 명확히 합니다.

❷ 각 모델의 특성을 이해하고, 프롬프트의 내용과 목적에 적합한 모델을 선택합니다.

- 필요한 기능이 지원되는지 확인합니다.
- 응답 정확도, 비용 등을 고려하여 최적의 모델을 선택합니다.

❸ 응답을 검토한 후 필요에 따라 모델을 변경합니다.
❹ 모델 선택에 대한 경험을 축적해 최적의 선택을 할 수 있도록 합니다.

Cursor의 모델 선택 기능을 효과적으로 활용하려면, 각 모델의 특징을 이해하고 목적에 맞게 적절히 구분해 사용하는 것이 중요합니다. 이를 통해 상황에 맞는 응답 정확도와 비용을 조절할 수 있어, Cursor를 보다 효율적으로 사용할 수 있습니다.

지원되는 AI 모델

Cursor에서 어떤 모델을 사용할 수 있는지는 설정에 따라 달라지며, 「Cursor Settings」→「Models」 메뉴에서 사용 가능한 모델을 확인하고 추가할 수 있습니다. 지원되는 모델의 종류는 수시로 변경되므로, 작업 전에 아래 공식 문서를 통해 최신 정보를 확인하는 것이 좋습니다.

https://docs.cursor.com/settings/models#available-models

아래는 현재 Cursor에서 사용 가능한 일부 AI 모델 목록입니다.

Name	에이전트 기능 지원	사고(Think) 기능 지원	Max 모드 지원
Claude 3.5 Sonnet	V	V	V
Claude 3.7 Sonnet	V	V	V
Claude 4 Opus	V	V	V
Claude 4 Sonnet	V	V	V
Gemini 2.5 Flash	V	V	V
Gemini 2.5 Pro	V	V	V
GPT 4.1	V		V
GPT-4o	V	V	V
Grok 3 Beta	V	V	V

Grok 3 Mini	V		V
o3	V	V	V
o4-mini	V	V	V

에이전트 기능

에이전트 모델은 Chat의 Agent 모드에서 사용되는 모델로, 도구(tool) 호출에 최적화된 성능을 갖추고 있습니다. 이때 프롬프트 한 건당 최대 25회의 도구 호출이 하나의 요청으로 처리되며, 초과 시 Cursor가 계속 진행 여부를 확인하고, 이후부터는 추가 요청으로 간주하여 할당량을 소비합니다.

추론(Thinking) 기능

일부 고급 모델은 추론 기능을 지원합니다. 이 기능이 활성화되면, 모델은 문제를 단계적으로 추론하며, 중간 과정을 스스로 점검하고 오류를 수정하는 능력을 발휘합니다. 단순히 정답만 내는 것이 아니라, 생각의 흐름을 정리하고 검토하면서 보다 정확하고 신뢰도 높은 답을 도출합니다. 복잡하거나 다단계 추론이 필요한 문제에 특히 효과적이지만, 응답 시간이 길어질 수 있으며 요청이 더 빠르게 소모된다는 점도 고려해야 합니다.

Max 모드

Max 모드는 보다 많은 컨텍스트를 처리하고 복잡한 작업을 수행할 때 사용합니다. 일반 모드와 달리, Max 모드에서는 훨씬 긴 코드, 여러 개의 파일, 또는 대규모 프로젝트 전체를 한 번에 인식하고 분석할 수 있습니다.

이 모드의 가장 큰 특징은 처리 가능한 컨텍스트의 크기입니다. 일반 모드보다 훨씬 넓은 범위를 다룰 수 있어 간단한 유틸리티 함수 몇 개뿐만 아니라, 전체 웹 프레임워크나 수만 줄에 이르는 코드베이스도 한 번에 읽고 이해할 수 있습니다. 또한 Max 모드는 최대 200개의 도구 호출을 한 번의 요청으로 실행할 수 있으며, 최대 750줄까지 파일 내용을 읽을 수 있습니다.

복잡한 작업을 자동화하거나 프로젝트 전반을 통합적으로 분석하고자 할 때 매우 유용합니다. 요금은 사용한 토큰 수 기준으로 과금되며, 모델 제공사의 API 가격에 Cursor가 20% 마진을 더한 방식으로 계산됩니다. 입력한 프롬프트, 파일 내용, 도구 호출 내역, AI의 응답 모두 토큰으로 계산되어 과금에 포함됩니다.

컨텍스트 윈도우

AI가 한 번에 이해하고 처리할 수 있는 텍스트와 코드의 범위를 컨텍스트 윈도우(Context window)라고 합니다. 이 범위에는 사용자가 입력하는 질문뿐만 아니라, 모델이 생성하는 응답도 포함됩니다. Cursor에서는 각 Chat 세션마다 고유한 컨텍스트 윈도우를 유지하며, 프롬프트 입력, 첨부 파일, 대화가 길어질수록 이 컨텍스트 윈도우도 점차 채워집니다.

이때 Cursor는 컨텍스트가 너무 커지지 않도록, 중요한 코드나 대화 내용은 유지하고, 덜 중요한 부분은 자동으로 정리하여 효율적으로 관리합니다. 그럼에도 컨텍스트가 과도하게 쌓이면, 모델이 중요한 정보를 놓치거나 서로 다른 주제가 섞여 응답의 정확도가 떨어질 수 있습니다. 따라서 보다 정확한 결과를 얻기 위해서는, 작업의 주제나 목적이 달라질 때마다 새로운 Chat 세션을 시작해 주제를 명확히 구분하는 것이 중요합니다.

자동 선택

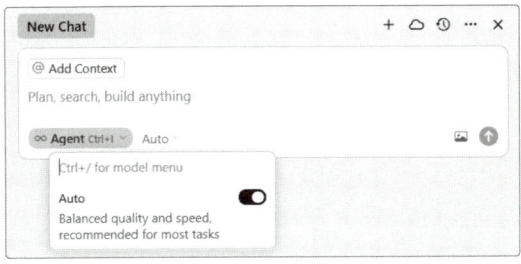

Cursor의 Auto-select 기능은 사용자가 직접 AI 모델을 고르지 않아도, Cursor가 현재 작업과 상황에 가장 적합한 프리미엄 모델을 자동으로 선택해주는 기능입니다. 이 기능은 기본적으로 활성화되어 있으며, 토글 버튼을 통해서 켜거나 끌 수 있습니다. Auto-select를 사용하면 모델의 성능이나 안정성, 서버 상태 등을 기준으로 가장 신뢰할 수 있는 모델이 자동으로 적용되기 때문에, 어떤 모델을 골라야 할지 고민할 필요 없이 편리하게 사용할 수 있습니다. 특히 네트워크가 혼잡한 상황에서도 비교적 안정적인 모델로 전환되므로 작업 중 끊김이나 오류를 줄이는 데 도움이 됩니다.

다만, 어떤 모델이 실제로 선택되었는지는 표시되지 않기 때문에, 원하는 모델을 명확히 알고 있는 사용자라면 수동으로 모델을 선택하는 것이 더 나을 수 있습니다.

- **Tools**

Cursor에는 코드 찾기, 파일 읽기, 웹 검색 등 개발에 도움이 되는 다양한 도구(tool)들이 들어 있습니다. 이 도구들은 Chat 기능 안에서 사용할 수 있으며, 기본 모드는 물론, 직접 만든 커스텀 모드에서도 필요에 따라 자유롭게 켜거나 끌 수 있습니다.

검색 도구 목록

Codebase
인덱싱된 코드베이스 안에서 의미 중심(semantic) 검색을 할 수 있습니다. 예를 들어 함수 이름이 아니라, 기능이나 동작 방식으로도 코드를 찾을 수 있습니다.

Web
웹에서 관련 정보를 검색합니다.

List Directory
폴더 안에 있는 파일들의 목록(구조)을 보여줍니다. 단, 파일 내용을 직접 읽지는 않으며, 보통 아래의 Read File과 함께 사용됩니다.

Read File
코드베이스 내 파일 내용을 읽습니다. (Max 모드: 최대 750줄 / 일반 모드: 250줄)

Search Files
퍼지 매칭(Fuzzy Matching)이라는 방식으로, 정확한 이름이 아니어도 비슷한 파일 이름을 빠르게 찾아줍니다.

Fetch Rules

특정 규칙이 필요할 때, 규칙의 종류와 설명을 기준으로 해당 규칙을 찾아줍니다.

Grep

특정 키워드나 패턴을 정확히 검색합니다.

편집

Edit & Reapply

파일에 대한 수정 사항을 제안하고 이를 자동으로 적용합니다.

Delete File

필요하지 않은 파일을 자율적으로 삭제합니다. 설정에서 비활성화할 수도 있습니다.

실행

Terminal

VS Code의 터미널 프로파일을 사용하여 터미널 명령어를 실행할 수 있습니다. 에이전트는 Cursor가 실행 중인 운영 체제(기본 셸)에 따라 적절한 초기 프로파일을 자동으로 선택합니다.

다음 순서로 선호하는 터미널 프로파일을 설정할 수 있습니다.

❶ 명령 팔레트를 엽니다(⌘+Shift+P(Mac)/Ctrl+Shift+P(Win)).
❷ 「Terminal: Select Default Profile」을 검색합니다.
❸ 원하는 터미널 프로파일을 선택합니다.

● **심볼 참조**

AI 어시스턴트에게 질문을 보내면, 프롬프트와 함께 에디터에 표시된 파일(즉, 작업 중인 파일)의 내용이 AI 모델에 자동으로 전송됩니다. 전송된 파일 내용을 기반으로 프롬프트 지시에 따라 응답합니다. 기본적으로는 에디터에 표시된 파일 내용을 참조하지만, 직접 참조 범위를 지정할 수도 있습니다. 이때는 @ 기호를 사용하는 심볼 참조 기능을 활용합니다.

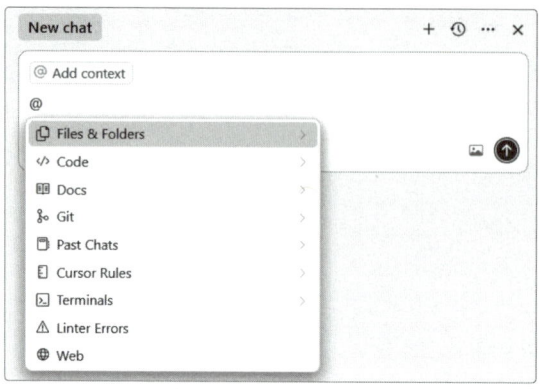

다음은 드롭다운 리스트에 표시된 심볼 참조의 각 항목에 대한 설명입니다.

Files

참조 대상을 파일 단위로 지정합니다.

에디터에서 화면에 표시된 파일은 기본적으로 참조됩니다. 참조 정보는 프롬프트 입력란에 @파일명 형식으로 표시되며, 이를 클릭하면 해당 파일이 열리고 참조된 내용을 직접 확인할 수 있습니다.

그러나 파일을 참조하지 않아도, 프로젝트가 인덱싱되어 있다면 Cursor가 자체적으로 파일 경로를 탐색하여 응답할 수 있습니다. (인덱싱은 3.2절 'Codebase Indexing'에서 다룹니다.) 이 경우 "Could not find file 'main.py'. Did you mean one of: "와 같은 메시지가 일시적으로 표시되며, 내부적으로 경로를 재탐색한 뒤 최종적으로는 정확한 파일을 찾아 응답합니다.

이제 실제로 화면에 파일을 띄우지 않고, @ 참조도 사용하지 않은 상태에서 main.py에 대해 질문해 보겠습니다.

main.py에 작성된 함수들을 목록으로 보여줘.

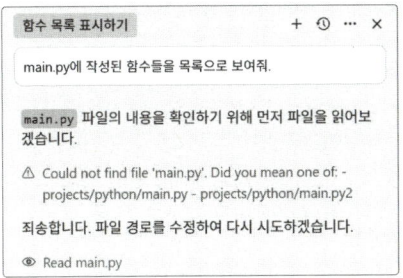

초기에는 경고 메시지가 출력되지만, 해당 파일을 찾기 위해 시간이 다소 소요된 후 결국 함수 목록을 정상적으로 반환하긴 합니다.

다만 파일명이 모호하거나 동일한 이름의 파일이 여러 개 있는 경우, 혹은 프로젝트의 파일 수가 매우 많은 경우에는 처리에 시간이 많이 걸리거나 응답이 실패할 수 있으므로, `@` 메뉴의 Files를 통해 파일을 명시적으로 지정하는 것이 더 안전하고 효율적입니다.

 @main.py main.py에 작성된 함수들을 목록으로 보여줘.

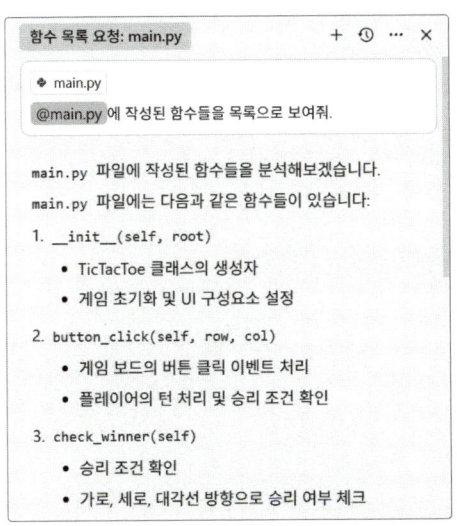

참조한 파일의 내용이 표시됩니다. 참조된 파일은 프롬프트 안에 @main.py처럼 표시되며, 참조를 해제하려면 파일명 옆에 있는 x 기호를 클릭합니다.

이 기능은 에디터에 표시되지 않은 파일을 참조하거나 여러 파일을 동시에 참조하고자 할 때 유용하게 사용할 수 있습니다.

Folders

「@」 드롭다운 메뉴에서 Folders를 선택한 뒤 원하는 폴더를 지정하면, 해당 폴더 전체를 참조할 수 있습니다.

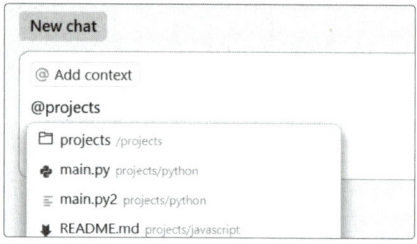

폴더 참조는 코드베이스가 인덱싱되어 있을 때만 사용할 수 있으며, 인덱싱 설정은 제4장에서 설명합니다.

Code

@Code 참조를 사용하면 함수나 메서드 등 코드 내 특정 코드 조각이나 심볼을 직접 지정해 참조할 수 있습니다.

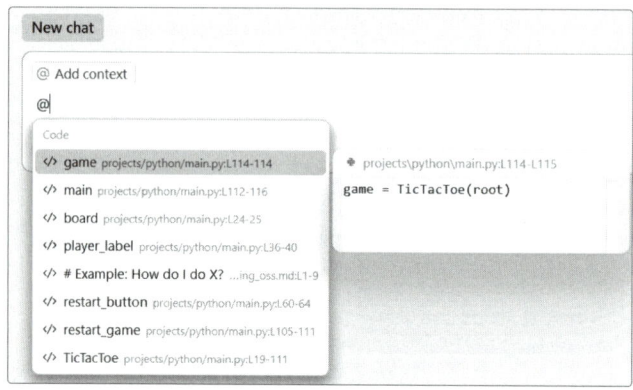

Docs

생성형 AI를 사용할 때 흔히 발생하는 문제 중 하나는, AI 모델이 학습하지 않은 정보에 제대로 대응하지 못한다는 점입니다. 예를 들어, 최신 정보나 특정 조직의 내부 정보처럼 모델이 알 수 없는 내용을 질문했을 때입니다.

이러한 문제를 해결하기 위해 웹 기반 챗봇에서는 RAG(Retrieval-Augmented Generation, 검색 증강 생성) 구조를 활용합니다. RAG는 모델 외부에 데이터베이스를 두고, 사용자의 질문에 맞춰 관련 정보를 검색한 뒤, 그 결과를 프롬프트에 포함시켜 모델에 전달합니다. 이를 통해 모델이 원래 알지 못하는 정보에 대해서도 답변할 수 있도록 보완합니다.

Cursor의 Docs 기능도 이와 유사한 구조를 따릅니다. LLM이 기본적으로 제공하는 사전 학습 정보에 더해, 외부 문서를 함께 참조함으로써, LLM이 알지 못하는 정보에 대해서도 적절한 응답을 생성할 수 있습니다.

「@」드롭다운 메뉴에서 Docs를 선택하면, Cursor에 내장된 공식 문서 목록이 표시됩니다.

문자를 입력하면 관련된 문서들이 필터링되어 나타나며, 원하는 문서를 선택해 프롬프트에 추가하고 「Send」 버튼을 눌러 실행할 수 있습니다.

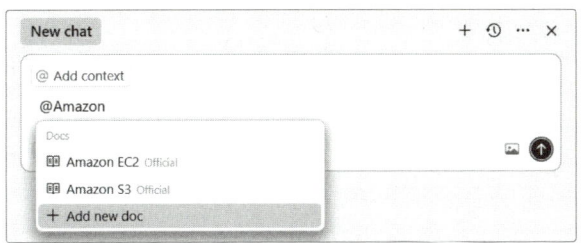

기본 목록에 포함되지 않은 문서를 참조하고 싶다면, 목록 하단의 「+ Add new doc」
버튼을 클릭하여 원하는 문서를 직접 등록할 수 있습니다.

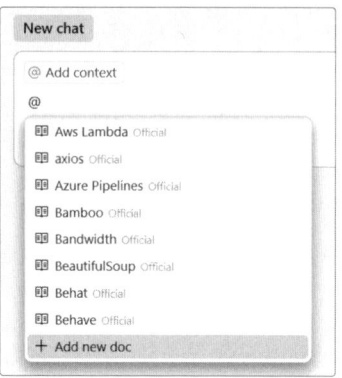

예를 들어, 여기에서는 Claude 3에 빠르게 대응하며 주목받고 있는 클라우드 서비
스인 Amazon Bedrock의 공식 문서를 커스텀 Docs로 추가해 보겠습니다. 「Add
docs」 다이얼로그에 아래 URL을 입력한 뒤 Enter 키를 누릅니다.

https://docs.aws.amazon.com/ko_kr/bedrock/latest/APIReference/welcome.html

「Add new doc」 다이얼로그가 표시되면, 목록에 보여질 문서 이름을 편집한 후
Confirm 버튼을 클릭합니다.

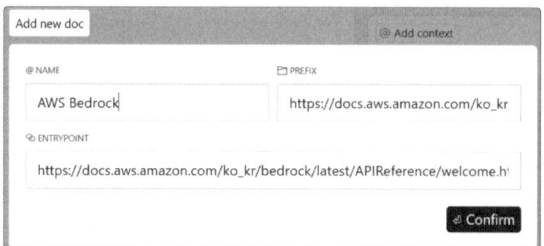

공식 문서에서는 「Prefix」에 대해 다음과 같이 설명하고 있습니다.

> Prefix는 새로운 문서에서 각 URL과 연관된 라우트입니다. 일반적으로 문서에서 해당 URL로 사용되는 부분에 사용됩니다. prefix는 문서 안의 페이지의 엔트리 포인트 URL로서 기능하며, 해당 prefix가 포함되지 않은 페이지는 문서에 포함하지 않습니다. prefix는 전형적으로 https://mydocs.com과 같은 형태입니다. 문서가 하위 도메인 위에 호스트 되어 있다면 https://docs.mycompany.com과 같이 됩니다.

Confirm 버튼을 누르면 Indexing..., Learning... 같은 메시지가 나오면서 문서를 불러오고 학습하는 과정이 진행됩니다. 이때 잠깐 기다리면 됩니다.

문서 등록이 끝나면, Docs 목록에서 해당 문서를 선택해 질문할 수 있습니다.

아래 예시는 처음에는 Amazon Bedrock에 대해 제대로 답변하지 못했던 AI가, Docs를 등록하고 코드 참조를 지정한 뒤에는 정확하게 답할 수 있게 된 모습을 볼 수 있습니다.

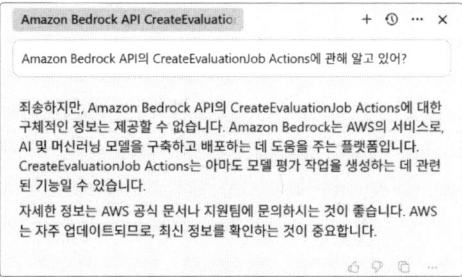

Docs 등록 전

Docs 등록 후

참조한 문서 목록은 프롬프트 안에 서류 아이콘과 함께 표시됩니다. 목록을 클릭하면 인덱스된 페이지를 브라우저에서 열어볼 수 있습니다.

「Cursor Settings」→「Indexing & Docs」→「Docs」섹션에서는 등록된 커스텀 Docs를 추가, 수정, 삭제할 수 있습니다.

또한, 펼쳐진 책 모양 아이콘을 클릭하면 인덱싱된 페이지 목록이 표시되며, 스크롤을 통해 전체 내용을 확인할 수 있습니다.

Docs에 문서를 등록했는데도 기대한 답변이 나오지 않는 경우, 해당 정보가 포함된 페이지가 실제로 인덱스되었는지 꼭 확인해봐야 합니다.

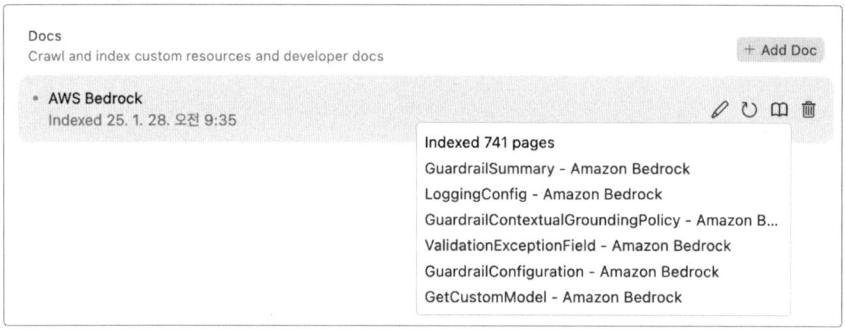

팀 내에서 자체 API 문서나 기술 자료를 공유하며 개발할 경우, 아래와 같은 방법으로 정보를 공유할 수 있습니다.

❶ 웹 서버에 공개된 문서를 업로드한 뒤, 해당 URL을 등록하여 Docs로 사전 학습시킵니다.(※ Teams 플랜을 이용하면 팀원들과 Docs를 공유할 수 있으며, 자세한 내용은 4장에서 설명합니다.)

❷ URL 참조 기능을 활용해 실시간으로 웹 문서 내용을 불러옵니다.

❸ Git 등의 버전 관리 시스템을 통해 폴더나 파일을 공유한 뒤, Folders 참조 또는 Files 참조를 이용합니다.

이처럼 다양한 방식으로 정보를 유연하게 공유할 수 있다는 점도 Cursor의 큰 장점 중 하나입니다.

Git

「@」 드롭다운 메뉴에서 Git을 선택하면, 현재 작업 중인 변경 사항이나 브랜치 간의 차이, 커밋되지 않은 파일 상태를 빠르게 확인할 수 있습니다.

예를 들어, 「@Commit」을 사용하면 마지막 커밋 이후 수정되었거나 추가·삭제된 파일들을 한눈에 파악할 수 있고, 「@Branch」를 사용하면 현재 브랜치와 메인 브랜치 간의 차이를 비교하여 어떤 변경사항이 병합될 예정인지 확인할 수 있습니다.

또한, 특정 커밋 메시지를 입력하면 해당 커밋을 직접 참조하여 그 시점의 코드 상태를 기반으로 분석할 수도 있습니다.

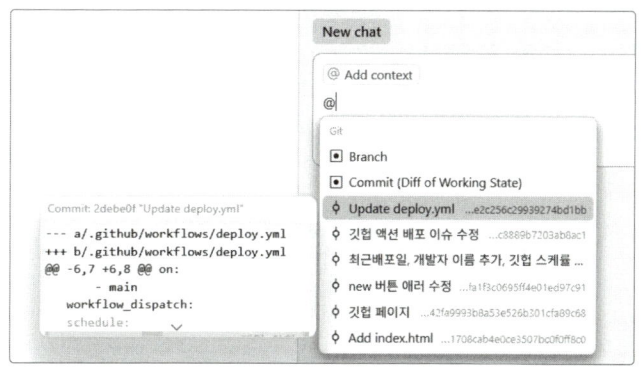

Web

「@」 드롭다운에서 Web을 선택하면, 프롬프트 내용을 기반으로 웹 검색을 수행하고, 그 결과를 반영하여 응답합니다.

웹에서 참조된 정보가 사용된 경우, 프롬프트 입력창 하단에 지구본 아이콘이 나타납니다.

이 아이콘을 클릭하면 해당 페이지를 브라우저에서 바로 열람할 수 있습니다.

Q Python 코드 규약을 준수하고 있어?

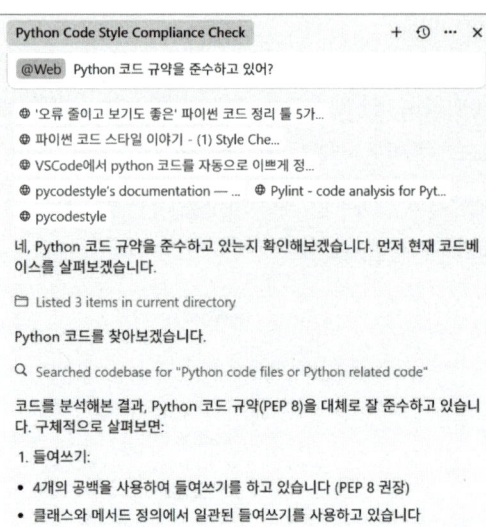

Link

프롬프트 필드에 URL을 직접 입력하면, 해당 페이지의 실시간 정보를 참조할 수 있습니다.

Q @https://www.youngjin.com/book/book_detail.asp?prod_cd=9788931479409&seq=7954&cate_cd=1&child_cate_cd=9&goPage=1&orderByCd=1
"예제로 배우는 C++ STL"의 출간일 알려줘.

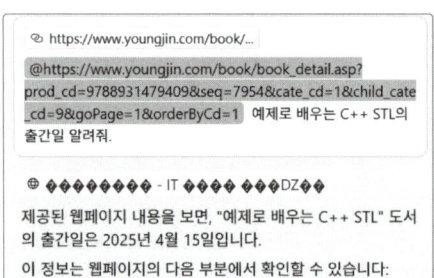

이 예시에서 해당 도서는 최근에 출간된 도서로, AI 모델이 학습했을 당시에는 포함되지 않았을 가능성이 높습니다.

이 경우처럼, 지식 컷오프(AI 모델이 학습을 멈춘 시점) 이후에 공개된 정보에 대해서도 정확하게 답변할 수 있다는 점은 매우 유용합니다.

모델이 학습하지 못한 최신 정보를 URL을 통해 확인할 수 있다는 점은 큰 장점이지만, URL 검색 과정에서 시간이 다소 소요될 수 있으므로 필요한 상황에 한해 선택적으로 활용하는 것이 좋습니다.

Lint errors

현재 파일에 있는 Lint 에러(예: 구문 오류나 선언되지 않은 변수 등)에 대해 Chat을 통해 빠르게 도움을 받을 수 있습니다. 여러 개의 Lint 에러가 있을 경우, 해당 문제들을 모두 반영한 수정 코드가 자동으로 제안됩니다.

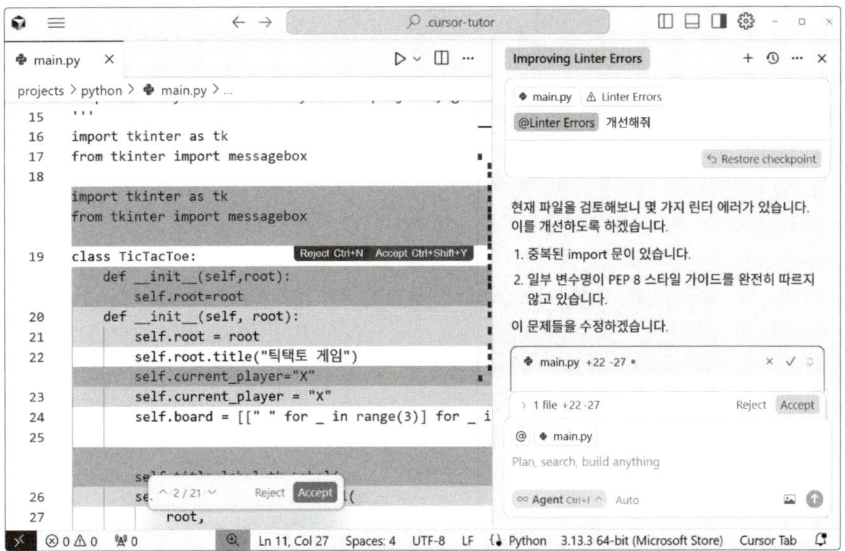

Lint errors 참조 기능은 AI 패널의 Chat 내에서만 사용하실 수 있습니다.

Recent changes

Cursor는 코드베이스의 최근 변경 사항을 자동으로 추적합니다. 「@Recent changes」 심볼을 사용하면, 이러한 변경 내용을 AI Chat에 컨텍스트로 전달하여 최근 수정된 부분을 중심으로 보다 정밀한 코드 리뷰나 수정 제안을 받을 수 있습니다.

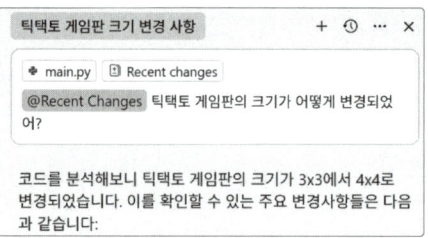

Cursor Rules

프로젝트에 설정된 규칙과 가이드라인을 참조할 수 있습니다. 「@Cursor rules」 심볼을 사용하면, 특정 규칙을 프롬프트에 명시적으로 적용하여 컨텍스트로 전달할 수 있습니다.

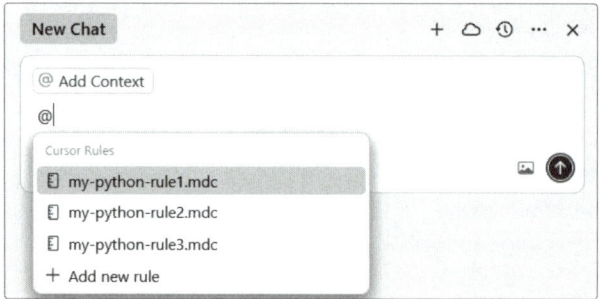

- 「image」 버튼

프롬프트에 이미지를 첨부할 수 있습니다(일부 AI 모델에서만 지원). 「image」 아이콘을 클릭해 다이얼로그에서 이미지 파일을 선택하거나, Chat 입력 필드에 이미지를 드래그 앤 드롭하거나, 클립보드에서 붙여 넣기로도 이미지를 추가할 수 있습니다.

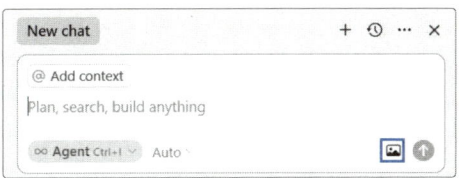

예를 들어, 웹 페이지 디자인 시안을 첨부하여 HTML/CSS 목업 생성을 요청하거나, 브라우저 에러 화면을 붙여 넣고 수정 방법을 문의하는 등 다양한 방식으로 활용할 수 있습니다.

다음 화면은 앞 장에서 만든 4x4 틱택토 게임이 의도대로 동작하지 않았을 때, 해당 화면의 스크린샷을 첨부하여 프롬프트에 활용한 예시입니다.

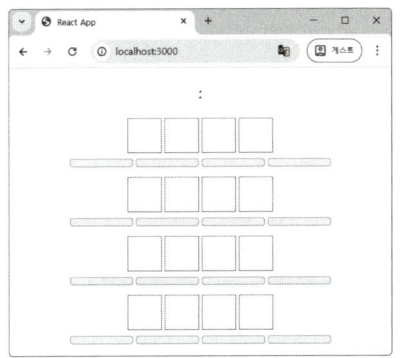
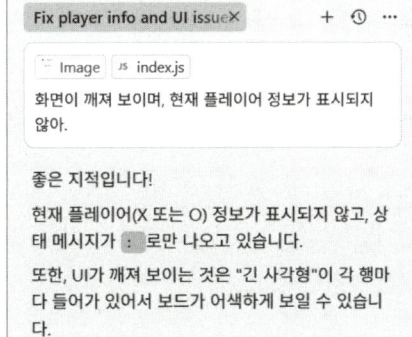

텍스트로 상황을 설명하는 것이 너무 복잡하게 느껴진다면, 스크린샷을 제공해 AI가 문제를 더 정확히 파악할 수 있도록 해봅시다.

● 「Send」 버튼

프롬프트를 입력한 후 Enter 키를 눌러 전송할 수 있으며, 「Send」 버튼을 클릭해 실행할 수도 있습니다. 이 경우 실행 시점에 에디터에 열려 있는 파일이 자동으로 참조됩니다.

● 「Apply」 버튼

「Apply」 버튼은 AI 어시스턴트가 제안한 코드 변경 사항을 사용자의 로컬 환경에 간편하게 적용할 수 있도록 도와주는 기능입니다. 이 기능을 활용하면, AI 어시스턴트와의 대화를 통해 생성된 코드를 한 번의 클릭으로 프로젝트에 반영할 수 있어 개발 속도와 효율이 크게 향상됩니다.

「Apply」 버튼은 다음과 같은 절차로 작동합니다.

❶ 사용자가 코드에 관한 질문이나 태스크를 자연어로 입력합니다.
❷ AI 어시스턴트가 사용자의 프롬프트나 참조를 분석해 답변 또는 코드를 생성하거나 수정합니다.
❸ AI 어시스턴트는 변경 전 코드와 변경 후 코드를 함께 표시해 제안합니다. 사용자는 변경점을 명확히 확인할 수 있습니다.
❹ 제안된 코드를 전체 또는 변경된 위치별로 수용하거나 거절할 수 있습니다.

예를 들어, 앞 장에서 작성한 3x3 틱택토에 칸이 3개 연결된 시점에서 "리치!"라는 다이얼로그를 표시하는 경우를 가정해 봅시다. 제안된 코드가 반영된 화면은 다음과 같을 것입니다.

사용자는 AI 어시스턴트가 제안한 변경 내용을 확인한 후, 「Apply」 버튼을 클릭하면 해당 변경 사항이 자동으로 로컬 코드에 반영됩니다.

「Apply」 버튼을 실행하면 변경 전 코드는 빨간색 배경으로, 변경 후 코드는 녹색 배경으로 표시되어 변경 사항을 직관적으로 확인할 수 있습니다.

또한, AI 패널 상단에는 「Accept」와 「Reject」 버튼이 함께 표시되며, 변경을 수용하려면 「Accept」, 거부하려면 「Reject」를 클릭하면 됩니다.

아울러, 에디터 내의 녹색 블록에 표시된 단축키를 눌러 변경 사항을 개별적으로 수용하거나 거부할 수도 있습니다. 단축키를 활용하면 보다 세밀한 변경 관리도 가능합니다.

```
JS index.js   ×
projects > javascript > src > JS index.js > ⓣ TicTacToe > [●] checkRich
37    function TicTacToe() {
63        const checkRich = (squares) => {
64            const lines = [
68                [0, 4, 8, 12], [1, 5, 9, 13], [2, 6, 10, 14], [3, 7, 11, 15],
69                // 대각선
70                [0, 5, 10, 15], [3, 6, 9, 12]
71            ];
72
73            for (let line of lines) {
74                const [a, b, c] = line;
75                if (squares[a] && squares[a] === squares[b] && squares[a] === squares[c] && 
76                    return squares[a];
77                }
78            }
79            return null;
80        };
81
82        const handleClick = (i) => {
83            if (calculateWinner(board) || board[i]) return;
84            
85            const newBoard = board.slice();
```
Reject Ctrl+N   Accept Ctrl+Shift+Y
∧ 1/2 ∨   Reject file Ctrl+Shift+⌫   Accept file Ctrl+⌫

사용자는 이 기능을 통해 AI 어시스턴트의 제안을 수용하거나 거부하며 최종 결정을 직접 내릴 수 있습니다.

「Apply」 버튼은 AI 어시스턴트와 사용자가 원활하게 협업할 수 있도록 도와주며, 개발 편의성과 생산성을 크게 높여 주는 기능입니다.

이 기능을 활용하면 AI 어시스턴트의 전문 지식을 효과적으로 활용할 수 있고, 개발 프로세스도 한층 신속하게 진행할 수 있습니다. 무엇보다 최종 결정은 사용자에게 있기 때문에, 개발에 대한 통제권 역시 온전히 유지할 수 있습니다.

- **「Reapply」 버튼**

「Reapply」 버튼은 생성형 AI 어시스턴트가 제안한 코드를 사용자의 코드에 다시 적용하는 기능입니다.

이미 「Apply」 버튼을 클릭해 코드의 일부를 수용하거나 거부한 경우에도, 이 버튼을 사용하면 해당 내용을 초기화한 뒤 제안된 코드를 다시 적용할 수 있습니다.

이를 통해 사용자는 제안 내용을 처음부터 다시 검토하고, 수용 또는 거부 여부를 새롭게 결정할 수 있습니다.

「Reapply」 버튼은 AI 제안 영역 우측 상단의 Show options [···] 아이콘을 클릭하면 표시되는 메뉴에서 찾을 수 있습니다.

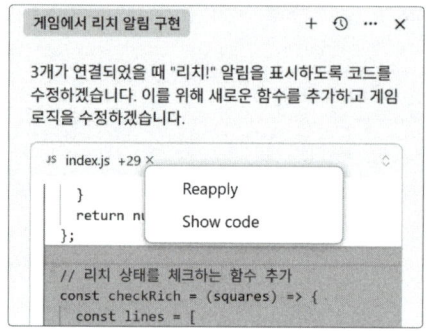

- **「Copy」 버튼**

「Copy」 버튼은 AI 어시스턴트가 제안한 코드나 답변을 클립보드에 복사할 수 있는 기능입니다. 사용자는 이 기능을 통해, AI 어시스턴트와의 대화에서 얻은 정보를 손쉽게 복사하고 다른 문서나 코드에 간편하게 재사용할 수 있습니다.

 ## 3.2 Context

- **Codebase Indexing**

Cursor에서 코드베이스를 인덱싱하는 과정을 이해하면, AI가 코드를 더 정확하게 분석하고 질문에 효과적으로 응답하는 이유를 알 수 있습니다. 인덱싱을 하면 Cursor는 코드베이스의 각 파일에 대해 임베딩(의미를 벡터로 표현한 정보)을 생성하고 저장합니다. 이 임베딩을 활용하면, AI가 방대한 코드 속에서도 관련 정보를 빠르게 찾아내고, 더 정밀하고 정확한 답변을 제공할 수 있습니다.

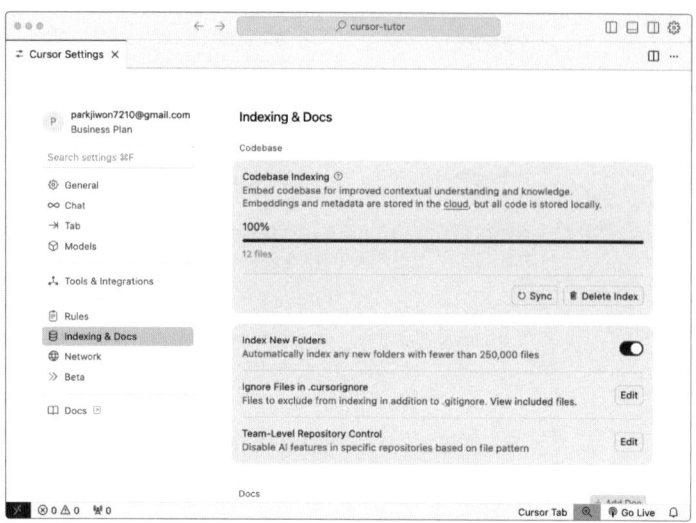

Cursor는 기본적으로 코드베이스의 모든 파일을 인덱싱합니다. 코드베이스를 참조하는 과정에서 개인정보 보호에 대한 우려가 있을 수 있지만, 실제로 소스 코드를 그대로 외부로 업로드하지는 않습니다.

Cursor의 인덱싱 동작 방식은 다음과 같습니다.

❶ 로컬 프로젝트의 코드를 작은 덩어리(chunk)로 분할합니다.

❷ 각 덩어리를 Cursor 서버로 전송합니다.

❸ 서버에서는 OpenAI의 벡터화 API 또는 자체 벡터화 모델을 사용하여 코드를 벡터 표현으로 변환합니다.

❹ 이 벡터 표현은 코드의 시작/종료 행 번호 및 파일의 상대 경로 정보와 함께 원격 벡터 데이터베이스에 저장됩니다.

❺ 이 과정에서 코드 자체는 데이터베이스에 저장되지 않습니다.

❻ 사용자의 요청이 완료되면 해당 벡터 정보는 데이터베이스에서 삭제됩니다.

즉, Cursor 서버에는 코드의 벡터 표현만 일시적으로 업로드되며, 이를 통해 개인 정보를 보호하면서도 정확하고 효율적인 코드 참조를 가능하게 합니다.

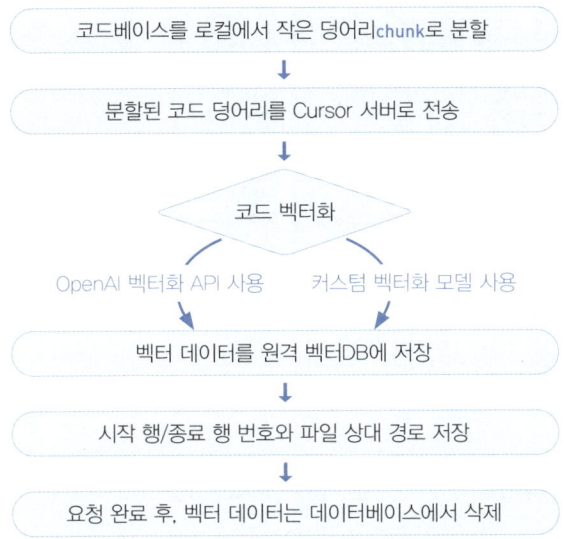

AI 어시스턴트가 제공한 대답에 표시된 「Final Codebase Context」 토글을 클릭하면, 해당 대답을 생성할 때 참조된 파일의 시작 행 및 종료 행 번호가 표시됩니다. 이 위치를 클릭하면, 에디터에 해당 코드 덩어리가 표시됩니다.

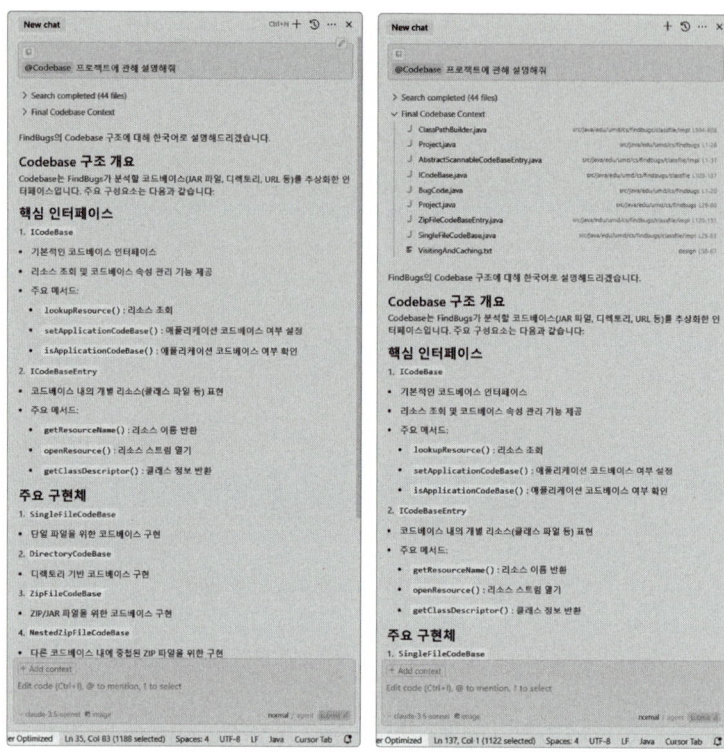

공식 포럼에서도 해당 동작에 대한 설명 및 데이터 보호와 관련된 스레드가 논의되었습니다. Anysphere의 CEO인 마이클 트루엘(Michael Truell)이 이에 대해 직접 설명한 내용도 있으니, 관심 있는 분들은 반드시 소스 코드와 함께 대조해 보시기 바랍니다.

https://forum.cursor.com/t/codebase-indexing/36/14

자세한 설정 방법은 4장과 5장에서 설명합니다.

● **Rules for AI**

Cursor에서는 AI 어시스턴트의 동작과 출력 방식을 사용자가 직접 제어할 수 있도록 다양한 규칙(Rules) 기능을 제공합니다. 이 규칙들은 AI 어시스턴트가 항상 특정 정보나 작업 방식에 기반해 일관된 방식으로 동작하도록 도와줍니다.

대규모 언어 모델(LLM)은 기본적으로 기억을 유지하지 않기 때문에, 매번 동일한 맥락을 반복해서 제공해야 하는 불편함이 있습니다. Rules 기능은 이러한 한계를 보완하기 위해 설계되었으며, 프롬프트 수준에서 지속적이고 재사용 가능한 컨텍스트를 제공함으로써 AI가 일관되게 행동하도록 만듭니다.

규칙이 적용되면, 그 내용은 AI 모델의 입력 컨텍스트 가장 앞부분에 포함되어, 코드 생성, 수정 이해, 워크플로우 지원 등 다양한 작업에서 AI가 일관된 지침을 따르도록 유도합니다.

Project Rules

Project Rules는 프로젝트별 코드 스타일이나 작업 방식 등을 미리 정의해, AI가 코드를 생성하거나 수정할 때 이를 참고하도록 하는 기능입니다. 이 규칙들은 .cursor/rules 폴더에 저장되며, 팀의 코딩 스타일, 템플릿, 작업 방식 등을 담을 수 있습니다. 규칙은 자동으로 적용되기도 하고, AI가 필요하다고 판단해 사용할 수도 있으며, 사용자가 직접 '@규칙이름'처럼 입력해서 적용할 수도 있습니다.

모든 규칙은 .mdc라는 파일로 작성되며, 설명과 내용을 함께 담을 수 있습니다. 규칙 파일은 Git으로 관리할 수 있어 변경 내역의 추적도 가능합니다.

규칙의 종류는 네 가지입니다.

- Always: 항상 AI가 참고하는 규칙
- Auto Attached: 특정 파일을 열거나 사용할 때 자동으로 적용
- Agent Requested: AI가 판단하여 적용 (사용 조건에 대한 설명이 규칙 안에 있어야 함)
- Manual: 사용자가 프롬프트에 '@규칙이름'처럼 직접 호출해야 적용

User Rules

User Rules는 「Cursor Settings」 〉 「Rules」 메뉴에서 설정할 수 있으며, 커서 환경의 모든 프로젝트에 공통으로 적용되는 규칙입니다. 예를 들어, 출력 언어, 응답 톤, 개인 스타일 등을 설정할 수 있습니다.

이 규칙들은 항상 AI가 참고하는 기본 문맥에 포함되며, 간단한 텍스트 형식으로 작성됩니다 (mdc 형식은 지원하지 않습니다).

Memories (Beta)

이 기능은 Chat에서의 대화를 기반으로 자동으로 규칙을 생성해주는 것으로, 사용자의 작업 흐름을 기억하고 일관된 도움을 줄 수 있도록 설계되었습니다. Memories는 각 Git 저장소 범위 내에서 작동하며, 설정한 규칙은 'Cursor Settings > Rules' 메뉴에서 확인하거나 삭제할 수 있습니다. 현재는 해당 기능의 적용 범위를 넓히고 동작 방식을 개선하는 작업이 진행 중입니다. 단, Privacy Mode(개인정보 보호 모드)가 활성화된 경우에는 Memories 기능을 사용할 수 없습니다.

- ## MCP

MCP(Model Context Protocol)는 외부 애플리케이션이 대규모 언어 모델에 컨텍스트나 도구를 제공하는 방법을 표준화한 공개 프로토콜입니다. MCP는 AI 애플리케이션의 USB-C 포트처럼 생각할 수 있습니다. USB-C 포트를 사용하면 다양한 주변 기기를 PC나 랩톱에 연결할 수 있듯이, MCP를 사용하면 표준화된 인터페이스를 통해 Cursor를 다양한 데이터 소스 및 도구와 연결해 에이전트의 능력을 한층 높일 수 있습니다.

MCP는 다음과 같은 구조로 구성됩니다.

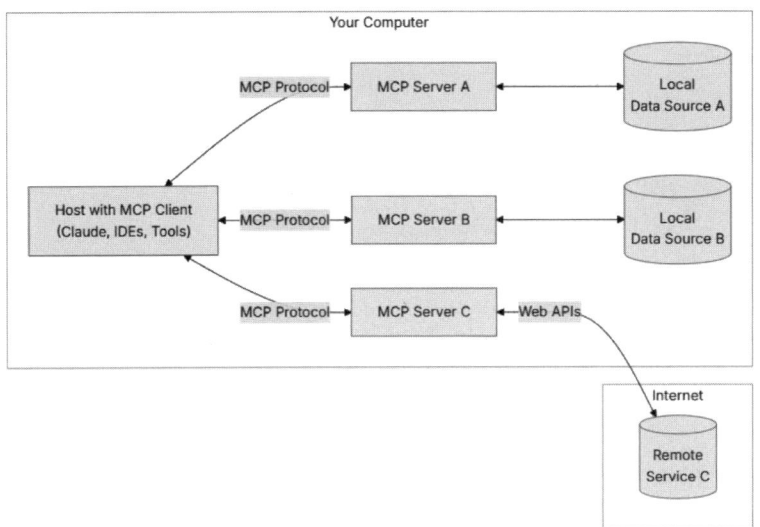

출처: https://modelcontextprotocol.io/introduction

MCP 호스트: Cursor처럼 MCP를 통해 외부 데이터나 기능을 사용하려는 프로그램입니다.

MCP 클라이언트: Cursor와 MCP 서버 사이에서 1:1 연결을 유지하며 요청과 응답을 주고받는 역할을 합니다.

MCP 서버: 특정 기능을 제공하는 경량 프로그램으로, Cursor의 요청에 따라 외부 데이터나 도구에 접근합니다.

로컬 데이터 소스(Local Data Sources): MCP 서버가 접근할 수 있는 컴퓨터 내 자원(예: 파일, 데이터베이스 등)을 의미합니다.

원격 서비스(Remote Services): Google Drive, Notion 등 인터넷을 통해 연결할 수 있는 외부 시스템으로, MCP 서버가 Cursor와 연결해 데이터를 가져올 수 있습니다.

Cursor의 MCP 설정에 관해서는 4장의 내용을 참조해 주세요.

3.3 Cmd K

Cmd K(Ctrl K)는 Cursor에 탑재된 인라인 AI 어시스턴트 기능입니다. 이 Cmd K 기능을 사용하면, 에디터 내에서 코드의 일부를 선택하여 AI 어시스턴트와 대화하면서 코드의 편집이나 생성을 수행할 수 있습니다.

● **실행 순서**

Cmd K는 다음 두 가지 방법으로 실행할 수 있습니다.

❶ 코드 일부를 선택한 뒤 ⌘+K(Mac)/Ctrl+K(Win)를 누른다.
❷ 코드 일부를 선택한 뒤 표시되는 도움말 창(툴팁)에서「Quick Edit」버튼을 클릭한다.

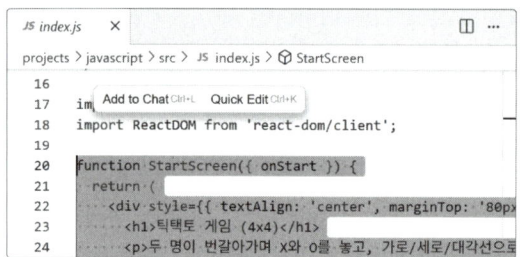

⌘+K(Mac)/Ctrl+K(Win)단축키를 활용한 코드는 1~50행 범위 내에서 가장 효과적으로 작동합니다. 선택한 범위가 50행을 초과하는 경우에는,「Add to Chat」기능을 사용해 해당 코드를 AI 패널의 Chat으로 보내는 것을 권장합니다.

⌘+K(Mac)/Ctrl+K(Win)를 실행하면 커서가 위치한 현재 코드 블록이 자동으로 선택되며, 필요에 따라 수동으로 원하는 범위를 지정할 수도 있습니다.

또한, 아무 것도 선택하지 않은 상태에서 빈 공간에 커서를 두고 ⌘+K(Mac)/Ctrl+K(Win)를 눌러도 신규 코드 생성 모드가 활성화됩니다.

● **사용 방법**

Cmd K를 실행하면 「프롬프트 바」라고 불리는 다이얼로그 박스가 표시됩니다. 여기에서 선택한 코드의 수정이나 신규 코드 생성을 AI 어시스턴트에게 지시할 수 있습니다.

프롬프트 바의 주요 기능은 다음과 같습니다.

❶ 프롬프트 입력 필드

- 프롬프트를 입력하지 않은 상태에서는 「Edit selected code」라는 플레이스홀더 텍스트가 표시됩니다.
- AI 어시스턴트에 대한 지시를 입력합니다.
- ↑, ↓를 사용해 이전 입력 이력을 참조할 수 있습니다.
- AI 패널에는 「image」 버튼이 없지만, 이미지를 복사해 붙여넣은 뒤 해당 이미지에 기반한 질문이나 지시를 할 수 있습니다.

❷ 모델 선택
- 사용하는 모델을 선택할 수 있습니다.
- 선택할 수 있는 모델은 AI 패널의 Chat에서 선택할 수 있는 모델과 동일합니다.

❸ 「Send」 버튼
- 지시를 전송하여 AI 어시스턴트를 통해 코드를 수정하거나 생성할 수 있습니다.

이상이 프롬프트 바의 주요 기능과 사용 방법입니다. 프롬프트 입력 필드에 코드 관련 지시를 입력하고, 적절한 모델을 선택한 후 「Send」 버튼을 클릭하면 AI 어시스턴트가 코드를 편집하거나 생성합니다.

● **심볼 참조**

AI 패널에서 Chat과 마찬가지로 @ 기호를 입력하면 나타나는 드롭다운 메뉴를 통해 심볼 참조 기능을 사용할 수 있습니다.

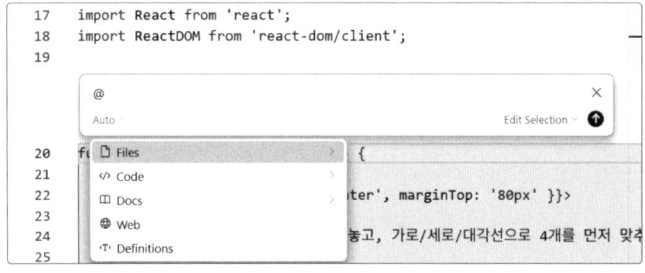

Files, Code, Docs, Web 참조 방식은 AI 패널과 동일하며, Cmd K 프롬프트에서만 제공되는 @Definitions 심볼이 있습니다.

@Definitions 심볼을 사용하면 선택한 코드에 관련된 변수 정의나 함수 시그니처 등의 상세 정보를 참조할 수 있습니다. 이를 통해 코드의 구조나 동작을 더 깊이 이해한 뒤, 적절한 편집이나 생성을 수행할 수 있습니다.

참조 대상을 명시하지 않더라도 Cmd K는 현재 파일 전체를 참조합니다. 즉, AI 어시스턴트는 파일 전체의 내용을 이해한 상태에서 코드를 생성합니다.

● Edit Selection

Edit Selection은 코드의 일부분만 선택해서 수정하고 싶을 때 사용하는 기능으로, 선택한 영역에만 AI가 작업을 수행합니다. 예를 들어, 함수 하나나 짧은 로직 블록만 리팩토링하거나 개선할 때 유용합니다.

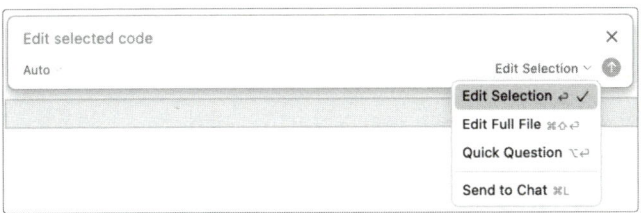

● Edit Full File

Edit Full File은 파일 전체를 대상으로 AI가 코드를 수정하거나 재작성하도록 요청하는 기능입니다. 클래스 전체 구조를 바꾸거나, 파일 전반에 걸쳐 일관된 스타일을 적용하고자 할 때 적합합니다.

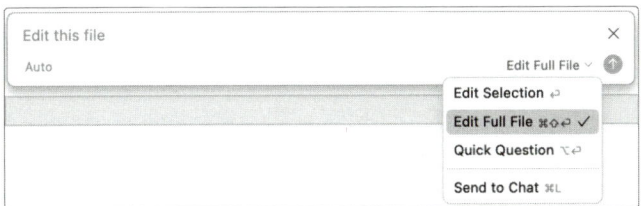

● quick question

「quick question」 버튼을 사용하면 코드를 생성하기 전에 AI 어시스턴트에게 먼저 질문해, 프롬프트를 제대로 이해했는지 또는 어떤 방식으로 변경할 계획인지 확인할 수 있습니다.

예를 들어 코드 일부를 선택한 뒤 ⌘+K를 눌러 「이 코드를 어떻게 개선할 수 있을

까?」라고 입력하고, 「quick question」 버튼을 클릭하면, AI 어시스턴트가 해당 코드를 분석해 성능 개선 방안을 제시합니다.

아래 그림은 틱택토의 승자 결정 함수에 대해 질문한 예시입니다.

 이 코드를 어떻게 개선할 수 있을까?

변경 계획을 확인한 뒤 그대로 실행하고 싶다면, 「Add a follow-up」 입력란에 「적용해줘」라고 입력하면 됩니다. 그러면 AI 어시스턴트가 해당 계획에 따라 코드를 수정해 줍니다.

또한 일부 코드가 잘 이해되지 않는 경우, 프롬프트에 「코드를 설명해줘」라고 입력한 뒤 「quick question」 버튼을 클릭하면, 선택한 코드에 대한 자세한 설명을 주석 형태로 받아볼 수 있습니다.

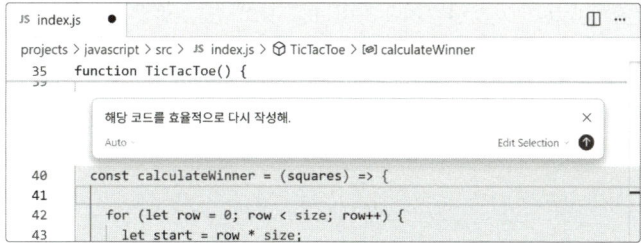

- **Add a follow-up**

「Add a follow-up」는 Cmd K에서 「Send」 버튼을 클릭한 뒤, 추가 지시를 전달하기 위한 기능입니다.

예를 들어, 다음과 같은 방식으로 사용할 수 있습니다.

❶ 「이 코드를 단순하고 효율적으로 다시 작성해.」와 같은 지시문을 입력한 후, 「Send」 버튼을 클릭합니다.

3장 Cursor 기능 설명 **105**

❷ 효율적인 코드로 잘 작성된 것 같지만, 주석이 없어 이해하기 어렵습니다. 이어서 「Add a follow-up」 입력란에 「코드에 주석을 추가해 처리 흐름을 설명해줘」라고 입력하여 지시합니다.

```
JS index.js ●
projects > javascript > src > JS index.js > ✿ TicTacToe > [●] calculateWinner
35   fu
40
        해당 코드를 효율적으로 다시 작성해.        Reject Ctrl+Shift+⌫  Accept Ctrl+⏎  ×
42
43      코드에 주석을 추가하여 흐름을 설명해
44      Auto                                                Edit Selection
45        Array.from({ length: size }, (_, col) => row * size + col)
46      ),
47      ...Array.from({ length: size }, (_, col) =>
48        Array.from({ length: size }, (_, row) => row * size + col)
49      ),
50      Array.from({ length: size }, (_, i) => i * size + i),
51      Array.from({ length: size }, (_, i) => i * size + (size - 1 - i))
52    ];
53
54    for (const pattern of winPatterns) {
55      const [first, ...rest] = pattern;
56      if (squares[first] && rest.every(index => squares[index] === squar
57        return squares[first];
58      }
                                              Reject Ctrl+N  Accept Ctrl+Shift+Y
```

그리고 「Accept」 버튼을 누르면, 지금까지 요청한 지시사항이 모두 적용됩니다.

이처럼 「Add a follow-up」 기능을 활용하면, 단계적으로 대화형 인터페이스를 통해 코드를 수정하고 개선할 수 있습니다.

'Cmd K'는 인라인에서 코드 수정과 생성을 지원하는 강력한 기능입니다. 심볼 참조, 「Add a follow-up」, 작업 영역 자동 선택, 이미지 기반 지시 등 다양한 기능을 통해 AI 어시스턴트와 효율적으로 상호작용하며 고품질의 코드 생성을 실현할 수 있습니다.

3.4 터미널 Cmd K

터미널 Cmd K는 터미널에서 사용할 수 있는 어시스턴트 기능입니다.

다만, 프로그램 코드를 다루는 일반 Cmd K와 달리, 터미널에서는 '실행 가능한 명령어'를 다룬다는 점에서 차이가 있습니다.

모델 선택, 「Add a follow-up」 심볼 참조 등 Cmd K의 주요 기능을 그대로 지원하지만, 이미지 붙여넣기 기능은 지원되지 않습니다.

그렇지만 셸 명령어뿐 아니라 CLI 애플리케이션 조작, SQL 명령어 등도 생성 및 실행할 수 있어, 폭넓은 명령 기반 작업을 보다 효율적으로 처리할 수 있습니다.

● 실행/조작 순서

터미널 Cmd K는 다음과 같은 절차로 실행할 수 있습니다.

먼저, 상단에 위치한 「Toggle Panel」 아이콘을 클릭하면 하단에 터미널이 열립니다.

❶ 터미널 안에 마우스 커서를 위치시킨 상태에서 ⌘+K (Mac)/Ctrl+K (Win)를 누릅니다.

❷ 프롬프트 입력 영역에 AI 어시스턴트에게 보낼 지시를 입력한 뒤, 「Send」 버튼을 클릭합니다.

❸ 지시에 따라 제안된 명령어가 터미널에 자동 입력됩니다.

❹ 제안된 명령어에 문제가 없다면 Enter 를 누릅니다.

❺ 해당 명령어가 터미널에서 실행됩니다.

실제 화면이 어떻게 전개되는지 살펴보겠습니다.

다음 그림은 Windows 환경에서 Ctrl + K 를 실행한 화면입니다.

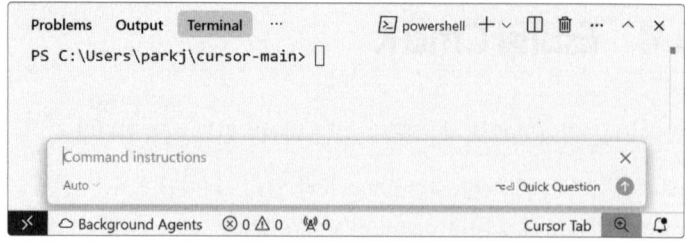

「현재 위치의 파일 목록을 보여줘.」라는 지시를 입력했습니다.

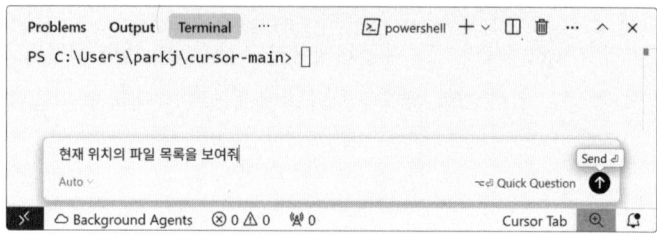

「Send」 버튼을 클릭하면, 입력한 지시에 맞는 명령어가 터미널에 자동으로 입력됩니다.

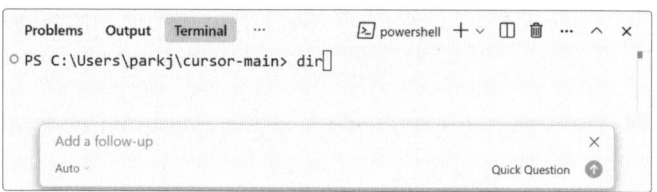

이후 Enter 를 누루면, 실행 결과로 파일 목록이 출력됩니다.

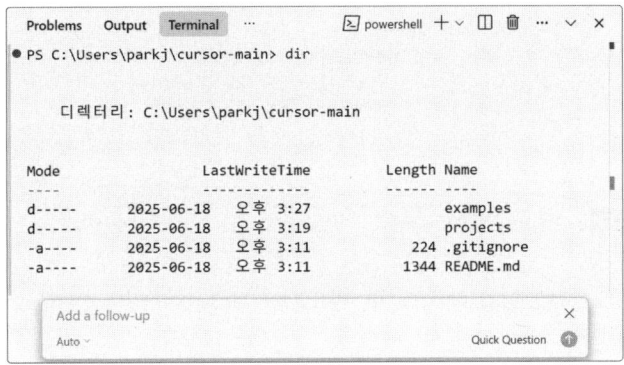

그러면 이제 파일 목록 중 @main.py를 실행해 보겠습니다.
@ 기호를 입력하면 심볼 참조 목록이 표시됩니다.

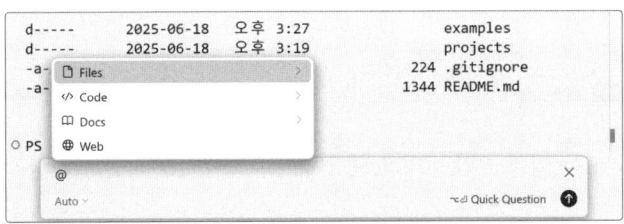

여기에서는 Files 안에서 main.py 파일을 선택해 참조를 지정한 뒤, 「@main.py 이 파일을 실행하는 명령어 알려줘.」라는 프롬프트를 입력합니다.

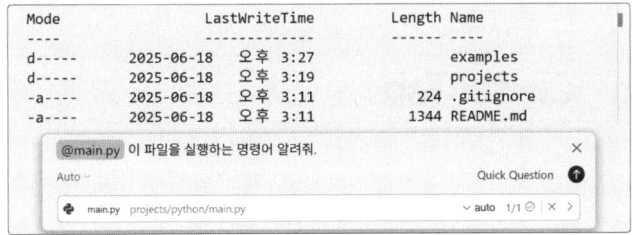

「Send」 버튼을 클릭하면, 「main.py」 파일을 실행하는 명령어가 터미널에 자동으로 입력됩니다.

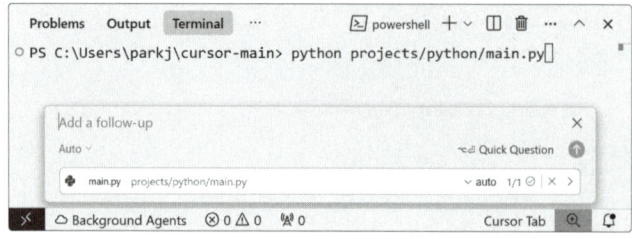

이후 터미널에서 Enter 를 누르면 「main.py」 파일이 실행되며, 틱택토 GUI 애플리케이션이 화면에 나타납니다.

터미널 Cmd K는 실행 중인 터미널 환경에 따라 명령어를 자동으로 변환해 줍니다. 덕분에 서로 다른 플랫폼에서도 자연어를 활용해 명령어를 손쉽게 조작할 수 있습니다.

 3.5 Cursor Tab

Cursor Tab은 코드 편집 시 동작하는 인라인 자동 완성 기능으로, 단순한 코드 삽입을 넘어 전체 행이나 블록 단위의 변경 제안도 제공합니다. 커서 주변의 코드 맥락을 이해하고 최근의 코드 수정 사항이나 린터 오류까지 고려하여, 여러 줄에 걸친 수정 사항을 제안할 수 있습니다.

이 기능은 방대한 코드베이스로 학습된 커스텀 모델을 기반으로 작동하며, 현재 편집 중인 코드의 컨텍스트를 인식해 다음에 작성할 내용을 예측해 보여 줍니다.

● **Cursor Tab 설정 화면**

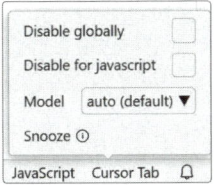

화면 아래 상태바에 있는 「Cursor Tab」에 마우스를 위치시키면 설정을 바꿀 수 있습니다.

- 「Disable globally」: 모든 파일과 프로젝트에서 Cursor Tab 기능을 켜거나 끕니다.
- 「Disable for {LANGUAGE}」: 현재 열려 있는 파일의 언어(JavaScript, HTML, C 등)에 대해서만 Cursor Tab 기능을 켜거나 끌 수 있습니다. 이 설정은 해당 언어에만 적용되며, 다른 언어의 파일에는 영향을 주지 않습니다. {LANGUAGE}는 지금 편집 중인 파일의 언어 이름으로 자동으로 바뀝니다.
- 「Model」: Cursor Tab에서 어떤 AI 모델을 쓸지 정합니다.
  - 「auto (default)」: 자동으로 적절한 AI 모델을 골라줍니다.
  - 「fast」: 빠르게 응답하는 AI 모델을 사용합니다.
- 「Snooze」: 잠깐 동안 Cursor Tab 기능을 꺼 놓습니다.

4장

Cursor Settings

> **들어가기**

Cursor는 다양한 커스터마이징 기능을 제공합니다. 사용자는 자신의 취향과 필요에 따라 여러 설정을 조정할 수 있습니다. 이번 장에서는 Cursor Settings에서 제공하는 각 설정 항목을 자세히 설명합니다. 자신에게 가장 적합한 설정을 찾아, 더 쾌적하고 생산적인 Cursor 사용 환경을 구성해 봅시다.

Cursor 설정 화면은 타이틀바 오른쪽에 있는 톱니바퀴 아이콘 을 클릭하여 열 수 있습니다.

4.1 General

Cursor의 General 설정 탭은 계정 관리, 팀 초대, 에디터 설정, 키보드 단축키 구성 등 기본 환경을 설정하는 공간입니다. 또한 VS Code 설정 가져오기, 숨긴 팁 초기화, 프라이버시 모드 설정도 이곳에서 할 수 있어 Cursor 사용 환경을 전반적으로 조정할 수 있습니다.

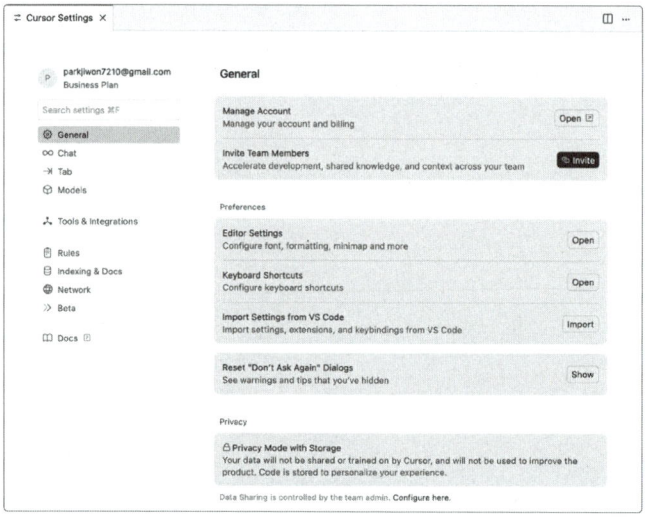

Manage Account

「Manage Account」에서「Open」버튼을 클릭하면 계정 대시보드 페이지가 웹 브라우저에서 열립니다. 여기서 다양한 계정 관련 정보 확인과 설정 변경을 수행할 수 있습니다.

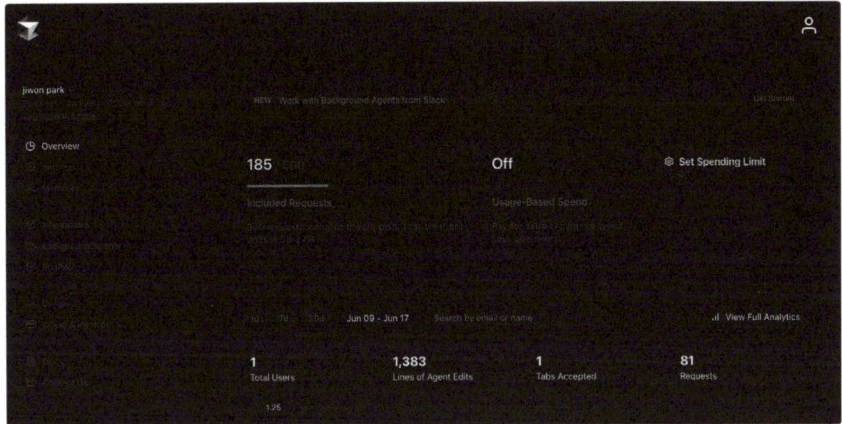

❶ Included Requests

이번 청구 주기에 포함된 요청량 중 현재까지 사용한 요청 수가 표시됩니다.

❷ Usage-Based Spend

기본 제공 요청 수를 초과할 경우 추가 요금이 발생하며, 설정을 "Off"로 변경하면 초과 요청은 제한됩니다.

❸ View Analysis

기간을 기준으로 다음 항목이 집계되어 그래프로 표시됩니다:

- Total Users: 팀 내 활성 사용자 수 (Teams Plan 사용자의 경우 표시)
- Lines of Agent Edits: 에이전트가 편집한 코드 라인 수
- Tabs Accepted: 자동 완성 제안을 수락한 횟수
- Requests: AI에 요청한 총횟수

❹ Set Spending Limit

「Set Spending Limit」를 클릭하면 Settings 화면으로 이동해 데이터 프라이버시, 종량 과금 비용 상한 등을 설정할 수 있습니다.

Teams Plan

Cursor는 회사나 팀처럼 여러 명이 함께 Cursor를 쓸 때 적합한 요금제인 Teams Plan를 제공합니다. Pro 계정에서 제공하는 기능은 물론, 팀 전체에 개인정보 보호 모드를 적용할 수 있고, 요금도 사용자마다 따로 내지 않고 팀 단위로 한 번에 정리할 수 있어 편리합니다. 또한 관리자 전용 화면을 통해 팀원들의 사용량을 확인할 수 있고, 회사용 로그인 방식(SSO)도 지원해 보안과 관리가 더 쉬워집니다.

Cursor 홈페이지의 Pricing 페이지에서 업그레이드를 진행할 수 있습니다.

Pricing 페이지로 이동

Cursor 공식 홈페이지의 Pricing 페이지로 이동하면, Teams 플랜 항목 아래에 「Get Team」 버튼이 표시됩니다. 이 버튼을 클릭합니다.

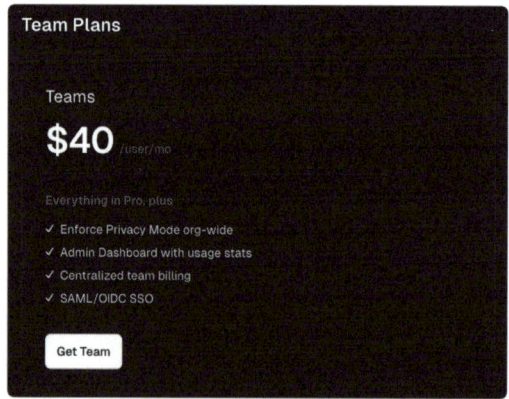

팀 생성

현재 계정과 「Create Team」 버튼이 표시됩니다. 다른 계정을 관리자로 설정하고 싶을 때는 「Login to different account」 버튼을 클릭해 다시 로그인할 수 있습니다.

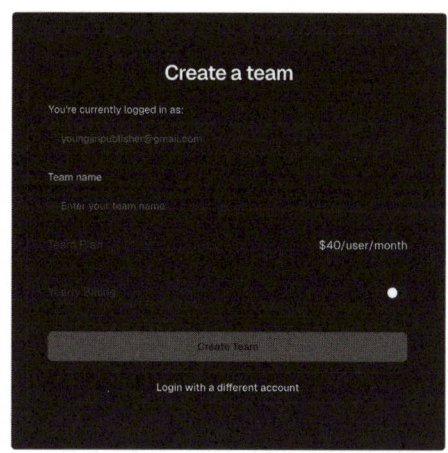

팀명 및 지불 방법 설정

팀명을 지정하고 「CREATE TEAM」 버튼을 클릭합니다. 연 단위로 결제하려면 「Yearly Billing」 토글 버튼을 클릭해 연 단위 결제를 활성화합니다.

Members

Teams 플랜을 구독하는 팀이 생성되면 대시보드 화면에 「Members」 메뉴가 표시됩니다.

- 「Change Role」을 클릭하면 멤버의 역할(Member, Unpaid Admin, Admin)을 변경할 수 있습니다.

4장 Cursor Settings 117

- 「Set Cap」을 클릭하면, 멤버의 종량제 모델 사용으로 발생할 수 있는 요금에 상한선을 설정할 수 있습니다.
- 「Remove」를 클릭하면 해당 멤버를 팀에서 제거할 수 있습니다.

멤버 초대

「+ Invite」 버튼을 클릭하면 초대할 멤버에게 링크를 수동으로 보내거나, 이메일 주소를 지정해 초대 메일을 전송할 수 있습니다.

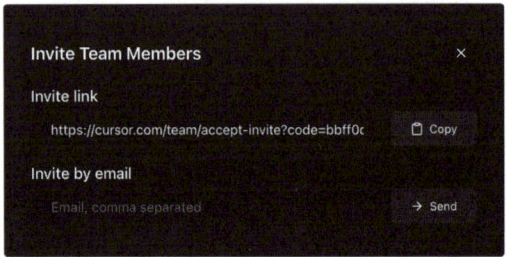

Settings

데이터 프라이버시, 종량 과금제 상한선 등을 설정할 수 있습니다.

❶ Privacy Settings

「Configure Privacy Settings」 버튼을 클릭하면, Cursor가 사용자 데이터를 어떻게 저장하고 사용하는지에 대한 설정을 직접 확인하고 변경할 수 있습니다.

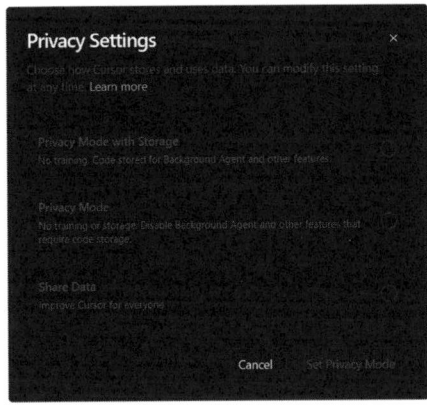

- Privacy Mode with Storage: 코드가 AI 모델 학습에는 사용되지 않지만, Background Agent 등 일부 기능을 제공하기 위해 일시적으로 저장될 수 있는 모드입니다.
- Privacy Mode: 코드 저장 자체를 차단하여 더 높은 수준의 개인정보 보호를 제공합니다.
- Share Data: 사용자의 데이터를 Cursor 기능 개선에 활용하도록 허용하는 설정입니다.

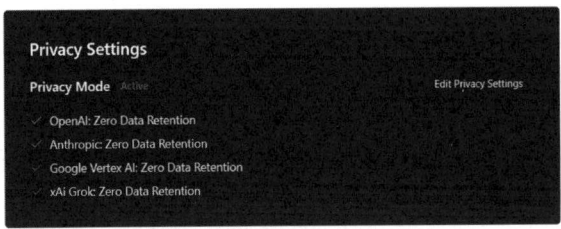

Cursor는 "Privacy Mode" 또는 "Privacy Mode with Storage"가 설정된 경우, 사용자 코드가 Cursor나 그 하위 서비스 제공자(OpenAI, Anthropic 등)에 의해 학습에 사용되지 않는다고 명시하고 있습니다. 이러한 내용이 Privacy 설정 화면에 표시됩니다.

❷ Usage-Based Pricing Settings

Cursor에서는 사용량 기반 요금제를 설정할 수 있습니다.

- Enable usage-based pricing: 기본 제공 요청 수(예: 월 500건)를 초과한 이후에도 추가 비용을 지불하고 빠른 응답 속도의 요청(Fast Requests)을 계속 사용할 수 있습니다.
- Monthly spending limit: 한 달 동안 발생할 수 있는 종량 과금의 상한 금액을 미리 설정할 수 있습니다. 이 상한을 초과하면 이후 요청은 자동으로 느린 요청(Slow Requests)으로 처리되어, 속도가 제한될 수 있습니다.

❸ Active sessions

최근 Cursor에 로그인한 세션 목록을 확인할 수 있으며, 필요 시 특정 세션을 수동으로 종료할 수 있습니다.

❹ Advanced account settings

Cursor 계정은 설정 메뉴의 Advanced 항목에서 직접 삭제할 수 있습니다. 삭제 시 모든 데이터는 즉시 삭제되며, 일부 백업 데이터는 최대 30일 이내에 완전히 제거됩니다.

Integrations

Cursor와 외부 도구를 연동할 수 있습니다. 현재 GitHub, Slack과의 연동을 지원합니다.

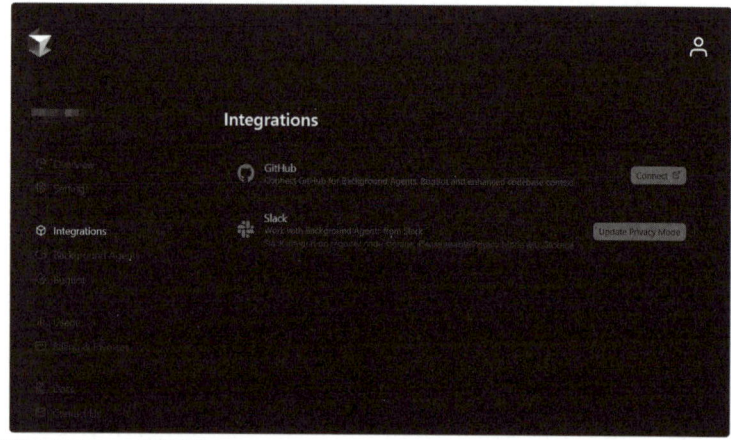

Background Agents

백그라운드 에이전트는 원격 환경에서 코드 베이스를 수정하고 실행하는 비동기 에이전트입니다. 백그라운드 에이전트는 기본적으로 우분투 기반의 고립된 서버 머신 이미지 위에서 동작하며, 인터넷에 연결되어 있어 여러분의 코드 베이스를 실행하는 데 필요한 패키지를 스스로 다운로드 및 설치할 수 있습니다.

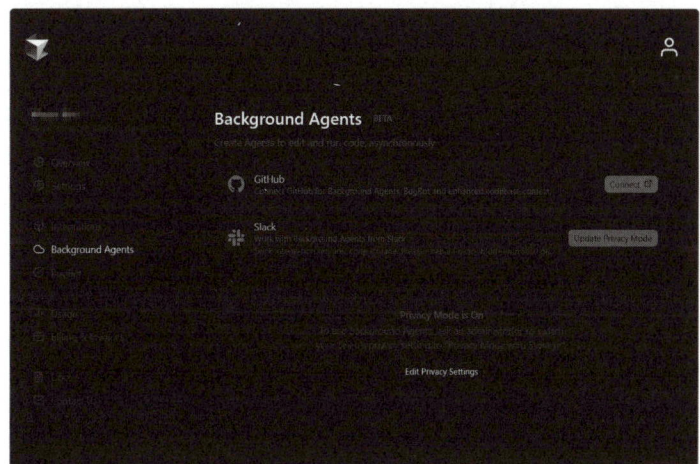

BugBot

BugBot은 풀리퀘스트(pull request)를 리뷰하고 자동으로 잠재적인 버그나 이슈를 발견합니다.

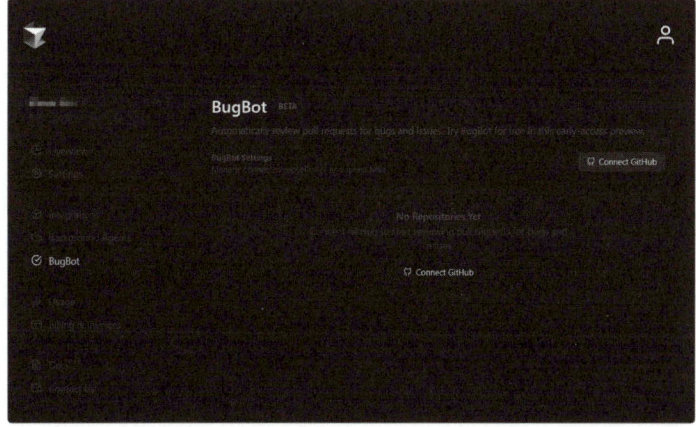

4장 Cursor Settings **121**

Usage

팀 또는 개인의 AI 모델 사용 내역을 날짜별로 확인할 수 있습니다. 사용된 모델 이름, 요청 시각, 사용량(요청 수), 요청 처리 유형, Max Mode 사용 여부 등을 상세하게 확인할 수 있어, 팀 과금 관리 및 요청량 추적에 유용합니다.

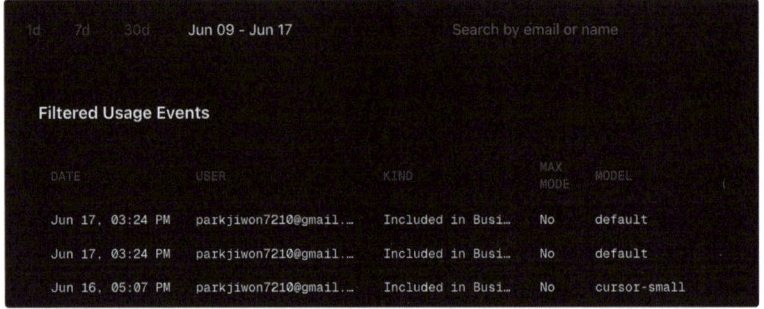

Billing & Invoices

Cursor 사용 비용 및 청구서를 확인할 수 있습니다(Pro 플랜: 개인 비용, Teams 플랜: 팀 비용).

● Preferences

Preferences에서는 글꼴, 코드 포맷, 키보드 단축키, VS Code 설정 가져오기 등 편집기 사용 환경을 조정하는 설정을 할 수 있습니다.

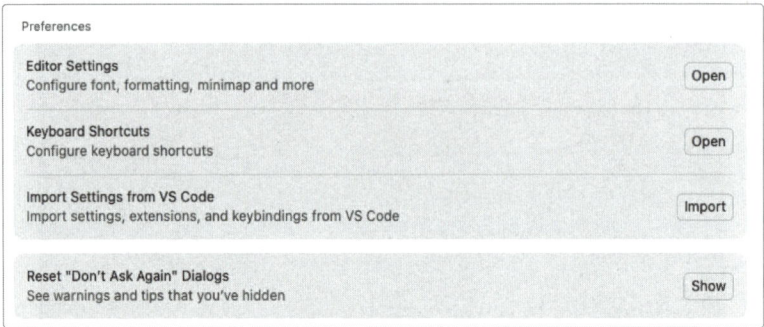

Editor settings

「Editor Settings」는 에디터 설정을 열어 사용자 환경을 조정할 수 있는 기능입니다. 이 메뉴를 통해 글꼴 크기, 자동 저장, 탭 크기 등 다양한 편집 옵션을 설정할 수 있습니다. Cursor에서 설정은 적용 범위에 따라 「User」 설정과 「Workspace」 설정으로 나뉩니다.

「User」 설정은 Cursor를 사용하는 모든 프로젝트에 공통으로 적용되는 전역 설정입니다. 예를 들어 글꼴 크기, 테마, 자동 저장 여부 등을 모든 작업에 일관되게 적용하고 싶을 때 사용합니다. 반면, 「Workspace」 설정은 특정 프로젝트에만 적용됩니다. 예를 들어 한 프로젝트에서는 자동 저장을 끄고, 다른 프로젝트에서는 켜두는 식으로 프로젝트마다 다르게 설정할 수 있습니다.

이처럼 설정을 구분해 두면, 전체 환경은 일관되게 유지하면서도 프로젝트별로 세부 조정이 가능해집니다.

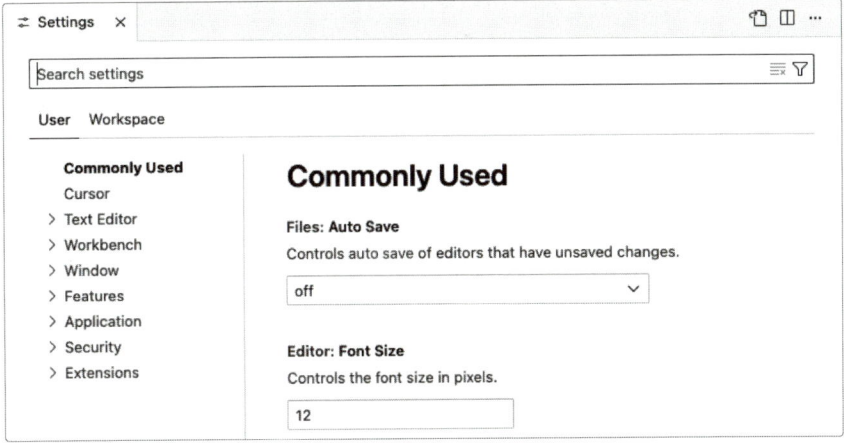

Workspace 설정은 프로젝트 단위로 적용되기 때문에, 설정을 저장하면 .vscode/settings.json 파일이 해당 프로젝트 폴더에 자동으로 생성됩니다. 이 파일은 해당 프로젝트에만 영향을 미치는 설정을 담고 있습니다.

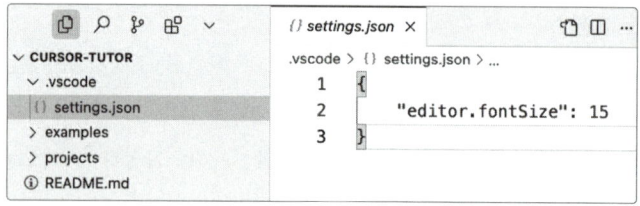

Keyboard shortcuts

「Keyboard shortcuts」는 단축키를 설정 및 변경할 수 있는 화면입니다.

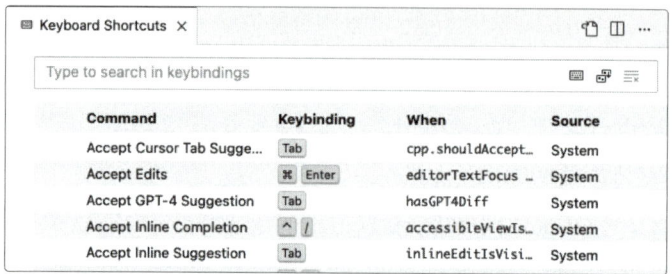

Cursor를 사용할 때 반드시 익혀두면 좋은 단축키를 소개합니다.

❶ ⌘ + L (Mac) / Ctrl + L (Win)

- Chat 패널 표시/숨기기를 전환합니다.

- 에디터에서 텍스트가 선택된 상태에서 이 키를 누르면 해당 텍스트가 자동으로 붙여 넣어진 Chat 패널이 표시됩니다.

❷ ⌘ + K (Mac) / Ctrl + K (Win)

- Cmd K의 프롬프트 바를 엽니다.

- Esc 로 프롬프트 바를 닫을 수 있습니다.

❸ ⌘ + Enter (Mac) / Ctrl + Enter (Win)

- AI 어시스턴트가 제시한 변경 코드를 수용(Accept)합니다. 제안된 변경 사항이 에디터에 반영됩니다.

❹ ⌘ + Delete (Mac) / Ctrl + Delete (Win)

- AI 어시스턴트가 제시한 변경 코드를 거부(Reject)합니다. 제안된 변경 사항이 폐기됩니다.

❺ ⌘ + / (Mac) / Ctrl + / (Win)

- Chat 패널이나 Cmd K 다이얼로그에서 선택된 모델을 전환합니다. 프롬프트별로 모델을 전환할 수 있습니다.

❻ ⌘ + . (Mac) / Ctrl + . (Win)

- Chat의 모드를 전환합니다. 새로운 Chat을 시작한 뒤 사용할 수 있으며, 프롬프트를 전송한 이후에는 해당 Chat의 모드를 전환할 수 없습니다.

❼ ⌘ + Option + L (Mac) / Ctrl + Alt + L (Win)

- Chat 이력 다이얼로그를 호출합니다. 과거 Chat 내용을 확인하거나 특정 Chat으로 이동할 수 있습니다.

Cursor는 VS Code를 포크해 개발된 애플리케이션이기 때문에, VS Code와 공통된 단축키가 많습니다. Cursor 사용자에게 특히 권장하는 단축키는 다음과 같습니다.

❶ ⌘ + P (Mac) / Ctrl + P (Win)

- 파일 검색 팔레트를 엽니다. 프로젝트 내의 파일을 빠르게 열 수 있습니다.

❷ ⌘ + Shift + F (Mac) / Ctrl + Shift + F (Win)

- 프로젝트 전체 검색 팔레트를 엽니다. 코드나 문장을 전체 검색할 수 있어 유용합니다.

❸ ⌘ + / (Mac) / Ctrl + / (Win)

- 에디터에서 선택된 행을 주석 처리하거나 해제합니다. 코드 일부를 일시적으로 비활성화할 때 사용합니다.

❹ Option + ↑ / ↓ (Mac) / Alt + ↑ / ↓ (Win)

- 선택된 행을 위아래로 이동합니다. 코드 정렬에 유용합니다.

❺ ⌘ + D (Mac) / Ctrl + D (Win)

— 동일한 다음 단어를 선택합니다. 여러 동일 단어를 동시에 편집할 수 있어 변수명 일괄 변경 등에 효과적입니다.

❻ ⌘ + J (Mac) / Ctrl + J (Win)

— 터미널 패널의 표시/숨기기를 전환합니다.

❼ ⌘ + B (Mac) / Ctrl + B (Win)

— 사이드바의 표시/숨기기를 전환합니다.

❽ ⌘ + Shift + P (Mac) / Ctrl + Shift + P (Win)

— 데이터의 명령 팔레트를 엽니다. 에디터의 다양한 기능을 실행할 수 있습니다.

이 단축키들은 VSCode와 Cursor 모두에서 사용 가능하므로, 익숙해지면 코딩과 문서 편집 효율이 크게 향상됩니다.

Import Settings from VS Code

VS Code에서 사용하던 설정, 확장 기능, 키바인딩, 테마 등을 한 번에 가져올 수 있습니다

Reset "Don't Ask Again" Dialogs

이전에 "다시 묻지 않기"를 체크해 숨겼던 경고창, 팁 등을 재표시할 수 있는 기능입니다.

- **Privacy**

Cursor는 사용자의 로컬 환경에서 소스 코드 관련 정보를 자동으로 추출해 서버로 전송하고, 이를 AI 모델이 활용할 수 있도록 합니다. Privacy mode가 꺼져 있는 경우, 프롬프트, 코드 스니펫, 편집 내역, 리포지토리의 파일 정보 등 다양한 사용 데이터를 수집하며, 이는 Cursor의 AI 기능을 더 똑똑하게 만들기 위한 목적으로 사용됩니다.

반면, Privacy mode를 켜면 모든 데이터 저장 기능이 꺼지고, 코드나 프롬프트는 Cursor나 제3자에게 저장되거나 학습에 활용되지 않습니다. 요청 처리 과정에서 코드가 서버에 암호화된 상태로 잠시 저장될 수 있지만, 처리가 끝난 후에는 바로 삭제되며, 학습에는 절대 사용되지 않습니다.

코드베이스 인덱싱 기능을 사용할 경우에도, 코드는 임시로 서버에 전송되지만 즉시 폐기되며, 저장되는 것은 파일 해시, 파일 이름 같은 메타데이터와 임베딩 정보뿐입니다.

중요한 프로젝트나 기밀성이 요구되는 코드를 다룬다면, Privacy mode를 꼭 켜는 것을 추천드립니다.

Cursor의 발전에는 도움을 주지 못하더라도, 코드 보안을 지킬 수 있습니다.

4.2 Chat

Chat 관련 기능 설정은 다음과 같습니다.

• Chat

Chat 기본 동작을 제어하는 설정입니다.

「Default Mode」: 새 Chat 시작 시 사용할 기본 모드를 선택합니다. (Agent, Ask, Manual 중 선택 가능.)

「Text Size」: Chat 메시지의 글자 크기를 설정합니다.

「Auto-Clear Chat」: 일정 시간 비활성 상태가 지속되면 Chat 창을 자동으로 초기화합니다.

「Scroll to New Messages」: AI가 답하면 Chat창이 자동으로 아래로 스크롤됩니다.

「Completion Sound」: Agent 응답이 완료되면 알림음을 재생합니다.

「Custom Modes (Beta)」: 사용자 지정 모드 생성 기능입니다. 모델, 도구, 단축키 등을 조합하여 자신만의 워크플로우에 맞게 구성할 수 있습니다.

• Context

AI가 컨텍스트로 사용할 정보의 범위를 지정하는 설정입니다.

「Include Full-Folder Context」: 선택한 폴더 안의 모든 파일을 AI가 참고할 수 있도록 컨텍스트에 넣습니다. 이 기능을 켜면 @Folder로 최상위 폴더를 참조할 때 전체 코드베이스가 컨텍스트에 포함됩니다.

「Include Project Structure (Beta)」: AI에게 프로젝트 구조를 이해할 수 있도록 디렉터리 정보를 제공합니다.

「Web Search Tool」: Agent가 웹 검색을 통해 관련 정보를 찾아올 수 있도록 허용합니다.

「Hierarchical Cursor Ignore」: .cursorignore 설정을 하위 폴더에도 적용합니다.

「Backspace Removes Context」: 입력창 맨 앞에서 백스페이스를 누르면, 마지막 태그가 지워집니다.

- **Applying Changes**

수정 적용 방식을 제어하는 설정입니다.

「Out-of-Context Edits in Manual Mode」: Manual 모드에서 선택된 컨텍스트 외의 파일도 편집할 수 있도록 허용합니다.

「Auto-Fix Lints」: 린트(Lint) 오류를 자동으로 수정합니다.

「Auto-Accept on Commit」: 커밋하면 아직 적용하지 않은 변경도 자동으로 적용됩니다.

- **Auto-Run**

AI가 도구 실행 및 파일 수정 작업을 자동으로 수행할지 여부를 설정합니다.

「Auto-Run Mode」: Agent가 명령 실행이나 파일 저장 등을 사용자 확인 없이 자동으로 수행할 수 있도록 허용합니다.

- **Inline Editing & Terminal**

코드 편집 시 바로가기 버튼 등의 UI 기능을 설정합니다.

「Toolbar on Selection」: 코드 선택 시 "Add to Chat"과 "Quick Edit" 버튼을 표시합니다.

「Auto-Parse Links」: 링크를 붙여넣을 때 자동으로 파싱합니다.

「Auto-Select Code Regions for Quick Edit (Cmd K)」: Cmd K 사용 시 자동으로 코드 영역을 선택합니다.

「Themed Diff Backgrounds」: 코드 변경 사항 비교(Diff)에 테마 배경을 적용합니다.

「Character-Level Diffs」: 코드 변경을 문자 단위로 비교합니다.

「Terminal Tooltips」: 터미널에서 "Add to chat" 등의 툴팁을 표시합니다.

「Terminal Hint」: Cmd K 단축키 사용법 힌트를 터미널에 표시합니다.

「Preview Box for Terminal Cmd K」: Cmd K 입력 시 결과를 셀에 바로 출력하는 대신 미리보기 박스에 표시합니다.

 4.3 Tab

Cursor Tab은 커서 주변의 최근 코드 수정 내용을 기반으로, 문맥을 이해한 여러 줄의 코드를 제안해주는 기능입니다. 기존에 Copilot++으로 알려졌던 기능이며, Tab 관련 설정 항목은 다음과 같습니다.

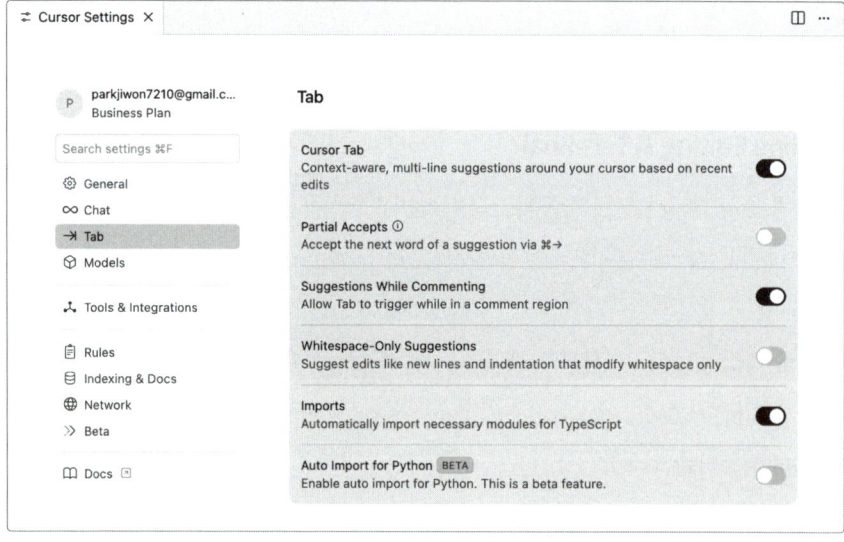

「Cursor Tab」: 앞뒤 코드 흐름을 보고 여러 줄 코드를 자동으로 제안합니다.

「Partial Accepts」: Ctrl + → (Win) / ⌘ + → (Mac)으로 제안된 다음 단어를 하나씩 수락할 수 있습니다.

「Suggestions While Commenting」: 주석 영역에서도 Tab 키로 코드 제안을 사용할 수 있게 합니다.

「Whitespace-Only Suggestions」: 줄바꿈이나 들여쓰기처럼 공백만 변경하는 제안도 표시합니다.

「Imports」: TypeScript에서 필요한 모듈을 자동으로 import합니다.

「Auto Import for Python (Beta)」: Python에서도 자동 import 기능을 사용할 수 있도록 하는 실험적 기능입니다.

4.4 Models

Models 섹션에서는 사용할 언어 모델을 선택하고, 고급 기능인 Max Mode를 설정할 수 있습니다.

Max Mode는 더 많은 코드와 문서를 처리할 수 있는 확장된 컨텍스트와 도구 호출 기능을 제공합니다. 요금은 사용한 토큰 수 기준으로 과금되며, 모델 제공업체의 API 단가에 20% 마진이 추가됩니다. 토큰에는 채팅 메시지, 코드, 폴더, 도구 호출 등이 모두 포함되며, 정확한 계산을 위해 각 모델의 공식 토크나이저(OpenAI, Anthropic 등)를 사용합니다.

또한 사용자들은 하단의 모델 목록에서 사용할 언어 모델을 직접 선택할 수 있습니다. 예를 들어 claude-4-sonnet 모델이나 claude-3.5-sonnet 모델을 상황에 맞게 켜거나 끌 수 있으며, 필요에 따라 여러 모델을 동시에 활성화해 유연한 환경을 구성할 수 있습니다.

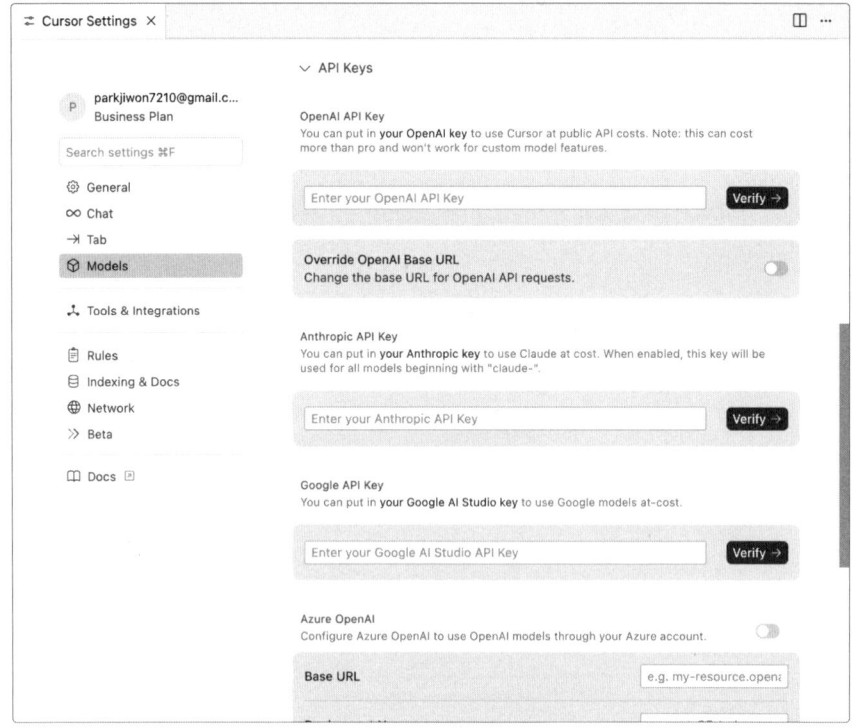

OpenAI API Key, Anthropic API Key, Google API Key를 등록하면 사용할 수 있는 모델이 추가되어, 선택 가능한 모델의 범위가 크게 넓어집니다. 또한,

Azure API Key를 등록하면 OpenAI API 대신 Azure를 통해 GPT 모델을 사용할 수 있습니다. 다만, Azure API를 설정하더라도 화면에 표시되는 모델 목록은 그대로이며, 내부적으로만 호출 방식이 Azure로 전환됩니다.

마지막으로, AWS Bedrock을 통해서도 Anthropic Claude 모델을 사용할 수 있으며, Enterprise 플랜 사용자라면 IAM 권한 설정만으로 Access Key 없이 구성하는 것도 가능합니다.

OpenAI API Key, Anthropic API Key, Google API Key를 등록하여 사용할 경우 다음 사항에 유의해야 합니다.

❶ 일부 고급 기능 제한

Apply 버튼, Vision 기능(이미지 기반 지시), Agent 모드, Cursor Tab 등 주요 기능을 사용할 수 없습니다.

❷ 토큰 사용량에 따른 높은 비용 발생 가능성

이들 API는 토큰 사용량에 따라 비용이 부과되는 종량제 모델입니다. 대화가 길어지거나 코드베이스를 참조하는 요청(특히 Agent 모드 등)이 발생할 경우, 한 번의 요청에서도 많은 토큰이 소모되어 예상보다 높은 비용이 청구될 수 있으므로 주의가 필요합니다.

 ## 4.5 Tools & Integrations

Tools & Integrations는 외부 서비스와의 연동 및 커스텀 도구 설정을 관리하는 공간입니다. 이 탭에서는 GitHub, Slack 연동은 물론 MCP 도구 설정까지 지원합니다.

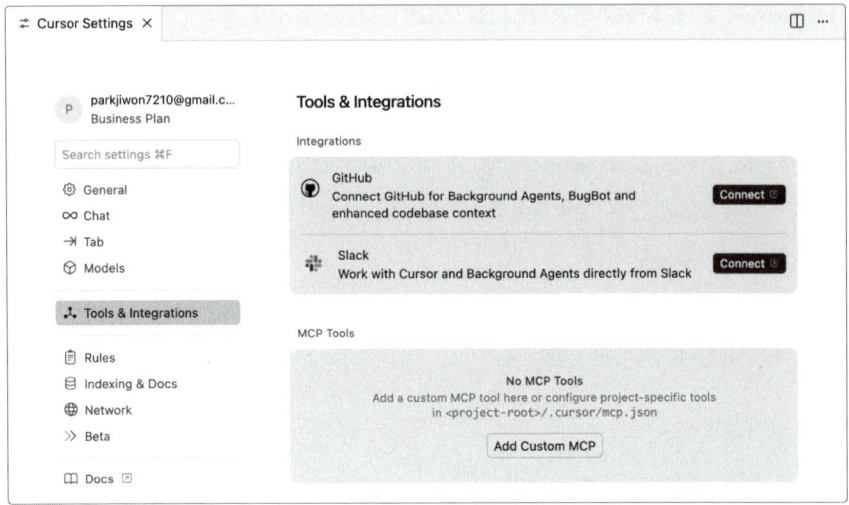

- **Integrations**

GitHub 연동

Cursor는 GitHub와의 연동을 통해 코드 리뷰와 자동화 작업을 더욱 효율적으로 수행할 수 있도록 지원합니다. 주요 기능은 다음과 같습니다.

- Background Agents 실행: 자동화된 백그라운드 작업을 통해 반복적인 개발 업무를 간편하게 처리할 수 있습니다.
- BugBot 활용: PR(풀 리퀘스트)을 자동 분석하여, 사람이 놓치기 쉬운 버그나 문제점을 AI가 사전에 찾아내고 코멘트를 남깁니다.
- 코드베이스 맥락 인식 향상: 연동된 GitHub 프로젝트의 코드 구조를 에이전트가 더 잘 이해하고, 상황에 맞는 조언이나 수정을 제안할 수 있습니다.

연동 절차는 매우 간단하며, GitHub 조직 관리자 권한이 필요합니다. 연동 이후에는 리포지토리별로 BugBot을 활성화하거나 세부 설정을 조정할 수 있습니다.

Slack 연동

Slack과의 연동을 통해, Cursor의 Background Agents를 대화 중에 바로 호출해 개발 작업을 요청할 수 있습니다. 예를 들어 팀 대화 중 "@Cursor fix this"라고 입력하면, 그 맥락을 이해한 에이전트가 자동으로 해결 방안을 제시하거나 PR을 생성해 줍니다.

● **MCP Tools**

Cursor에서는 MCP 서버를 전역 또는 프로젝트 단위로 등록할 수 있습니다. 설정은 JSON 형식의 파일을 통해 이루어지며, 각각의 방식에 따라 저장 위치가 다릅니다.

❶ 전역 MCP 서버(Global MCP Server)

「Add Custom MCP」 버튼을 클릭하면 새로운 MCP 서버를 등록할 수 있으며, 전역 설정은 아래 경로에 저장됩니다.

- Windows: C:₩Users₩사용자명₩.cursor₩mcp.json
- macOS: /Users/사용자명/.cursor/mcp.json

❷ 프로젝트 MCP 서버(Project MCP Server)

특정 프로젝트에서만 사용하는 MCP 서버는 프로젝트 루트 디렉터리에 설정 파일을 생성하여 등록합니다.

- Windows: 〈프로젝트 루트〉₩.cursor₩mcp.json
- macOS: 〈프로젝트 루트〉/.cursor/mcp.json

MCP 서버는 아래와 같은 구조의 JSON 형식으로 설정합니다.

```
{} mcp.json
Users > jiwon > .cursor > {} mcp.json > {} mcpServers > {} server-name
1  {
2    "mcpServers": {
3      "server-name": {
4        "command": "python",
5        "args": [
6          "mcp-server.py"
7        ],
8        "env": {
9          "API_KEY": "value"
10       }
11     }
12   }
13 }
14
```

예제와 같이 MCP 서버를 설정해두면, Cursor의 에이전트는 MCP 도구가 필요한 상황에서 이를 자동으로 호출하거나, 사용자에게 실행 여부를 확인한 뒤 실행할 수 있습니다. 사용자가 에이전트에게 특정 작업을 지시하면, Cursor는 등록된 MCP 목록을 기반으로 가장 적절한 도구를 선택해 실행을 시도합니다. 이러한 방식으로 MCP 서버를 등록하면, Cursor를 단순한 코드 편집기를 넘어 다양한 외부 시스템과 연동 가능한 강력한 개발 도구로 확장할 수 있습니다.

4.6 Rules

Cursor에 탑재된 AI에 적용할 규칙(사용자 규칙, 프로젝트 규칙, .cursorrules)을 설정할 수 있습니다. 각 규칙의 적용 방식과 효과는 3장의 「Rules for AI」에서 자세히 확인할 수 있습니다.

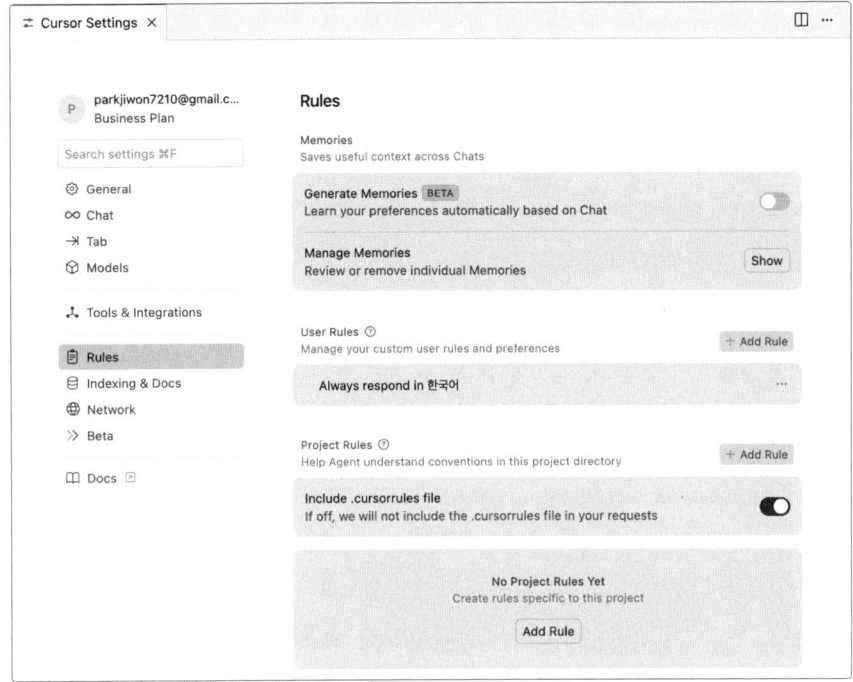

설정할 수 있는 규칙 예시는 다음과 같습니다.

- 특정 파일 형식에 대한 프레임워크 기반 규칙 (예: .tsx 파일에 대해 SolidJS를 참조)
- 자동 생성 파일에 대한 예외 처리 (예: .proto 파일 등)
- 커스텀 UI 개발 패턴 지정
- 특정 폴더에 적용되는 코딩 스타일 및 아키텍처 규칙

이러한 규칙은 다음과 같은 목적으로 활용됩니다.

- 프로젝트의 개요, 목적 등을 기술하여 AI가 맥락을 이해하도록 지원
- 코딩 스타일 가이드라인이나 모범 사례를 정의해 일관된 코드 작성 유도
- 자주 사용하는 메서드, 라이브러리, 프레임워크 등을 명시하여 기술 스택 인식

구체적으로 다음과 같은 형태의 규칙을 사용할 수 있습니다.

> 코딩 관련 규칙 (Python)
> - PEP 8 스타일, 들여쓰기 규칙
> - 특정 라이브러리 사용 강제 (예: NumPy, Pandas)
> - 변수명/함수명 규칙, 주석 스타일, 모듈 분리 기준 등
>
> 기타 규칙
> - 문제 지정 (공식적 / 비공식적)
> - 출력 형식 지정 (Markdown, HTML 등)
> - 참조 우선 정보 지정 (사내 문서, 특정 웹사이트 등)
> - 기밀 정보 처리 방식 (마스킹 여부 등)
> - 문화 · 윤리적 기준 (차별 표현 배제, 성 중립적 표현 등)

예를 들어 "always output your answers in Korean"이라는 규칙을 설정하면, Chat은 기본적으로 한국어로 응답하게 됩니다. 단, 규칙이 항상 완벽하게 적용되지는 않기 때문에, 중요한 항목은 사용자 확인이 필요합니다.

이처럼 규칙을 활용하면 팀이나 프로젝트의 개발 관습에 맞춰 AI 어시스턴트를 유연하게 조정할 수 있어, 더 체계적인 프로젝트 운영이 가능합니다. 이 강력한 기능을 적극 활용해 보시기 바랍니다.

● **Memories**

Cursor의 Memory 기능은 유용한 대화 내용을 기억해 사용자 설정 및 규칙을 지속적으로 반영하는 역할을 합니다.

- Generate Memories

  대화 기반으로 자동으로 사용자 성향을 학습합니다.

  (단, 프라이버시 모드에서는 비활성화됩니다.)

- Manage Memories

  저장된 Memory를 검토하거나 개별 항목을 삭제할 수 있습니다.

- **Project Rules와 User Rules**

Project Rules와 User Rules는 모두 Cursor의 AI 어시스턴트 동작 방식을 제어하는 규칙이지만, 적용 범위와 설정 방식에 차이가 있습니다.

항목	Project Rules	User Rules
적용 범위	프로젝트 단위	사용자 단위
설정 위치	프로젝트 루트 디렉터리의 .cursor/rules 디렉터리	Cursor 설정 화면의 Rules 탭
규칙 공유	프로젝트 멤버 전체와 공유	사용자별로 개별 설정됨
설정 대상	프로젝트 컨텍스트, 출력 형식, 참조 정보 소스 등	문체, 출력 형식, 참조 정보 소스 등

> cursorrules
>
> .cursorrules는 Project Rules 기능이 도입되기 이전에 제공되던 기능으로, 역할은 Project Rules와 동일합니다. 하위 호환성을 위해 Cursor의 최신 버전에서도 여전히 사용할 수 있지만, 향후에는 폐지될 예정인 기능입니다. 프로젝트 루트 디렉터리에 .cursorrules 파일을 작성하면, 프로젝트 단위에서 AI 어시스턴트의 동작 방식이나 규칙을 설정할 수 있습니다.

4.7 Indexing & Docs

Indexing & Docs 설정은 Cursor의 AI가 프로젝트를 더 깊이 이해할 수 있도록, 코드베이스와 문서를 인덱싱하고 관리하는 기능입니다. 이 기능을 통해 AI는 코드의 전체 맥락과 관련 문서를 참조하며 더 정확한 자동 완성 및 제안을 제공할 수 있습니다. 모든 코드는 로컬에 저장되며, 임베딩과 메타데이터만 클라우드에 저장됩니다.

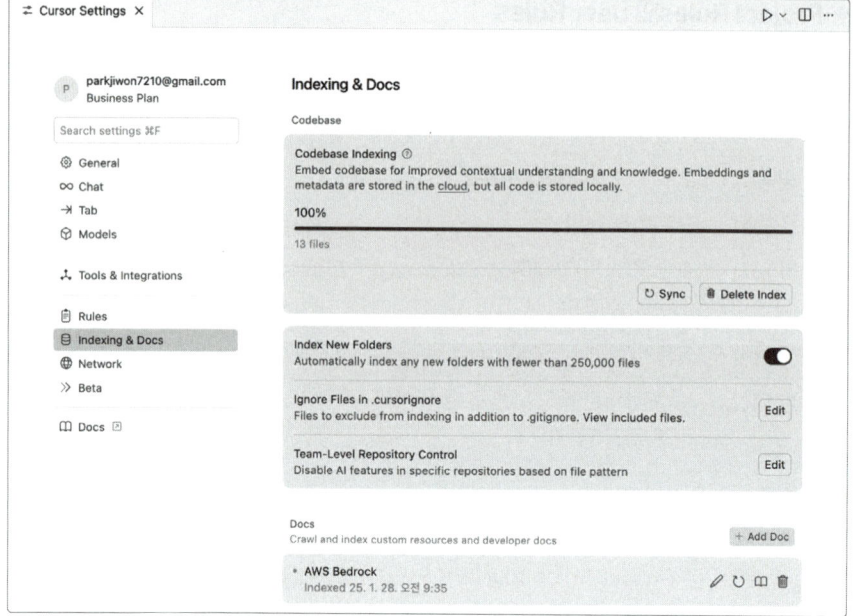

- **Codebase**

코드베이스 인덱싱 관련 기능 설정은 다음과 같습니다.

- 「codebase Indexing」: 현재 인덱싱된 파일 수와 진행률을 표시합니다.
- 「Sync」: 클릭하면 인덱스를 다시 생성하여 최신 상태로 동기화합니다.
- 「Delete Index」: 기존 인덱스를 삭제합니다.
- 「Index new folders」: 새 폴더를 열었을 때 자동으로 인덱싱할지 설정합니다. 이 옵션을 켜두면 Cursor가 새로 열린 폴더를 자동으로 인덱싱합니다. 단, 파일 수가 250,000개를 초과하는 폴더는 자동 인덱싱되지 않습니다.
- 「Ignore Files in .cursorignore」: .cursorignore 파일을 사용하면, AI 인덱싱에서 제외할 파일이나 폴더를 직접 지정할 수 있습니다. [Edit]를 눌러 현재 목록을 확인하거나 수정할 수 있습니다. 이를 통해 불필요한 파일을 걸러내고, AI에게 꼭 필요한 코드만 인덱싱하도록 조정할 수 있습니다.

- 「Team-Level Repository Control」: 팀 단위로 특정 파일 패턴에 대해 AI 기능을 비활성화할 수 있는 설정입니다. 예를 들어, 테스트 코드나 빌드 산출물 등 불필요한 영역에 AI가 개입하지 않도록 제한할 수 있습니다.

- **Docs**

사용자가 직접 추가한 문서를 관리할 수 있는 기능입니다. [Add Doc] 버튼을 통해 문서의 URL을 등록하여 추가할 수 있습니다. 또한 채팅창이나 편집기에서 「@Add」를 입력하여 새 문서를 등록할 수도 있습니다.

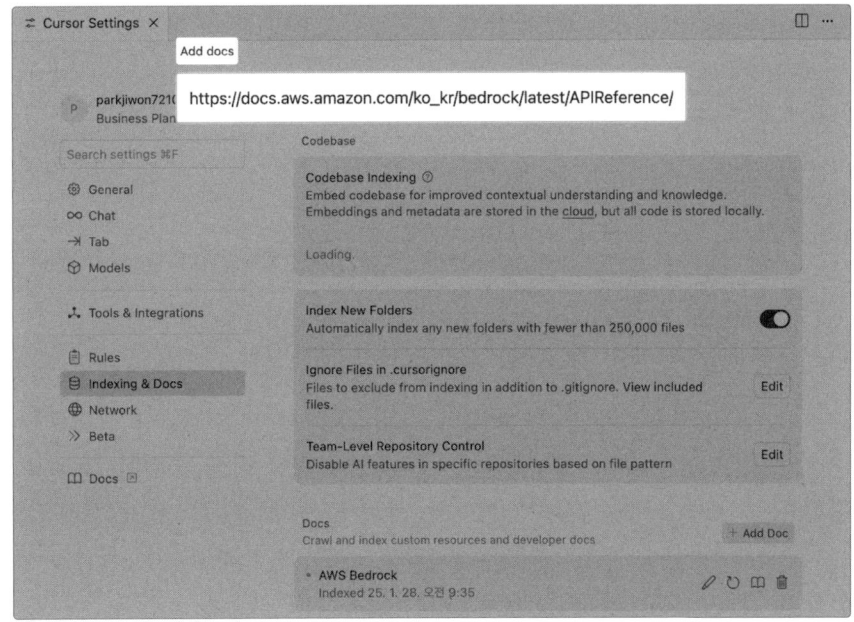

4.8 Network

Cursor에서는 네트워크 연결 상태와 관련된 설정도 제공합니다.

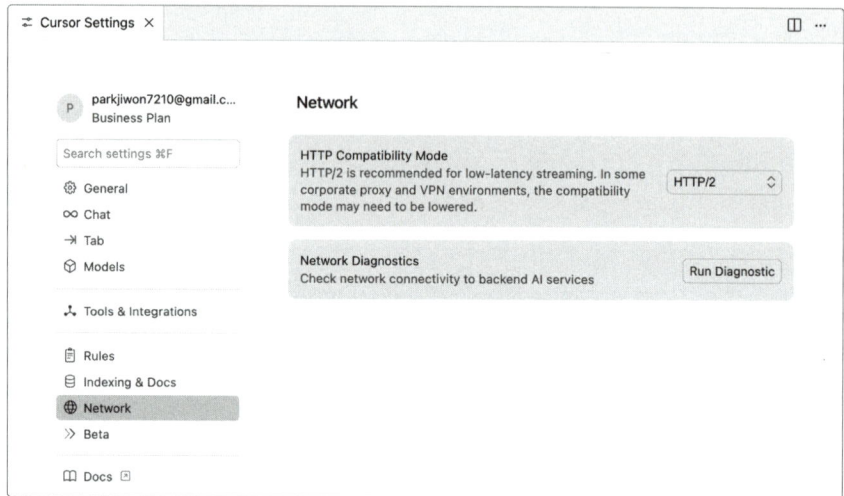

「HTTP Compatibility Mode」: AI 서버와의 통신에 사용하는 HTTP 버전을 선택하는 항목으로, 기본적으로는 빠른 응답 속도를 위한 HTTP/2가 권장됩니다. 다만 기업용 프록시나 VPN 환경에서는 호환성 문제로 인해 HTTP/1.1로 낮춰야 할 수도 있습니다.

「Network Diagnostics」: 현재 네트워크가 Cursor의 백엔드 AI 서비스와 정상적으로 연결되고 있는지 직접 확인할 수 있습니다. 이 기능은 응답 지연이나 연결 오류 발생 시 원인을 진단하는 데 유용하게 사용됩니다.

4.9 Beta

Cursor의 베타 설정 항목에서는 업데이트 방식과 실험적 기능들을 관리할 수 있습니다.

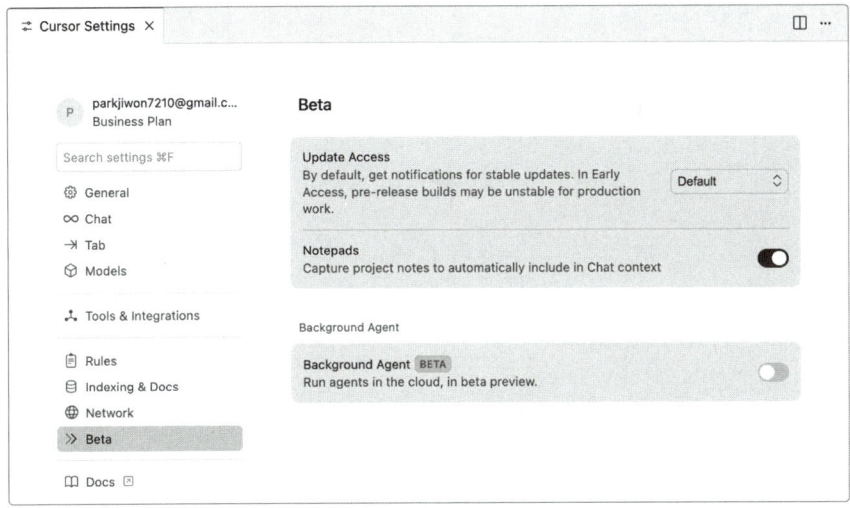

「Update Access」: 안정된 업데이트만 받을지, 사전 공개 버전까지 받을지를 선택할 수 있습니다.

「Notepads」: 프로젝트 메모가 자동으로 컨텍스트에 포함되어 대화의 연속성을 높여줍니다.

「Background Agent」: 클라우드에서 에이전트를 실행하는 기능으로, 현재는 베타 테스트 중입니다.

5장

프롬프트 프로그램 실전 예제

> **들어가기**

지금까지 Cursor의 기능과 설정, 사용 방법을 살펴봤습니다. 이번 장에서는 프롬프트를 이용해 실제로 프로그래밍을 해보는 실습 예제를 소개합니다.

먼저 터미널에서 「Cmd K」 기능을 사용해 명령어를 만드는 방법부터 알아보겠습니다. 기본 예제부터 응용 예제까지 차근차근 설명합니다.

설명은 macOS를 기준으로 진행되지만, Windows에서도 유사한 작업이 가능합니다. 다만 운영체제에 따라 단축키 또는 명령어 등의 차이가 있을 수 있습니다.

터미널에서 「Cmd K」를 활용하는 방법을 먼저 다룬 뒤, 에디터를 활용한 프로그래밍 예제도 함께 소개하겠습니다.

5.1 시스템 정보 표시 명령어

이번에는 터미널에서 시스템 정보를 자세히 확인하는 방법을 알아보겠습니다.

운영체제마다 메모리 사용량, 디스크 용량, 네트워크 설정 등을 확인할 수 있는 전용 프로그램이 있지만, 이런 프로그램들은 기능이 나뉘어 있거나 사용법이 복잡해 오히려 불편할 때도 있습니다.

반면, 터미널에서는 간단한 명령어 한 줄로 필요한 정보를 빠르게 확인할 수 있어 시간과 수고를 줄일 수 있습니다.

터미널에서 커서를 올린 뒤 ⌘+K (Mac) / Ctrl+K (Win) 누릅니다. 그리고 다음 프롬프트를 입력합니다.

Q 현재 메모리 사용량, 로컬 드라이브 용량, IP 주소를 보여주는 명령어 알려줘.

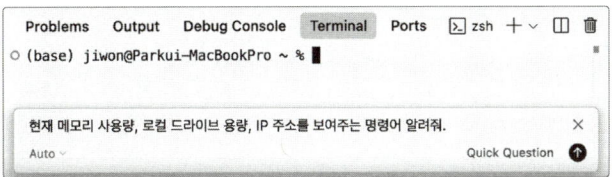

모델 선택 시, 터미널 명령처럼 새로운 지식이나 복잡한 추론이 필요하지 않은 작업에는 빠르고 비용이 저렴한 「cursor-small」(기본값은 claude-3.5-sonnet) 모델을 사용하셔도 좋습니다.

프롬프트를 입력한 뒤 「quick question」 버튼을 클릭하면, 선택한 모델로부터 명령어에 대한 설명이 제공됩니다.

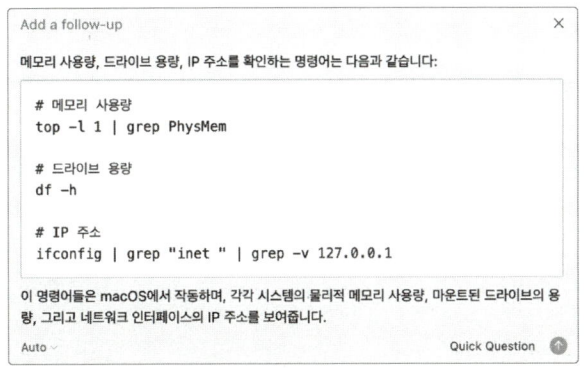

이 예시에서는 여러 개의 명령어가 설명되고 있습니다. 셸 스크립트에서는 여러 명령어를 순차적으로 실행할 수 있지만, 실행 속도나 가독성 측면에서 가능하면 하나의 줄로 정리하는 원라이너 방식이 권장됩니다.

원라이너로 만들면 명령 실행 속도가 빨라지고, 공유도 쉬워집니다. 따라서, 설명된 명령어들을 원라이너로 실행해 달라고 요청해보겠습니다.

Q 명령어들을 원라이너로 실행해줘.

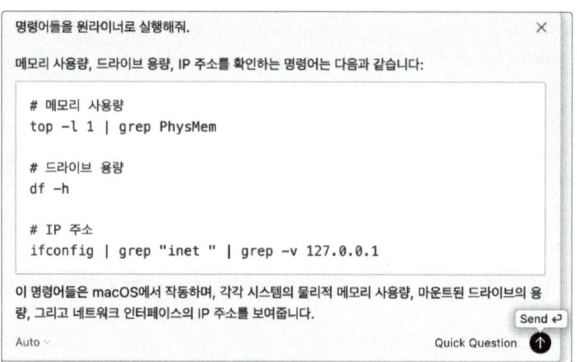

그리고 「Send」버튼을 클릭해 프롬프트를 실행하면, 터미널에 아래와 같은 명령어가 작성된 것을 확인할 수 있습니다.

 echo "=== 메모리 사용량 ===" && top -l 1 | grep PhysMem && echo -e "\n=== 드라이브 용량 ===" && df -h && echo -e "\n=== IP 주소 ===" && ifconfig | grep "inet " | grep -v 127.0.0.1

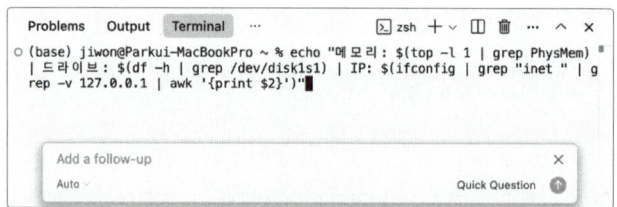

엔터를 눌러 명령어를 실행하면 터미널에는 메모리 사용률, 로컬 드라이브의 사용률, IP 주소가 표시됩니다.

프롬프트를 보낼 때 사용하는 AI 모델이 고성능일 경우, 한 번에 기대한 결과의 명령어가 반환될 가능성이 높습니다. 시간을 우선시한다면 이러한 모델을 선택하는 것도 하나의 방법입니다.

하지만 어떤 모델을 사용하더라도 항상 의도한 대로 응답이 나오는 것은 아니므로, 다양한 대응 방법을 미리 익혀 두는 것이 중요합니다.

5.2 이미지 크기를 한 번에 변경해 다른 폴더에 저장하기

다음은 프롬프트 명령을 통해 여러 이미지 파일의 크기를 한꺼번에 변경하고, 별도의 폴더에 저장하는 명령어를 만들어보겠습니다.

폴더를 하나 생성합니다. 그리고 변경할 PNG 이미지를 그 안에 넣고, 변경된 이미지 저장용 폴더(여기서는 resized)도 만들어 둡니다. 그리고 curosr로 해당 폴더를 엽니다.

그다음 터미널에 커서를 두고 ⌘ + K (Mac) / Ctrl + K (Win)를 누릅니다.

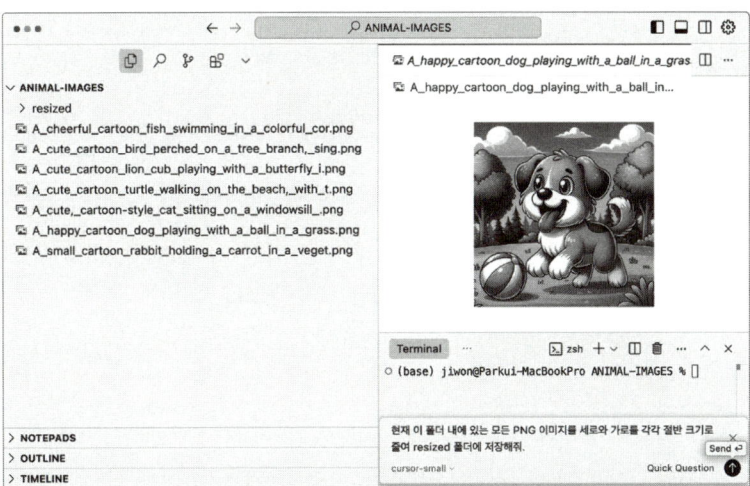

5장 프롬프트 프로그램 실전 예제 **149**

그리고 다음 프롬프트를 입력합니다.

 현재 이 폴더 내에 있는 모든 PNG 이미지를 세로와 가로를 각각 절반 크기로 줄여 resized 폴더에 저장해줘.

상대적으로 간단한 명령이므로, 「cursor-small」 모델을 선택한 뒤 「Send」 버튼을 눌러 실행합니다.

이번에는 아래와 같은 명령어가 생성되어 터미널에 전송되었습니다. Enter 를 눌러 실행합니다.

 for file in *.png; do convert "$file" -resize 50% "resized/$file"; done

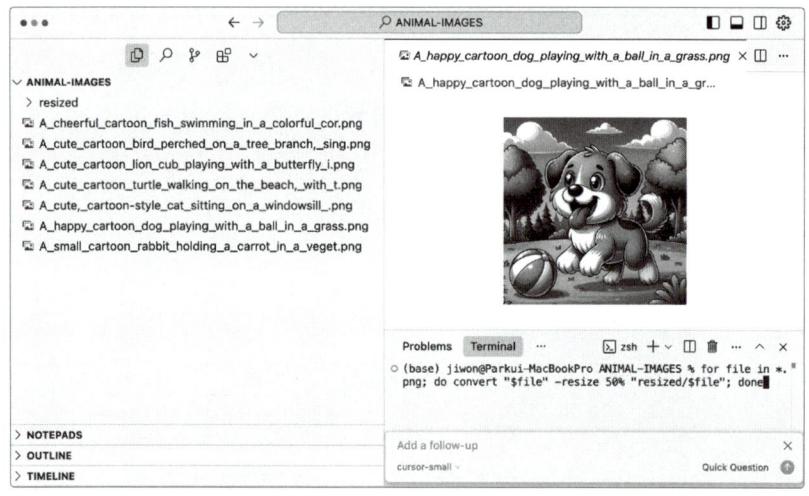

모든 이미지의 크기가 변경되어 resized 폴더에 저장된 것을 확인할 수 있습니다.

이미지 속성의 '규격' 항목을 보면, 원본 이미지는 1024×1024이며, 처리 후 크기는 512×512인 절반 크기로 변경된 것을 확인할 수 있습니다.

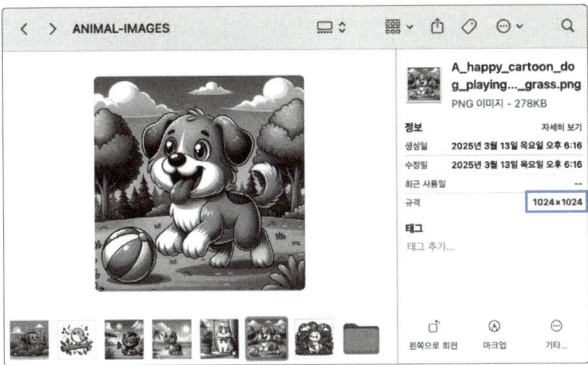

변경 전

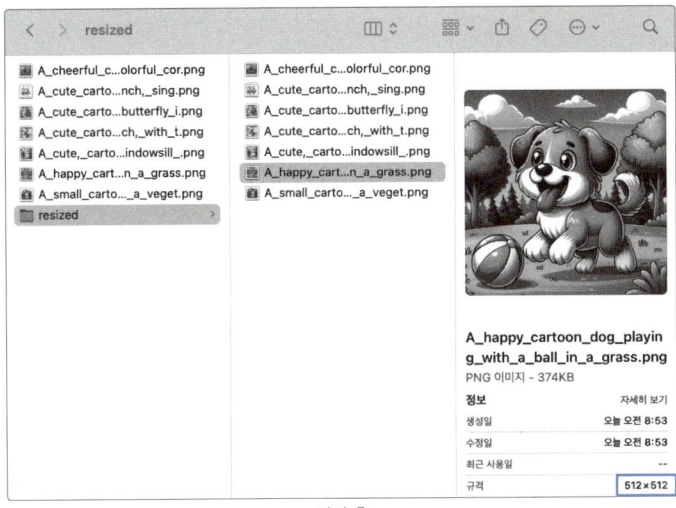

변경 후

● 의존 라이브러리 설치

이 예제에서 사용하는 「convert」 명령어는 이미지 처리 라이브러리인 「Image Magick」에 포함된 기능입니다. 따라서 시스템에 ImageMagick이 설치되어 있지 않으면, 해당 명령어를 실행할 수 없고 오류가 발생하게 됩니다.

예를 들어, 아래와 같이 터미널에서 「convert」 명령어를 포함한 스크립트를 실행하면,

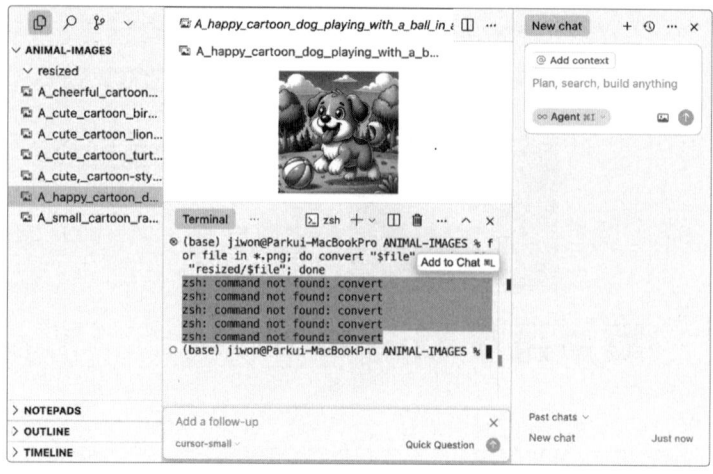

「zsh: command not found: convert」라는 메시지가 여러 줄에 걸쳐 출력됩니다. 이는 시스템에서 「convert」 명령어를 찾을 수 없다는 의미로, ImageMagick이 설치되어 있지 않기 때문에 발생하는 문제입니다.

이런 경우, 터미널에 출력된 에러 메시지를 마우스로 드래그하면, 터미널 오른쪽에 「Add to Chat」 버튼이 나타납니다.

이 버튼을 클릭하면, 선택한 오류 메시지가 자동으로 Chat 창에 복사되고, 입력창 위에는 「Lines 10 - 14」와 같은 형식으로 선택한 범위가 표시됩니다. 사용자는 여기에 간단히 「에러 확인해줘.」라고 입력하고 「Send」 버튼을 누르면 됩니다.

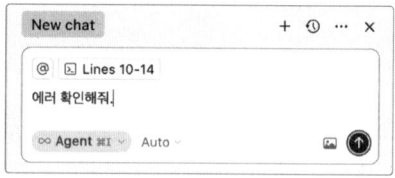

그러면 AI가 에러 메시지를 분석한 후, 문제의 원인과 해결 방법을 안내해 줍니다. 이 경우처럼 「convert」 명령어가 없다는 오류에 대해서는 ImageMagick이 설치되어 있지 않다는 설명과 함께, 설치 명령어를 알려줍니다.

사용자는 그 옆의 「Run」 버튼을 클릭해 명령어를 터미널에 바로 실행할 수 있습니다.

이처럼 에러가 발생했을 때 AI에게 해결을 요청하면, 직접 프로그램 전체를 확인하거나 코드를 일일이 설명하지 않아도, 필요한 설치 명령이나 조치를 안내받을 수 있습니다.

AI의 응답은 상황에 따라 달라질 수 있기 때문에, 이 책에서는 필요한 라이브러리를 미리 설치하기보다는, 「에러가 발생했을 때 그때그때 대응하는 방식」을 기본 원칙으로 삼고 있습니다. 이후 나오는 예제들 역시 동일한 흐름으로 설명됩니다.

참고로, Chat에 프롬프트를 보낼 때는 불필요한 코드나 설명이 포함되지 않도록, 컨텍스트 참조 영역을 정리한 뒤 필요한 부분만 선택하여 보내는 것이 좋습니다. 이렇게 하면 AI가 더 정확하고 간결한 답변을 줄 수 있습니다.

5.3 이미지 형식 일괄 변환 및 파일명 변경해서 저장하기

PNG 파일을 JPG 파일로 변환하고, 변환된 이미지를 다른 폴더에 저장하는 작업을 프롬프트로 실행해 봅시다. 여기서는 앞에서 사용한 샘플 이미지를 그대로 활용합니다.

먼저, 변환된 이미지를 저장할 폴더(여기서는 「converted」)를 새로 만들겠습니다.

그다음 터미널에 커서를 두고 ⌘+K (Mac)/ Ctrl + K (Win)를 누릅니다. 아래 프롬프트를 입력하고 모델은 cursor-small을 선택한 뒤, 「Send」 버튼을 클릭해 실행합니다.

> **Q** 현재 폴더에 있는 모든 PNG 파일을 JPG로 변환한 후, converted 폴더로 이동시키는 원라이너 명령어를 작성해줘.

터미널에 명령어가 입력되었는지 확인한 후, Enter 키를 눌러 실행합니다.

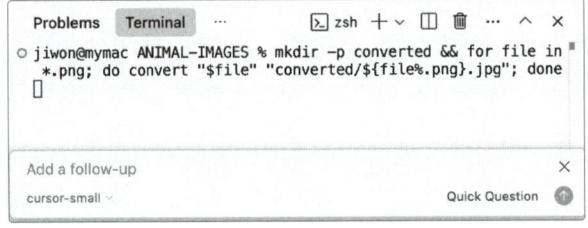

> **A** mkdir -p converted && for file in *.png; do convert "$file" "converted/${file%.png}.jpg"; done

모든 PNG 이미지는 JPG 형식으로 변환되어 「converted」 폴더에 저장됩니다.

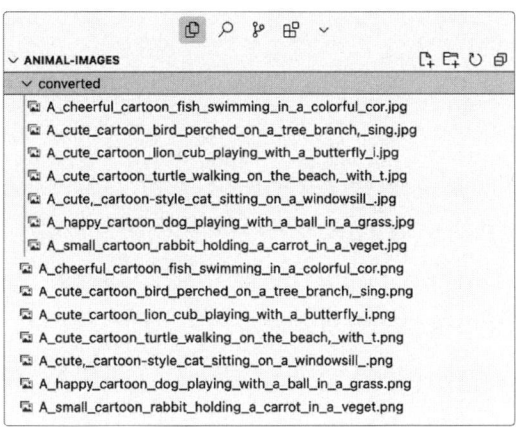

● 의존 라이브러리 설치

이 예제에 포함된 「convert」 명령어는 이미지 처리 라이브러리인 「ImageMagick」 의 명령어입니다. 해당 라이브러리가 설치되어 있지 않은 상태에서 위 작업을 실행하면 에러가 발생합니다.

에러가 발생하면 터미널에 출력된 에러 메시지를 마우스로 드래그합니다. 그러면 「Add to Chat」 버튼이 활성화됩니다. 이 버튼을 클릭하면 에러 메시지가 Chat 입력창에 자동으로 추가되고, 입력창 위에는 선택한 메시지 범위를 나타내는 박스가 표시됩니다(예: "Lines 42-56"). 이후 「Send」 버튼을 눌러 안내된 절차에 따라 설치를 진행합니다.

5.4 PDF 파일 결합하기

파일 이름에 「xxxx_01」, 「xxxx_02」, 「xxxx_03」처럼 숫자를 붙이는 방법을 많이 사용합니다. 이렇게 번호가 붙은 PDF 파일들을 하나로 합치고, 합친 파일을 새로운 이름으로 저장하는 방법을 소개하겠습니다.

아래는 9개의 PDF 샘플 파일입니다. 「number_01」부터 「number_03」까지는 숫자가, 「alphabet_01」부터 「alphabet_03」까지는 알파벳이, 「symbol_01」부터 「symbol_03」까지는 기호가 들어 있습니다.

number_01.pdf
number_02.pdf
number_03.pdf
alphabet_01.pdf
alphabet_02.pdf
alphabet_03.pdf
symbol_01.pdf
symbol_02.pdf
symbol_03.pdf

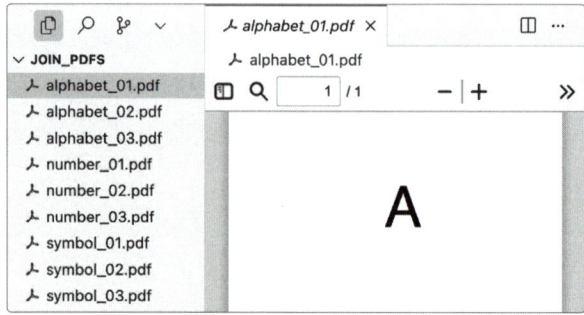

이상적으로는 파일 이름의 앞부분 공통 요소를 변수처럼 처리하여, 어떤 파일들을 결합하고 어떤 이름으로 저장할지까지 자동으로 구현하고 싶었지만, 제한된 집필 시간 안에 프롬프트 한 줄(원라이너)로 이를 실현하기는 어려웠습니다.

그 대신, 아래에 제시한 프롬프트는 성공률이 높고 자연스러운 표현으로, AI 어시스턴트가 작업 규칙을 정확히 이해할 수 있도록 구성되어 있습니다. 특히 '어떤 파일들을 묶고, 어떤 이름으로 저장할지'를 구체적인 예시로 제시함으로써, 규칙 기반 처리를 명확히 전달하고 있습니다. 이처럼 예시를 활용하는 방식은 프롬프트 엔지니어링에서 매우 효과적인 기법 중 하나입니다.

이 예시에서는 약간의 논리적인 추론이 필요할 것 같아서, 「claude-3.5-sonnet」 모델을 선택한 다음 「Send」 버튼을 눌러보겠습니다.

> **Q** 현재 폴더 안에 있는 PDF 파일들을 아래 규칙에 따라 결합해서, 지정된 이름으로 저장해줘. 예를 들어,
> alphabet_*.pdf는 alphabet_converted.pdf로,
> number_*.pdf는 number_converted.pdf로,
> symbol_*.pdf는 symbol_converted.pdf로 저장하면 돼.

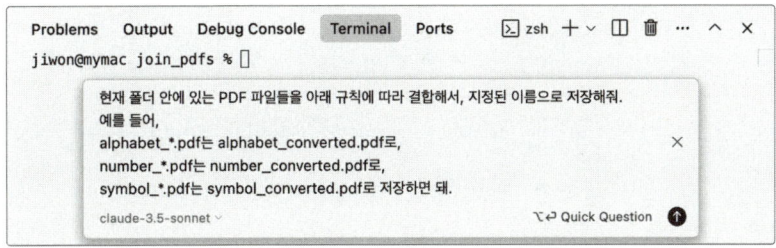

생성된 명령어가 터미널에 복사되고, 이후 Enter 를 누르면 실행됩니다.

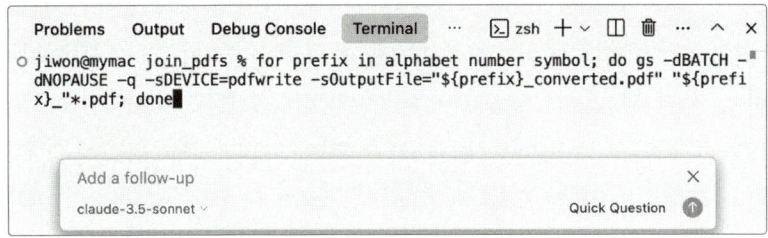

```
for prefix in alphabet number symbol; do
    gs -dBATCH -dNOPAUSE -q -sDEVICE=pdfwrite -sOutputFile="${prefix}_converted.pdf" "${prefix}_"*.pdf
done
```

지정한 규칙에 따라 각 파일들이 하나의 PDF로 결합됩니다.

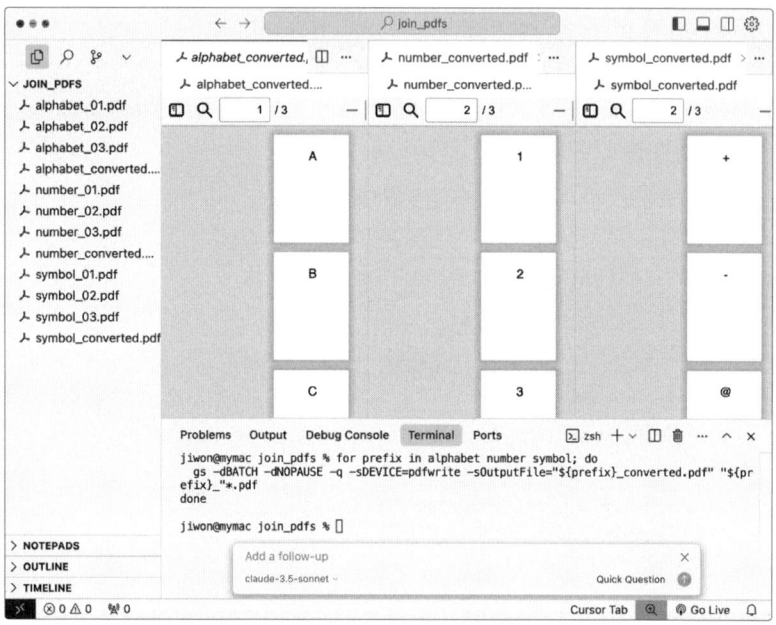

명령어의 의미가 궁금하다면 AI 어시스턴트에게 설명을 요청할 수 있습니다.

예를 들어, for prefix in alphabet number symbol;은 alphabet_, number_, symbol_로 시작하는 파일들을 그룹으로 묶어 처리하겠다는 의미입니다. 여기에 shape를 추가해 for prefix in alphabet number symbol shape;처럼 작성하면, shape_* 형식의 PDF 파일도 함께 처리할 수 있습니다.

터미널의 Cmd K 기능을 사용하면 셸 스크립트나 PowerShell 명령어에 익숙하지 않더라도, 자연어로 원하는 작업을 입력하여 명령어를 생성하고 실행할 수 있습니다. 다만, 작업이 복잡할수록 AI와 여러 차례 대화를 주고받으며 조정하는 과정이 필요할 수 있습니다.

반복적으로 사용하는 명령어라면, 완성된 명령어를 따로 기록해 두거나 셸 스크립트로 저장해 두는 것이 효율적입니다.

● 의존 라이브러리 설치

이 예제에 포함된 「gs」 명령어는 「Ghostscript」라는 라이브러리의 명령어입니다. 해당 라이브러리가 설치되어 있지 않은 상태에서 위 작업을 실행하면 에러가 발생합니다.

에러가 발생하면 터미널에 출력된 에러 메시지를 마우스로 드래그합니다. 그러면 「Add to Chat」 버튼이 활성화됩니다. 이 버튼을 클릭하면 에러 메시지가 Chat 입력창에 자동으로 추가되고, 입력창 위에는 선택한 메시지 범위를 나타내는 박스가 표시됩니다(예: "Lines 42-56"). 이후 「Send」 버튼을 눌러 안내된 절차에 따라 설치를 진행해 주세요.

5.5 텍스트 파일 결합하기

로그 파일을 이어 붙이거나, 특정 기간에 출력된 매출 데이터를 하나로 합치거나, 여러 시스템에서 출력된 데이터를 결합하는 등, 텍스트 파일을 합치는 경우가 자주 있습니다.

이 예제에서는 다음 3개의 텍스트 파일을 준비했습니다.

파일명	내용
a.txt	1111111111이 10줄 기록된 파일
b.txt	2222222222이·10줄 기록된 파일
c.txt	3333333333이 10줄 기록된 파일

프롬프트는 아래처럼 간단하게 작성했습니다.

a.txt, b.txt, c.txt 파일을 이어 붙여서 merged.txt로 만들어줘.

상대적으로 간단한 처리이기 때문에, 응답 속도가 빠른 「cursor-small」 모델을 선택하고, 「Send」 버튼을 눌러 실행합니다.

생성된 명령어는 터미널에 복사되고 Enter 키를 눌러 실행합니다.

 `cat a.txt b.txt c.txt > merged.txt`

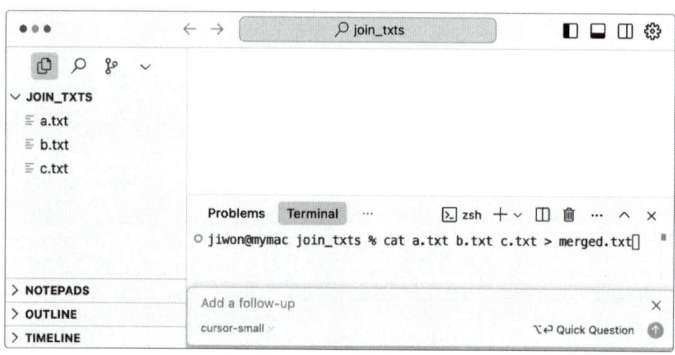

세 개의 파일이 문제없이 결합되어, 새로운 파일이 저장되었습니다.

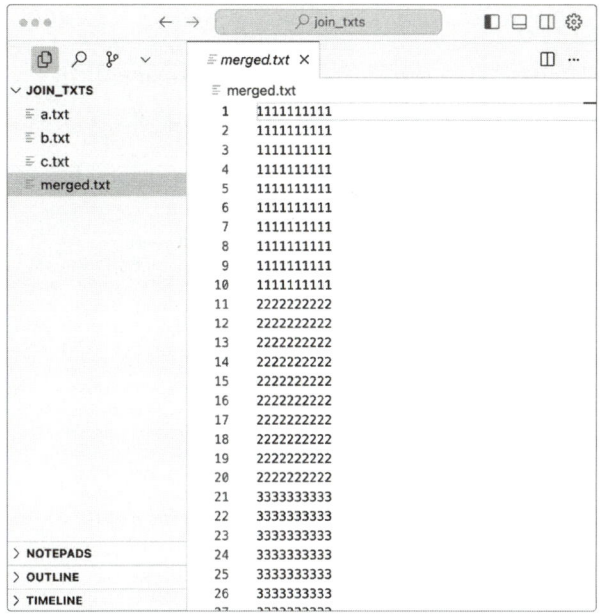

이 예제는 각 운영체제의 기본 기능만으로 동작하므로, 별도의 라이브러리를 설치할 필요가 없습니다.

5.6 로그 파일에서 에러 행 추출 및 저장하기

애플리케이션의 로그 파일은 시스템의 동작 상태를 파악하는 데 있어 매우 중요한 정보원입니다. 그러나 로그 파일에는 방대한 정보가 기록되어 있기 때문에, 에러나 경고와 같은 중요한 정보를 찾아내는 것이 쉽지 않습니다.

이에 로그 파일에서 에러와 관련된 행만을 추출하여 별도의 파일로 저장하면, 문제의 원인을 파악하고 분석하는 데 큰 도움이 됩니다. 여기에서는 그 방법에 대해 설명드리겠습니다.

각 로그 행에는 다음과 같은 레벨이 포함되어 있습니다.

INFO: 정보, DEBUG: 디버그 정보, WARN: 경고, ERROR: 에러

예제로는 이러한 로그가 기록된 app.log 파일을 사용합니다.

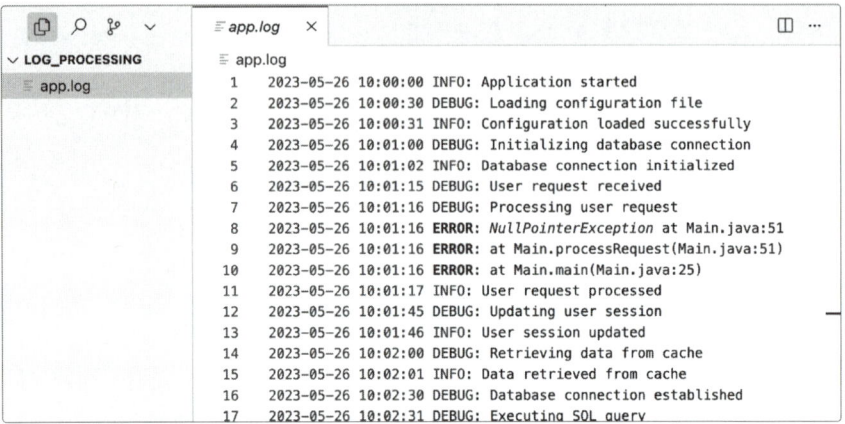

```
2023-05-26 10:00:00 INFO: Application started
2023-05-26 10:00:30 DEBUG: Loading configuration file
2023-05-26 10:00:31 INFO: Configuration loaded successfully
2023-05-26 10:01:00 DEBUG: Initializing database connection
2023-05-26 10:01:02 INFO: Database connection initialized
2023-05-26 10:01:15 DEBUG: User request received
2023-05-26 10:01:16 DEBUG: Processing user request
```

```
2023-05-26 10:01:16 ERROR: NullPointerException at Main.java:51
2023-05-26 10:01:16 ERROR: at Main.processRequest(Main.java:51)
2023-05-26 10:01:16 ERROR: at Main.main(Main.java:25)
2023-05-26 10:01:17 INFO: User request processed
2023-05-26 10:01:45 DEBUG: Updating user session
2023-05-26 10:01:46 INFO: User session updated
2023-05-26 10:02:00 DEBUG: Retrieving data from cache
2023-05-26 10:02:01 INFO: Data retrieved from cache
2023-05-26 10:02:30 DEBUG: Database connection established
2023-05-26 10:02:31 DEBUG: Executing SQL query
2023-05-26 10:02:31 ERROR: SQLException: Table 'users' doesn't exist
2023-05-26 10:02:31 INFO: Database connection closed
2023-05-26 10:02:45 WARN: Low memory warning
2023-05-26 10:02:50 DEBUG: Garbage collector started
2023-05-26 10:02:55 INFO: Garbage collector finished
2023-05-26 10:03:00 INFO: Application stopped
2023-05-26 10:03:01 DEBUG: Saving application state
2023-05-26 10:03:02 INFO: Application state saved
2023-05-26 10:03:05 DEBUG: Shutting down database connection
2023-05-26 10:03:06 INFO: Database connection closed
```

이번에도 간단한 처리이므로, 응답 속도가 빠르고 비용이 낮은 「cursor-small」 모델을 선택합니다. 프롬프트는 다음과 같이 지정하고, 「Send」 버튼을 눌러 실행합니다.

 app.log 파일의 ERROR:가 포함된 행을 추출하여 errors.log 파일로 저장해줘.

---

app.log 파일의 ERROR:가 포함된 행을 추출하여 errors.log 파일로 저장해줘 Send ↵
cursor-small ⌄   Quick Question

grep "ERROR:" app.log > errors.log

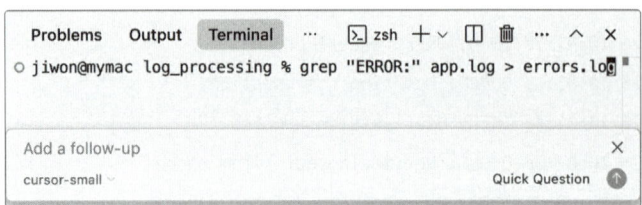

명령어가 입력된 상태에서 Enter 키를 눌러 실행하면, errors.log 파일에 에러 관련 내용이 저장됩니다.

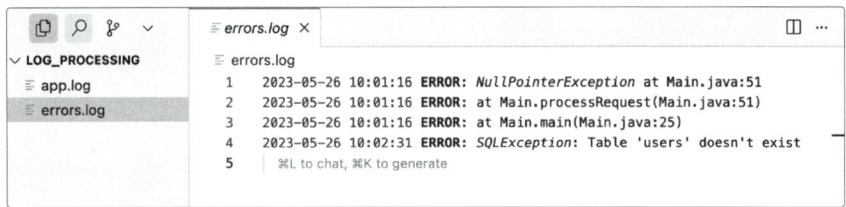

이 예제는 각 운영 체제의 기본 기능으로 동작하므로, 별도의 라이브러리를 설치할 필요는 없습니다.

5.7 CSV 파일 데이터 검증하기

CSV 파일은 간단하게 다룰 수 있는 데이터 형식으로, 애플리케이션 또는 시스템 간의 데이터 교환 등 다양한 상황에서 널리 활용됩니다. 하지만 CSV 파일에 포함된 데이터의 품질을 보장하려면 적절한 데이터 검증이 반드시 필요합니다.

실제로 CSV 파일을 다룰 때는 여러 가지 문제가 발생할 수 있습니다. 예를 들어, Excel로 열었을 때 앞부분의 0이 삭제되어 데이터의 정합성이 무너지는 경우가 있습니다. 또한 CSV 파일을 생성하는 프로그램 측의 문제로 인해, 부적절한 데이터가 포함된 파일이 전달되는 경우도 드물지 않습니다.

이러한 문제를 방지하려면, 다른 시스템에서 CSV 파일을 사용하기 전에 데이터 검증을 수행하는 것이 중요합니다. 검증을 통해 데이터의 정합성을 확인하고, 잘못된 데이터를 미리 걸러내어 데이터 품질을 확보하고, 이후 공정에서 발생할 수 있는 문제를 사전에 방지해야 합니다.

이번 절에서는 CSV 파일 검증의 중요성과 그 수행 방법에 대해 설명합니다. 데이터 검증의 필요성을 이해하고, 적절한 방식으로 실행하면 CSV 파일을 보다 안전하게 활용할 수 있게 됩니다.

다음은 테스트용 예시 파일인 data.csv입니다.

```
ID,Age,Name,Email,Phone
1,25,John,2023-05-26,john@example.com,1234567890
2,30,Alice,,alice@example.com,9876543210
3,,Bob,2023-05-28,bob@example.com,5555555555
4,1.5,Charlie,2023/05/27,charlie@example.com,0987654321
5,40,Eve,2023-05-30,,0123456789
```

다음 프롬프트는 AI 어시스턴트에게 CSV 파일의 형식과, 검증해야 할 내용을 알려주어 프롬프트를 자동으로 만들게 한 것입니다. 내용이 복잡할 때는 직접 프롬프트를 고민하기보다는, 필요한 조건을 하나씩 AI에게 알려주고 마지막에 「지금까지 전달한 내용을 바탕으로 프롬프트를 만들어줘」라고 요청하면 손쉽게 만들 수 있습니다.

Q 다음 요구사항을 만족하는 「data.csv」 파일을 검증하는 원라이너를 작성해 주십시오.
1. 첫 번째 행(헤더 행)에서 기대되는 열 수를 얻는다.
2. 필수 열의 인덱스는 "1 3 5"로 한다(1-indexed).
3. 각 열의 기대 데이터 타입은 다음과 같다.
   - 2번째 열: 정수 타입
   - 4번째 열: 날짜 타입(YYYY-MM-DD 형식)
   - 6번째 열: 문자열 타입
4. 각 행에 대해 다음 검증을 수행한다.
   - 열 수가 기대되는 열 수와 않으면 에러 메시지를 표시한다.
   - 필수 열이 비어 있으면 에러 메시지를 표시한다.
   - 정수 타입 열이 정수가 아니면 에러 메시지를 표시한다.
   - 날짜 타입 열이 지정된 형식(YYYY-MM-DD)이 아니면 에러 메시지를 표시한다.
   - 문자열 타입의 열이 맨 앞에 0을 포함하면 경고 메시지를 표시한다(Excel에서 맨 앞의 0이 삭제되는 문제 고려).
5. 에러 메시지와 경고 메시지는 행 번호, 열 번호, 문제가 있는 값을 포함한다.

검증 내용이 복잡하고 다양하기 때문에, 높은 수준의 논리적 사고 능력을 가진 「claude-3.5-sonnet」 모델을 선택합니다. 그리고 실행 전에 먼저 계획을 세우도록 「quick question」 버튼을 클릭합니다.

실행 계획을 확인한 후, 「Add to follow-up」 입력란에 "실행해줘"라고 입력하고 Enter 키를 눌러 실행합니다.

이처럼 모델에게 복잡한 작업을 요청할 때는, 먼저 계획을 세우게 함으로써 모델이 작업 내용을 더 깊이 이해하도록 유도할 수 있습니다. 또한 필요에 따라 계획을 수정하거나 추가 지시를 내릴 수도 있습니다. 이 접근 방식은 모델의 능력을 최대한 끌어내고, 더 나은 결과를 얻기 위해 매우 효과적입니다.

```
data.csv
  1  ID,Age,Name,Date,Email,Phone
  2  1,25,John,2023-05-26,john@example.com,1234567890
  3  2,30,Alice,,alice@example.com,9876543210
  4  3,,Bob,2023-05-28,bob@example.com,5555555555
  5  4,1.5,Charlie,2023/05/29,charlie@example.com,0987654321
  6  5,40,Eve,2023-05-30,,0123456789
```

Problems Output Debug Console **Terminal** ... >_ zsh + ∨ ⊞ 🗑 ... ∧ ×

○ jiwon@mymac csv_processing % ▯

다음 요구사항을 만족하는 「data.csv」 파일을 검증하는 원라이너를 작성해줘.

1. 첫 번째 행(헤더 행)에서 기대되는 열 수를 얻는다.
2. 필수 열의 인덱스는 "1 3 5"로 한다(1-indexed).
3. 각 열의 기대 데이터 타입은 다음과 같다.
   - 2번째 열: 정수 타입
   - 4번째 열: 날짜 타입(YYYY-MM-DD 형식)
   - 6번째 열: 문자열 타입
4. 각 행에 대해 다음 검증을 수행한다,
   - 열 수가 기대되는 열 수와 않으면 에러 메시지를 표시한다.
   - 필수 열이 비어 있으면 에러 메시지를 표시한다.
   - 정수 타입 열이 정수가 아니면 에러 메시지를 표시한다.
   - 날짜 타입 열이 지정된 형식(YYYY-MM-DD)이 아니면 에러 메시지를 표시한다.
   - 문자열 타입의 열이 맨 앞에 0을 포함하면 경고 메시지를 표시한다(Excel에서 맨 앞의 0이 삭제되는 문제 고려).
5. 에러 메시지와 경고 메시지는 행 번호, 열 번호, 문제가 있는 값을 포함한다.

claude-3.5-sonnet ∨   ⌥⏎ Quick Question

A
```
awk -F, '
NR==1 {
    cols = NF
}
NR > 1 {
    if (NF != cols)
        printf "Error: Row %d has %d columns, expected %d\n", NR, NF, cols;

    if ($1 == "" || $3 == "" || $5 == "")
        printf "Error: Row %d has empty required column(s)\n", NR;
```

```
        if ($2 !~ /^[0-9]+$/)
            printf "Error: Row %d, Column 2: Invalid integer %s\n", NR, $2;

        if ($4 !~ /^[0-9]{4}-[0-9]{2}-[0-9]{2}$/)
            printf "Error: Row %d, Column 4: Invalid date format %s\n", NR, $4;

        if ($6 ~ /^0/)
            printf "Warning: Row %d, Column 6: Leading zero detected %s\n", NR, $6;
    }
    ' data.csv
```

터미널에 입력된 명령어를 「Run」 버튼을 클릭해 실행합니다.

실행 결과는 다음과 같이 반환되었습니다.

```
Error: Row 3, Column 4: Invalid date format
Error: Row 4, Column 2: Invalid integer
Error: Row 5, Column 2: Invalid integer 1.5
Error: Row 5, Column 4: Invalid date format 2023/05/29
Warning: Row 5, Column 6: Leading zero detected 0987654321
Error: Row 6 has empty required column(s)
Warning: Row 6, Column 6: Leading zero detected 0123456789
```

결과를 보면 여러 개의 에러와 경고 메시지가 출력된 것을 확인할 수 있습니다. 이러한 에러와 경고를 단순히 표시하는 것을 넘어서 원인을 정확히 파악하고 상황에 맞게 적절히 조치하는 것이 중요합니다. 특히 Warning 메시지는 치명적인 오류는 아니지만, 추후 문제로 이어질 수 있는 요소들을 알려주는 역할을 합니다.

예를 들어, 맨 앞이 0으로 시작하는 숫자는 Excel 등에서 열었을 때 자동으로 0이 사라지는 문제가 발생할 수 있으므로, 이런 값이 포함된 경우에는 주의가 필요합니다.

이처럼 에러와 경고 메시지는 단순한 정보가 아니라, 데이터 품질을 사전에 점검하고 개선할 수 있는 실마리가 되므로, 꼼꼼한 대응을 해주는 것이 바람직합니다.

실제로는 CSV 데이터를 다른 시스템에 도입하는 과정에서 문제가 발생하는 경우가 많고, 그로 인해 오류가 생겼을 경우 원인을 추적하는 데 많은 시간과 노력이 소모됩니다. 따라서, 이러한 사전 체크를 수행함으로써 데이터 문제를 미리 방지할 수 있고, 시스템 관리자의 부담도 크게 줄일 수 있습니다.

CSV의 품질을 확보하는 것은 데이터를 사용하는 시스템 전체의 안정성과 신뢰성을 유지하는 데 매우 중요하며, 사전에 데이터 확인을 철저히 함으로써 문제를 미연에 방지하고 원활한 시스템 운용을 실현할 수 있습니다.

● 의존 라이브러리 설치

이 명령어는 awk를 사용합니다. awk 명령어는 macOS에는 기본적으로 설치되어 있지만, Windows에는 기본 설치되어 있지 않기 때문에 별도로 설치해야 합니다. awk가 설치되지 않은 상태에서 해당 명령어를 실행하면 에러가 발생합니다.

에러가 발생하면 터미널에 출력된 에러 메시지를 마우스로 드래그합니다. 그러면 「Add to Chat」 버튼이 활성화됩니다. 이 버튼을 클릭하면 에러 메시지가 Chat 입력창에 자동으로 추가되고, 입력창 위에는 선택한 메시지 범위를 나타내는 박스가 표시됩니다(예: "Lines 42-56"). 이후 「Send」 버튼을 눌러 안내된 절차에 따라 설치를 진행합니다.

5.8 대량 파일의 문자 인코딩 일괄 변환하기

여러 파일을 다룰 때 문자 코드 불일치로 인해 문제가 발생한 경험이 있을 겁니다. 특히 서로 다른 시스템 간에 파일을 주고 받을 경우, 문자 코드의 차이로 인해 문제가 생기기도 합니다. 이러한 상황에서는 대량의 파일을 하나하나 변환하는 것이 매우 번거롭고 시간이 많이 듭니다. 그래서 본 절에서는 대량의 파일 문자 코드를 일괄 변환하는 방법에 대해 설명합니다.

이번 예제에서는 문자 코드 UTF-8이고, 줄바꿈 코드가 LF이며, 한국어 문장이 약 400자 정도 쓰여 있는 세 개의 텍스트 파일을 준비했습니다.

```
file1.txt
file2.txt
file3.txt
```

다음과 같은 프롬프트를 입력하겠습니다.

> **Q** 디렉터리 안의 모든 텍스트 파일의 문자 코드를 Shift-JIS, 줄 바꿈 코드를 CR+LF로 변환한 뒤 「SJIS」 폴더에 저장해줘.

「cursor-small」 모델로 여러 번 시도했지만 원하는 결과가 잘 나오지 않아서, 더 높은 정확도와 이해력을 가진 다른 상위 AI 모델을 선택하고 「Send」 버튼을 클릭해 실행했습니다.

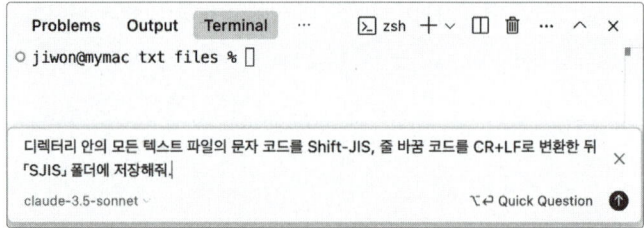

그러면 터미널에 입력된 명령어가 나오고 Enter 를 눌러 실행합니다.

> **A** find . -type f -name "*.txt" -exec sh -c 'mkdir -p SJIS; nkf -s -Lw "$1" > "/tmp/${1##*/}"; mv "/tmp/${1##*/}" "SJIS/${1##*/}"' _ {} \; 에러 없이 「 SJIS 」 폴더에 3개의 파일이 저장되었습니다.

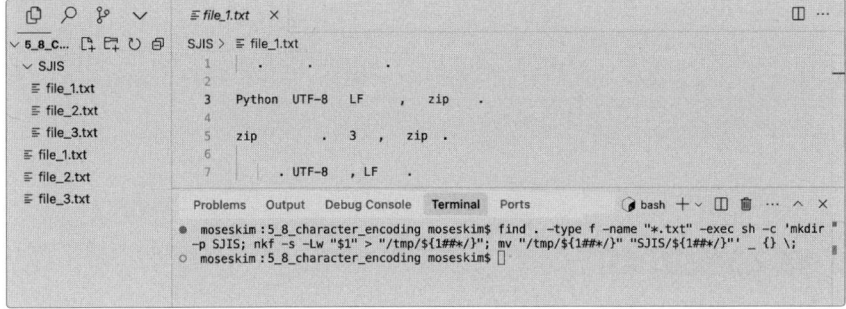

Cursor 창 오른쪽 아래에 표시된 인코딩 정보를 통해 문자 코드와 줄 바꿈 코드를 확인할 수 있습니다.

하지만 「SJIS」 폴더 안의 파일을 선택하더라도, 인코딩 표시나 줄 바꿈 문자가 올바르게 표시되지 않거나, 에디터에서 문자가 깨져 보일 수 있습니다.

다음 절차를 따라 파일 내용을 올바르게 확인해 보겠습니다.

❶ 인코딩 부분(예: 「UTF-8」)에 커서를 올리면 「Select Encoding」이라는 안내가 표시됩니다. 이를 클릭합니다.

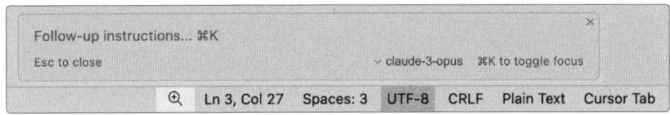

❷ 나타나는 메뉴에서 「Reopen with Encoding」을 선택합니다.

❸ 이어서 「Japanese(Shift JIS)」메뉴를 선택합니다.

Select File Encoding to Reopen File
Japanese (Shift JIS) shiftjis
Japanese (EUC-JP) shiftjis
Korean (EUC-KR) euckr
Thai (Windows 874) windows874
Latin/Thai (ISO 8859-11) iso885911
Cyrillic (KOI8-RU) koi8ru

5장 프롬프트 프로그램 실전 예제 **171**

❹ 인코딩이 「Shift JIS」로 설정되면 문자가 깨지지 않고, 줄 바꿈 코드도 「CRLF」로 표시된다.

> Ln 3, Col 27   Spaces: 3   Shift JIS   CRLF   Plain Text   Cursor Tab

● 의존 라이브러리 설치

이 명령어는 「nkf」를 사용하며 이 라이브러리가 설치되지 않은 상태에서 위 조작을 수행하면 에러가 발생합니다. 에러가 발생하면 터미널에 출력된 에러 메시지를 마우스로 드래그합니다. 그러면 「Add to Chat」 버튼이 활성화됩니다. 이 버튼을 클릭하면 에러 메시지가 Chat 입력창에 자동으로 추가되고, 입력창 위에는 선택한 메시지 범위를 나타내는 박스가 표시됩니다(예: "Lines 42-56"). 이후 「Send」 버튼을 눌러 안내된 절차에 따라 설치를 진행해 주세요.

macOS에는 nkf와 유사한 기능을 하는 iconv 라이브러리가 표준으로 포함되어 있습니다. iconv는 문자 코드 변환 기능을 제공하지만, nkf와는 달리 문자 코드를 자동으로 판별하는 기능은 없습니다. iconv를 사용하면 위 명령어를 다음과 같이 대체할 수 있습니다.

```
find . -type f -name "*.txt" -exec sh -c 'mkdir -p SJIS; iconv -f UTF-8 -t SHIFT-JIS "$1" > "/tmp/${1##*/}"; mv "/tmp/${1##*/}" "SJIS/${1##*/}"' _ {} \;
```

이 책의 원고 작성 시에도 iconv를 사용한 명령어 제안이 있었지만, 해당 명령어 실행 시 「iconv: iconv( ): Illegal byte sequence」라는 에러가 발생했습니다. 이 에러는 iconv가 입력 파일 내에서 지정된 문자 인코딩(이 경우 UTF-8) 기준으로 유효하지 않은 바이트 시퀀스를 발견했음을 의미합니다.

이 문제를 해결하려고 여러 번 시도했습니다. 먼저 「Command instructions」 칸에 에러 메시지를 붙여넣고, AI 어시스턴트에게 다시 분석하게 했습니다. 또, 다른 모델을 써보거나 프롬프트를 조금씩 바꿔보기도 했습니다. 접근 방식을 바꿔가며 시도해 본 끝에, 앞에서 설명한 nkf를 사용하는 명령어 예제가 도출되었습니다.

명령어와 에러 메시지만으로 원인을 정확히 파악할 수 있다면 이상적이지만, 프롬프트 프로그래밍에서는 AI 어시스턴트에게 효과적으로 정보를 제공하고, 원인 분석과 대책 마련을 요구하는 기술을 연마하는 것이 짧은 시간 내에 문제를 해결하는 핵심 역량이 됩니다.

5.9 생성한 명령어를 셸 스크립트로 바꾸기

터미널의 Cmd K 기능을 사용한 명령어 생성 예제를 지금까지 소개했습니다. 프롬프트에 자연어로 처리 내용을 지시할 수 있다는 점은 매우 편리하지만, 같은 절차를 반복해야 하는 루틴 작업의 경우, 매번 프롬프트를 입력하는 것이 번거로울 때도 있습니다. 또한 프롬프트에 대한 응답이 항상 동일한 결과를 보장하지 않으며, 어떤 날은 잘 되고 어떤 날은 순서가 어긋나 실행이 잘 안 되는 경우도 있습니다.

프로그램은 융통성은 없지만, 한 번 만들어두면 정해진 대로 정확하게 동작합니다. 같은 처리를 반복적으로, 실수 없이 할 수 있다는 점이 장점입니다. 그래서 자주 쓰는 명령어는 셸 스크립트로 저장해 두는 것이 좋습니다.

여기서는 5.3절에서 다룬 「이미지 형식 일괄 변환 및 파일명 변경해서 저장하기」를 예로 들어, 명령어를 셸 스크립트로 만드는 방법을 설명하겠습니다.

먼저 Cursor에서 「이미지 형식 일괄 변환 및 파일명 변경해서 저장하기」 프로젝트 폴더를 엽니다. 터미널을 열고, 프롬프트 바에서 아래 프롬프트를 입력한 뒤 「Send」 버튼을 눌러 실행합니다.

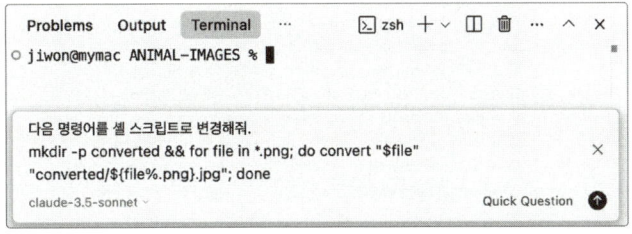

> **Q** 다음 명령어를 셸 스크립트로 변경해줘.
> mkdir -p converted && for file in *.png; do convert "$file" "converted/${file%.png}.jpg"; done

이 프롬프트를 「cursor-small」 모델에서 실행했을 때는 셸 스크립트 명령어를 만드는데 실패했지만, 「claude-3.5-sonnet」 모델로 바꿔서 실행하자 아래와 같은 명령어가 생성되어 터미널에 입력되었습니다.

> **A** echo -e '#!/bin/bash\nmkdir -p converted\nfor file in *.png; do\n convert "$file" "converted/${file%.png}.jpg"\ndone' > convert_images.sh && chmod +x convert_images.sh

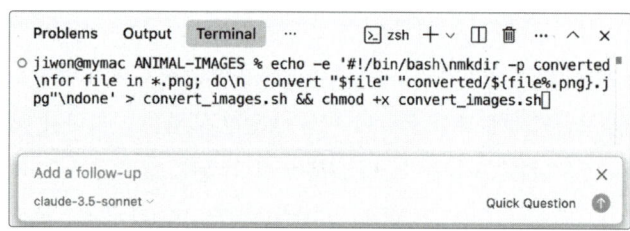

명령어의 내용을 간단하게 살펴봅시다. 위 일련의 명령어는 「PNG 이미지를 JPG 형식으로 일괄 변환하고, 파일명을 변경해 다른 폴더에 저장한다」는 작업을 수행하는 셸 스크립트 「convert_images.sh」 파일을 생성하고, 해당 파일에 실행 권한을 부여하는 작업입니다.

Enter 를 눌러 실행하면 convert_images.sh 가 만들어집니다.

「convert_images.sh」 셸 스크립트가 제대로 만들어졌는지 확인했다면, 이제 이 파일에 실행 권한이 제대로 설정되어 있는지도 직접 확인해봅시다. AI 어시스턴트에게 "convert_images.sh 파일의 권한을 확인하는 명령어를 만들어줘."라고 말하고 「Send」를 눌러봅시다.

 convert_images.sh의 권한을 확인하는 명령어를 만들어줘.

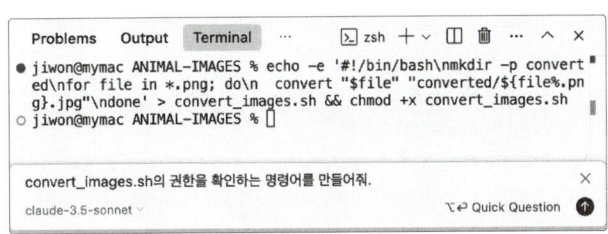

그러면 다음과 같은 권한을 조회하는 명령어를 만듭니다.

 ls -l convert_images.sh

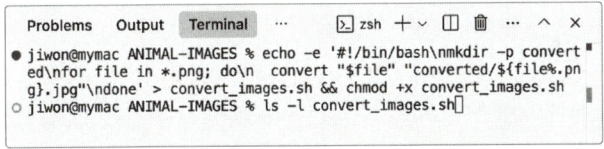

이 명령어를 터미널이 입력하고 엔트를 치면 다음 결과가 나옵니다.

`-rwxr-xr-x@ 1 jiwon  staff  105 May 22 14:57 convert_images.sh`

이 결과를 보면 -rwxr-xr-x라는 문자열이 보이는데, 이는 이 파일에 설정된 권한(permissons)을 의미합니다. 이제 이 결과를 AI에게 보여주며, 권한이 무엇을 의미하는지 해설해 달라고 요청해봅시다. 다음 프롬프트를 입력하고 「quick question」을 눌러 AI에게 물어봅니다.

-rwxr-xr-x는 어떤 권한을 의미하는거야?

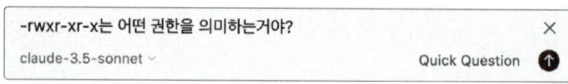

그러면 AI는 다음과 같이 설명해 줄 것입니다.

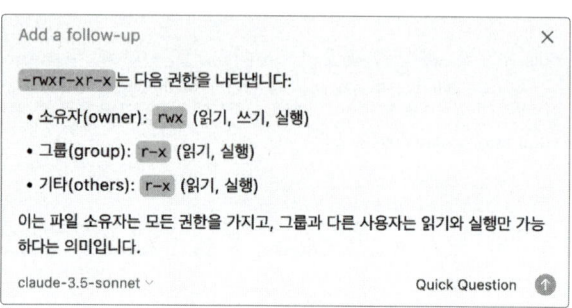

마지막으로 셸 스크립트 실행 방법도 AI 어시스턴트에게 물어봅시다. 다음 프롬프트를 입력한 뒤 「Send」 버튼을 클릭해 실행합니다.

 「convert_images.sh」 파일을 실행해 줘.

실행한 결과, 아래와 같은 명령어가 생성되어 터미널에 입력되었습니다.

 ./convert_images.sh

원래 macOS와 같은 UNIX 계열 OS에서는, 셸 스크립트의 맨 앞 줄에 어떤 셸로 실행할지를 지정하는 '쉬뱅(shebang)'을 작성하는 것이 일반적인 방식입니다 (macOS의 경우 #!/bin/sh).

AI 어시스턴트는 이 부분을 고려하지 않았던 것으로 보이지만, 쉬뱅이 적혀 있지 않더라도 기본 셸로 실행되기 때문에, 이번 셸 스크립트의 동작에는 문제가 없습니다.

프로그래밍에서 가장 중요한 것은 '일단 작동하게 만드는 것'입니다. 처음에는 제대로 작동하는 프로그램을 만들고, 그 내용을 이해하면서 부족한 점이 있다면 점차 수정·업데이트해 나가는 것도 좋은 방법입니다.

5.10 정규 표현으로 날짜 형식 통일하기

이번에는 AI 패널의 Chat 기능을 이용해 프로그래밍을 해봅니다. 첫 번째 단계에서는 형식이 제각각인 CSV 파일의 날짜를 한 가지 형식으로 맞추는 작업을 합니다. 데이터를 다시 쓰거나 분석할 때, 날짜 형식을 통일하는 건 아주 중요합니다. 특히 데이터베이스에 저장하거나, 여러 데이터를 합쳐서 계산할 때 날짜 형식이 다르면 문제가 생길 수 있습니다. 하지만 실제 데이터에는 다양한 날짜 표기가 섞여 있는 경우가 많아서, 검색이나 집계가 어려워지고, 관리도 번거로워집니다.

이 문제를 해결하기 위해, 정규 표현식을 사용해 다양한 형식의 날짜 데이터를 ISO 8601 표준 형식(YYYY-MM-DD)으로 변환하는 방법을 소개합니다.

ISO 8601은 국제표준화기구(ISO)에서 제정한 날짜 표기 방식으로, 세계적으로 널리 사용되고 있는 표준입니다. 이 형식을 통일적으로 적용하면, 데이터의 일관성을 높이고 효율적인 관리가 가능합니다.

● 변환 전 CSV 데이터

아래 예시는 날짜 형식이 제각각인 CSV 파일 「dates.csv」입니다.

이 파일은 첫 번째 칸에 날짜, 두 번째 칸에 시간, 세 번째 칸에 ID 번호가 들어 있습니다.

실제로는 각 데이터가 큰따옴표(")로 감싸져 있고, 콤마(,)로 구분되어 있지만, 여기서는 보기 쉽게 표로 정리했습니다.

날짜	시각	ID
2024/06/04	09:30:00	ABC123
2024/6/4	12:15:30	DEF456
4-6-2024	15:45:00	GHI789
4.6.2024	18:20:15	JKL012
June 4, 2024	21:00:00	MNO345
2024년 6월 4일	08:10:45	PQR678
2024년 06월 04일	11:25:30	STU901
단기 4357년 6월 4일	18:20:00	PPP098

날짜 형식이 제각각이며, 구분 기호(슬래시, 하이픈, 쉼표), 연·월·일의 순서, 월·일 앞에 0을 붙이는 방식의 차이, 영어 또는 단기의 사용 여부 등이 뒤섞여 있습니다. 이런 식으로 날짜가 섞여 있으면, 데이터를 집계하거나 데이터베이스에 등록할 때 문제가 생길 수 있습니다. 그래서 이 날짜 데이터를 YYYY-MM-DD 형식으로 변환하는 프로그램을 만들어봅시다.

● 변환 순서

❶ 새로운 폴더를 생성합니다. 폴더 이름은 임의로 정할 수 있으며, 여기에서는 「dates」로 지정했습니다.

❷ 「dates.csv」 파일을 해당 폴더에 저장합니다.

❸ Cursor로 돌아와 「dates」 폴더를 엽니다.

❹ 사이드바의 파일 탐색기에서 새 파일을 생성합니다. 파일 이름은 임의로 정할 수 있으며, 여기에서는 「dates.py」로 했습니다.

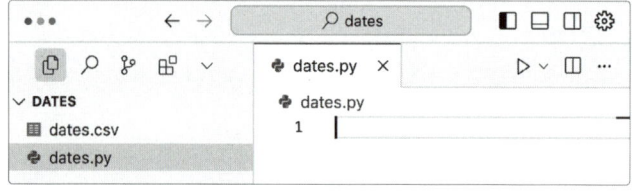

❺ ⌘+L(Mac)/Ctrl+L(Win)를 눌러 AI 패널을 엽니다.
❻ 프롬프트 입력 필드에 다음 내용을 입력합니다.

> CSV 파일의 첫 번째 항목은 날짜야. 형식이 통일되어 있지 않으므로 YYYY-MM-DD 형식으로 통일해줘. 단기 표기는 서기로 변환해줘.

❼ 「@」→「Files」에서 「dates.csv」 파일을 선택합니다.
❽ 모델은 「gpt-4」 계열 또는 「claude-3.5-sonnet」를 선택합니다.

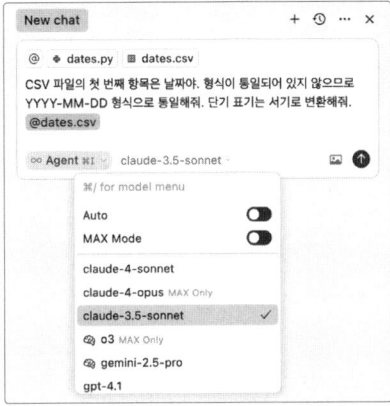

❾ 제안된 코드가 표시되면 「Apply」 버튼을 클릭하여 에디터의 「dates.py」 파일에 반영한 후, 「Accept」를 클릭합니다.

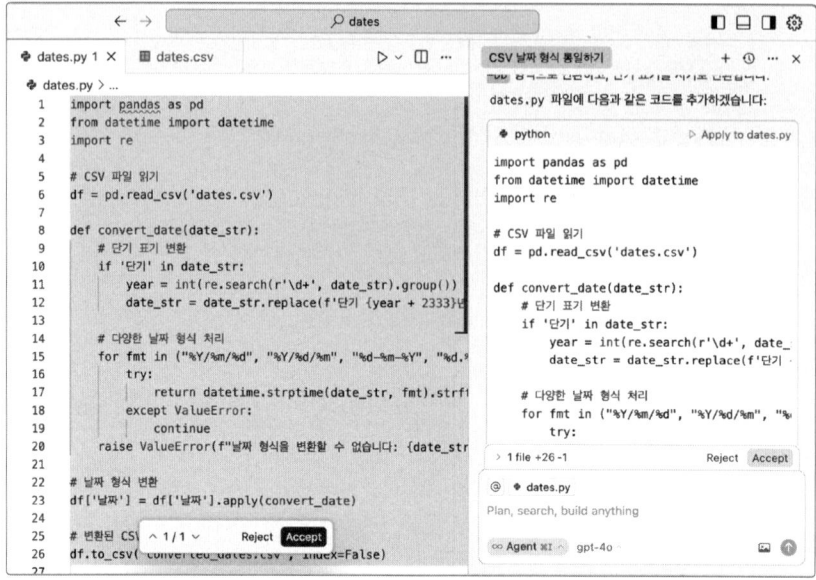

A
```
import pandas as pd
from datetime import datetime
import re

# 단기 연도를 서기로 변환하는 함수
def convert_dangi_to_gregorian(dangi_date):
    # 연도를 추출하고 변환
    year = int(re.search(r'\d+', dangi_date).group())
    gregorian_year = year - 2333
    # 원래 문자열의 연도를 대체
    return dangi_date.replace(str(year), str(gregorian_year))
```

```python
# 날짜를 파싱하고 표준화하는 함수
def parse_date(date_str):
    # 단기 날짜 처리
    if '단기' in date_str:
        date_str = convert_dangi_to_gregorian(date_str)

    # 가능한 날짜 형식 정의
    date_formats = [
        "%Y/%m/%d", "%Y/%m/%d", "%d-%m-%Y", "%d.%m.%Y", "%B %d, %Y",
        "%Y년 %m월 %d일"
    ]

    for fmt in date_formats:
        try:
            return datetime.strptime(date_str, fmt).strftime('%Y-%m-%d')
        except ValueError:
            continue
    raise ValueError(f"인식할 수 없는 날짜 형식: {date_str}")

# CSV 파일 읽기
df = pd.read_csv('dates.csv')

# 날짜 파싱 함수 적용
df['날짜'] = df['날짜'].apply(parse_date)

# 업데이트된 CSV 저장
df.to_csv('dates_standardized.csv', index=False)
```

❿ 에디터 오른쪽 위에 있는 「▷」 버튼은 Cursor의 「Run and Debug」 기능입니다. 이 버튼을 누르면 지금 열려 있는 Python 파일을 바로 실행할 수 있습니다. 이 기능을 이용해 코드를 실행해 봅시다. (또는 터미널을 열고 python dates.py 명령어를 입력해 실행할 수 있습니다.)

⓫ 변환 작업이 시작됩니다. 실행해 보면, 일부 날짜 데이터가 변환되지 않고, 에러 메시지가 터미널에 표시될 수 있습니다.

```
File "/Users/jiwon/miniconda3/lib/python3.12/site-packages/pandas/core/base.py", line 9
21, in _map_values
    return algorithms.map_array(arr, mapper, na_action=na_action, convert=convert)
                ^^^^^^^^^^^^^^^^^^^^^^^^^^^^^^^^^^^^^^^^^^^^^^^^^^^^^^^^^^^^^^^^^^^^^^
  File "/Users/jiwon/miniconda3/lib/python3.12/site-packages/pandas/core/algorithms.py",
 line 1814, in map_array
    return lib.map_infer(values, mapper, convert=convert)
                ^^^^^^^^^^^^^^^^^^^^^^^^^^^^^^^^^^^^^^^^^^^^^
  File "lib.pyx", line 2926, in pandas._libs.lib.map_infer
  File "/Users/jiwon/Desktop/dates/dates.py", line 15, in convert_date
    raise ValueError(f"날짜 형식을 변환할 수 없습니다: {date_str}")
ValueError: 날짜 형식을 변환할 수 없습니다: 단기 4357년 6월 4일
```

ValueError: 날짜 형식을 변환할 수 없습니다: 단기 4357년 6월 4일

⓬ 에러 메시지를 확인해 보면 「단기 4357년 6월 4일」 형식의 날짜를 변환하는 과정에서 실패한 것으로 보입니다. 터미널 화면에서 해당 에러가 발생한 행을 선택하면 「Add to Chat」 버튼이 표시됩니다. 이 버튼을 클릭한 후, 프롬프트 입력창에 「이 날짜 형식에도 대응해 줘.(단기는 서기로 바꾸어 줘.)」라고 입력하고 「Send」 버튼을 클릭하여 실행합니다.

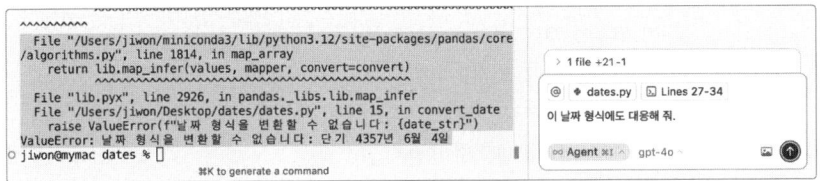

❸ 변경된 코드가 제안되면, 코드 블록 상단의「Apply」버튼을 클릭해 수정 내용을 적용합니다.

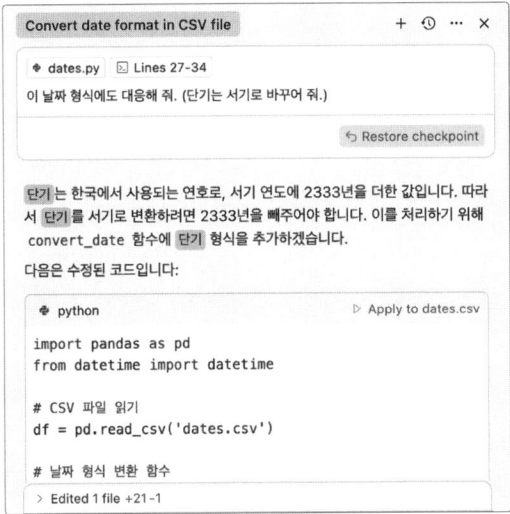

❹ 에디터의「dates.py」파일에 변경된 코드가 반영됩니다.

```
import pandas as pd
from datetime import datetime

# CSV 파일 읽기
df = pd.read_csv('dates.csv')

# 날짜 형식 변환 함수
def convert_date(date_str):
    # 단기 연도 처리
    if "단기" in date_str:
```

```
date_str = date_str.replace("단기 ", "")
year, rest = date_str.split("년 ", 1)
year = int(year) - 2333   # 단기를 서기로 변환
date_str = f"{year}년 {rest}"

# 다양한 날짜 형식을 시도
for fmt in ("%Y/%m/%d", "%Y-%m-%d", "%d-%m-%Y", "%d.%m.%Y", "%B %d, %Y", "%Y년 %m월 %d일"):
    try:
        return datetime.strptime(date_str, fmt).strftime("%Y-%m-%d")
    except ValueError:
        continue
raise ValueError(f"날짜 형식을 변환할 수 없습니다: {date_str}")

# 날짜 형식 변환 적용
df['날짜'] = df['날짜'].apply(convert_date)

# 변환된 CSV 파일 저장
df.to_csv('dates_converted.csv', index=False)
```

❶ 에디터의 「▷」 버튼을 클릭하면, 이번에는 에러 없이 처리가 완료되며, 변환된 날짜 형식의 데이터가 「dates_converted.csv」 파일에 저장됩니다.

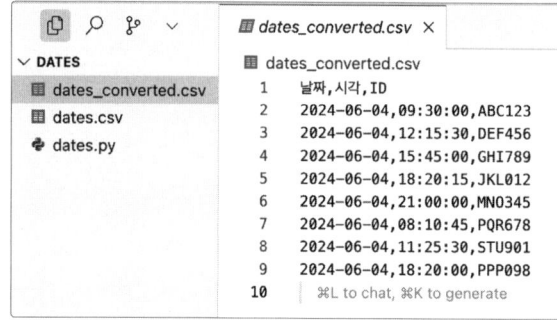

정규 표현식은 강력한 기능이지만, 복잡한 표현을 작성하려면 상당한 숙련도가 필요하고 에러도 발생하기 쉽습니다. AI 어시스턴트를 활용하면 이러한 번거로운 작업에서 벗어나 보다 생산성 높은 업무에 집중할 수 있습니다.

「dates.py」파일이 비어 있을 때는, 예제처럼 AI 패널에서 바로 작업을 시작해도 되고, ⌘+K(Mac)/Ctrl+K(Win)를 사용해 프롬프트 바를 호출해 작업을 시작할 수도 있습니다.

AI 패널에서 작업을 시작하면, 예제와 같이 프로그램이 의도대로 동작하지 않을 경우 프롬프트와 응답의 변화 과정을 쉽게 추적할 수 있다는 장점이 있습니다. 이는 필자의 개인적인 의견이지만, 코드가 비어 있는 상태에서는 동일한 프롬프트에 대해 AI 패널에서 더 나은 응답이 제공되는 경우가 많았던 것 같습니다.

여러분도 직접 조작해 보면서 경험을 통해 자신에게 더 효율적인 방법을 선택해 나가면 좋겠습니다.

● 의존 라이브러리 설치

이 예제에서 생성된 코드에서는 「pandas」라는 외부 라이브러리를 사용합니다. 이 라이브러리가 설치되어 있지 않은 상태에서 위 조작을 수행하면 에러가 발생합니다.

에러가 발생하면 터미널에 출력된 에러 메시지를 마우스로 드래그합니다. 그러면 「Add to Chat」버튼이 활성화됩니다. 이 버튼을 클릭하면 에러 메시지가 Chat 입력창에 자동으로 추가되고, 입력창 위에는 선택한 메시지 범위를 나타내는 박스가 표시됩니다(예: "Lines 42-56"). 이후 "에러 확인해줘"라는 프롬프트와 함께 「Send」버튼을 눌러 안내된 절차에 따라 설치를 진행해 주세요.

5.11 CLI 틱택토 Python 프로그램을 Golang으로 변환하기

2장에서 만들었던 CLI 틱택토 Python 프로그램을 이번에는 다른 언어로 바꿔봅니다. 이번 절에서는 Go 언어(Golang)로 변환하는 방법을 예시로 소개합니다.

● Go 설치

먼저, 이 작업을 위한 Go 개발 환경을 준비해야 합니다. 아래는 macOS와 Windows에서의 설치 방법입니다.

macOS

❶ 터미널을 엽니다.

❷ Homebrew를 사용해 아래 명령어로 Go를 설치합니다.

```
brew install go
```

❸ 설치가 완료되면 다음 명령어로 Go 버전을 확인합니다.

```
go version
```

Windows

❶ Golang 공식 사이트(https://go.dev/)에 접속합니다.

❷ 「Download」 버튼을 클릭합니다.

❸ Windows 항목에서 본인의 환경(32bit 또는 64bit)에 맞는 인스톨러를 다운로드합니다.

❹ 다운로드한 인스톨러를 실행하고 지시에 따라 설치를 완료합니다.

❺ 환경 변수를 설정합니다.

- [제어판] → [시스템 속성] → [고급] → [환경 변수]로 이동합니다.
- 사용자 변수에서 [Path]를 선택한 뒤 [편집]을 클릭합니다.
- [새로 만들기]를 클릭하고 Go 설치 경로를 추가합니다.
- [확인]을 클릭하여 변경 사항을 저장합니다.

❻ 명령 프롬프트를 열고 아래 명령어로 Go 버전을 확인합니다.

```
go version
```

이렇게 하면 Go 개발 환경 준비가 끝납니다. 이제 Python으로 만들었던 CLI 틱택토 프로그램을 실제로 Go 언어로 바꿔보겠습니다.

● 코드 변환 순서

❶ 새 폴더를 생성합니다. 폴더 이름은 자유롭게 정할 수 있으며, 여기에서는 「py2otherlang」으로 설정했습니다.

❷ 2장에서 작성한 「main.py」 파일을 해당 폴더에 저장합니다.

❸ Cursor에서 「py2otherlang」 폴더를 엽니다.

❹ 에디터에서 「main.py」 파일을 엽니다.

❺ ⌘+L(Mac)/Ctrl+L(Win)를 눌러 AI 패널을 엽니다.

❻ AI 패널에서 Agent 모드를 선택합니다.

❼ 프롬프트 입력 필드에 다음과 같이 입력합니다.

「이 틱택토 게임 코드(Python)를 Golang 코드로 변환해 줘.」

❽ 「@」 → 「Files」에서 「main.py」 파일을 선택합니다.

에디터에 「main.py」 파일이 이미 열려 있다면, AI가 해당 파일을 자동으로 인식하므로 「@」 → 「Files」에서 따로 선택하지 않으셔도 됩니다. 하지만 열려 있는 파일에 따라 AI가 참조하는 내용이 달라질 수 있기 때문에, 필요한 파일은 직접 지정해 주시는 것이 더 정확합니다. 이렇게 해두면 대화 기록에 어떤 파일을 기준으로 작업했는지가 함께 남아, 나중에 내용을 다시 살펴보거나 관련 내용을 추적할 때 도움이 됩니다.

❾ Agent 모드에서는 여러 모델을 선택할 수 있으며, 이 예제에서는 「claude-3.5-sonnet」를 사용했습니다. 프롬프트 입력란 아래의 「Send」 버튼을 클릭하면 실행됩니다.

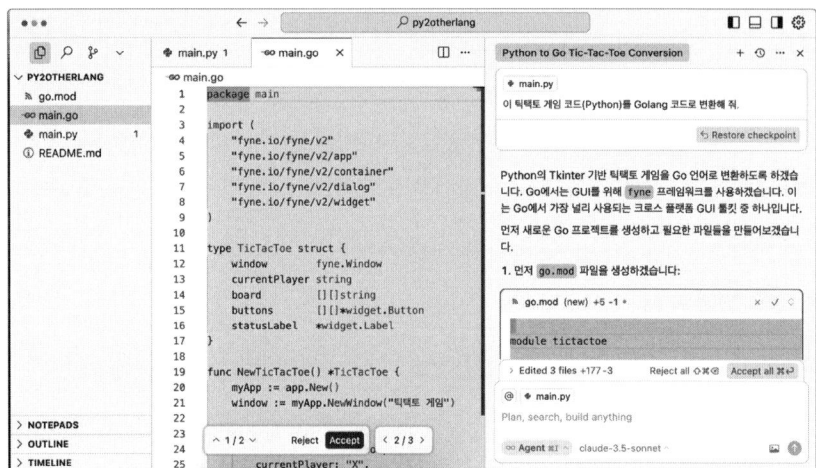

처리가 시작되면 에이전트가 동작하며, 진행 상황이 순차적으로 업데이트되는 것을 확인할 수 있습니다. 처리 과정은 다음과 같습니다.[1]

❶ 「main.go」 파일이 생성됩니다.

❷ 「main.py」의 Python 코드가 Go 코드로 변환됩니다.

❸ 변환된 Go 코드는 「main.go」 파일에 저장됩니다.

❹ 이후, 「이제 Python으로 작성된 틱택토 게임이 Go 언어로 성공적으로 변환되었습니다. 주요 변경 사항은 다음과 같습니다…」와 같은 메시지가 표시되며, 코드 변경 내용과 실행 방법에 대한 안내가 함께 나타납니다.

---

1 이 흐름은 사용하는 AI 모델이나 설정에 따라 달라질 수 있습니다. 예를 들어, gpt-4o는 main.go 파일을 직접 생성하지 않고 코드만 제시했지만, claude-3.5-sonnet은 해당 파일의 생성까지 자동으로 완료했습니다.

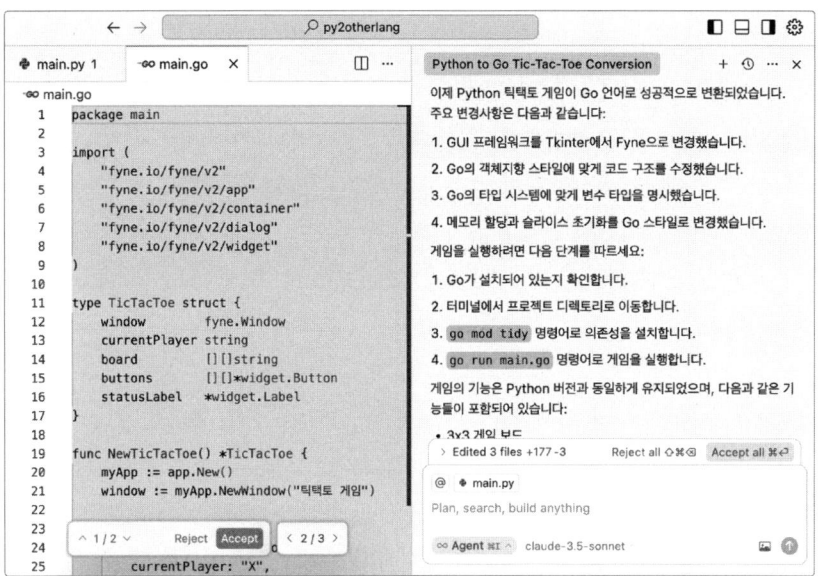

❺ 다음으로「main.go 파일을 빌드해서 바이너리를 만들어 줘.」라는 프롬프트를 전송합니다.

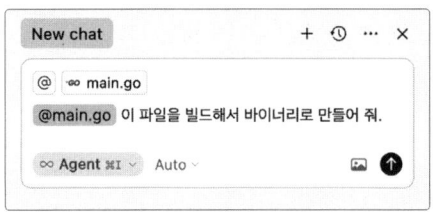

그러면 AI는 다음과 같은 명령어를 제시하며, 해당 명령어를 실행하여 실행 파일(바이너리)을 생성하겠다고 안내합니다.

go build -o tictactoe main.go

명령어 옆에 있는「Run」버튼을 클릭하시면, 필요한 의존성이 자동으로 다운로드되고 바이너리가 빌드되어 실행 파일이 생성되는 전체 과정을 실시간으로 확인하실 수 있습니다.

빌드가 완료되면 "tictactoe라는 이름의 실행 파일이 생성되었습니다."라는 메시지가 출력됩니다. 그리고 해당 파일이 현재 디렉터리에 성공적으로 생성되었고, 실행에 필요한 명령어도 함께 안내됩니다.

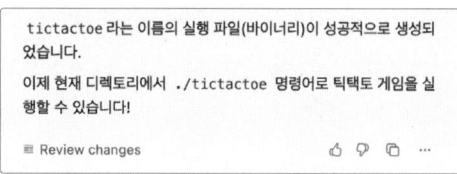

해당 명령어를 확인한 뒤 직접 터미널에서 실행할 수도 있지만, 이번에는 파일 실행 단계 또한 AI에게 요청해 보겠습니다.

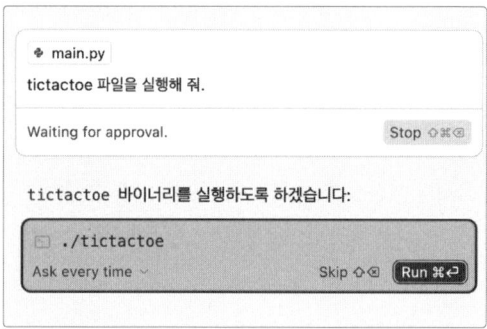

이처럼 AI는 사용자의 요청에 따라 빌드부터 실행까지의 전 과정을 단계별로 안내하며, 명령어를 직접 입력하지 않더라도 대화형 방식으로 개발을 원활하게 진행할 수 있도록 지원합니다. 「Run」을 눌러 실행해 보겠습니다.

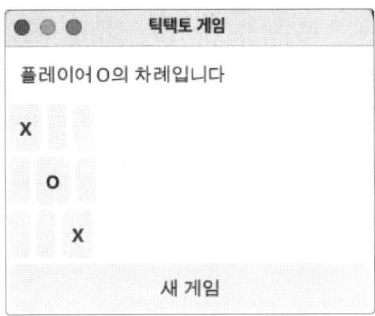

몇 차례 실행 착오 끝에, 다음과 같은 화면을 확인할 수 있었습니다.

저의 경우, 의존성이 설치되지 않은 문제와 타입 변환 문제가 발생했습니다. 하지만 이럴 때도 AI에게 상황을 설명하고 해결책을 요청할 수 있었습니다.

AI도 완벽한 결과를 한 번에 제공하지는 못할 때가 있습니다. 이런 경우에는 현재 상황을 글로 설명하거나 이미지를 함께 제공해 문제 해결을 요청할 수 있습니다.

또한 생성형 AI는 실행할 때마다 결과가 달라질 수 있어, 동일한 절차를 반복하더라도 생성되는 코드나 실행 파일명이 달라질 수 있습니다. 또한, 에이전트가 조작을 요청하는 위치나 메시지도 상황에 따라 달라질 수 있습니다.

그럼에도 Cursor의 Agent 모드를 활용하면, 복잡한 작업도 손쉽게 처리할 수 있습니다. Agent 모드는 사용자의 요청을 분석한 뒤, 코드베이스를 직접 탐색하고, 필요한 파일을 식별하여 수정하거나 생성하며, 터미널 명령 실행까지 자동으로 수행하는 자율형 AI 개발 도우미입니다.

특히, 여러 단계를 스스로 계획하고 실행하는 능력을 갖추고 있어, 단순한 코드 변환을 넘어 프로젝트 전체 구조를 이해하고, 상황에 맞는 최적의 방법으로 문제를 해결해 나갑니다. 이번 예제에서도 확인하셨듯이, Agent 모드를 사용하면 사용자는 무엇을 할지만 지시하면 되고, 어떻게 할지는 AI가 스스로 판단하고 처리합니다.

이때, Project Rules 또는 User Rules 설정에서 「always output your answers 「in Korean」처럼 응답 언어를 한국어로 지정하더라도, 실제 실행 중에는 메시지가 영어로 출력되는 경우가 있습니다. 이 경우, 프롬프트에 「실행 상황이나 메시지는 한국어로 표시해 주십시오」라는 지시를 추가하면 개선할 수 있습니다.

참고로, Go 언어의 큰 장점 중 하나는 빌드된 실행 파일이 단일 바이너리로 생성된다는 점입니다. 이로 인해 다른 환경에서도 별도 설정 없이 실행할 수 있으며, 운영체제가 다른 경우에도 교차 컴파일(cross compile) 옵션을 지정하면 쉽게 대응할 수 있습니다.

예를 들어, Python 프로그램은 실행을 위해 Python 설치는 물론, 필요한 라이브러리까지 별도로 구성해야 하는 반면, Go로 빌드된 실행 파일은 하나의 파일만으로 바로 실행할 수 있어 환경 설정이 간편합니다. 또한 컴파일된 바이너리이기 때문에 실행 속도도 매우 빠릅니다.

5.12 PyGame 오셀로 게임

이번에는 PyGame을 이용해 오셀로(Othello) 게임을 만들어 봅니다. PyGame은 Python으로 게임을 개발할 때 자주 사용되는 라이브러리로, 화면에 그림을 그리고, 키보드나 마우스 입력을 처리하며, 소리 재생도 지원합니다.

이 예시에서는 프롬프트만 잘 활용해도 화면에 그래픽이 표시되는 게임 형태의 프로그램을 만들 수 있다는 점을 보여줍니다.

- **PyGame 설치**

터미널을 열고 다음 명령어를 실행합니다.

```
pip install pygame
```

설치가 완료되면 「Successfully installed pygame-x.x.x」(x.x.x는 버전 번호)와 같은 메시지가 출력됩니다.

또한 pip show pygame 명령어를 입력하면 PyGame이 제대로 설치됐는지와 버전 정보도 확인할 수 있습니다.

● **프로그램 작성**

❶ 새 폴더를 만들겠습니다. 폴더 이름은 아무거나 괜찮습니다. 여기서는 py3Othello로 했습니다.

❷ Cursor에서 방금 만든 「py3Othello」 폴더를 엽니다.

❸ 사이드바 파일 탐색기에서 새 파일을 생성합니다. 파일 이름도 자유롭게 정해도 되지만, 여기서는 「py3Othello.py」로 정했습니다.

❹ ⌘+L(Mac) / Ctrl+L(Win)를 눌러 「AI 패널」을 엽니다.

❺ Chat 탭을 선택합니다.

❻ 모델을 「claude-3-sonnet」로 설정합니다.

❼ 프롬프트에 다음과 같이 입력하고 「Send」 버튼을 클릭해 실행합니다.

> Q PyGame을 사용해 오셀로 게임을 만들어줘.

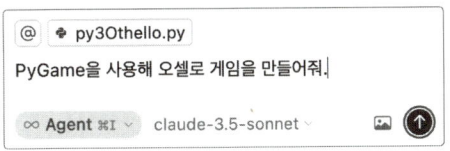

그러면 AI가 아래처럼 답변을 시작하면서, PyGame을 이용한 오셀로 게임 코드를 만들어주고, 코드에 대한 설명도 함께 보여줍니다.

PyGame을 사용하여 오셀로 게임을 만들어보겠습니다. 게임은 다음과 같은 기능들을 포함할 것입니다.
...

코드 생성이 완료되면, 코드 블록 위의「Apply」버튼을 클릭하고 코드 블록 위(또는 에디터 위)의「Accept」버튼을 클릭해「py3Othello.py」파일에 반영합니다.

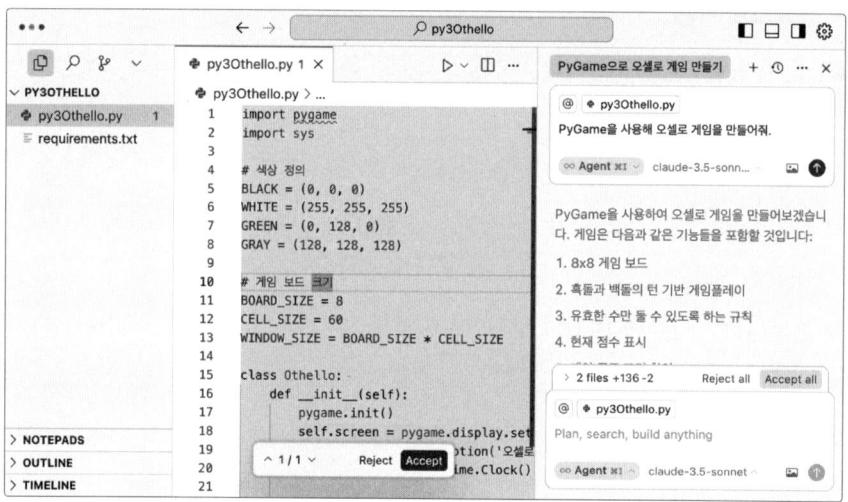

 게임 종료 조건(판이 가득 차거나, 어느 한 쪽 플레이어의 돌이 사라진 경우)이나 승패 판정은 구현되어 있지 않지만, 기본적인 오셀로 게임의 기능은 갖추고 있습니다. 필요에 따라 추가 기능이나 수정 작업을 진행해 주세요.

AI 어시스턴트의 답변에 위와 같이 추가 작업을 제안하는 문구가 나올 수 있지만, 우선 기본 기능이 잘 동작하는지 먼저 확인해 봅시다.

터미널을 열고, ⌘+K(Mac) / Ctrl+K(Win)를 눌러 프롬프트 바를 엽니다. 프롬프트 에「오셀로 화면을 실행해 줘.」라고 입력한 뒤「Send」버튼을 클릭합니다.

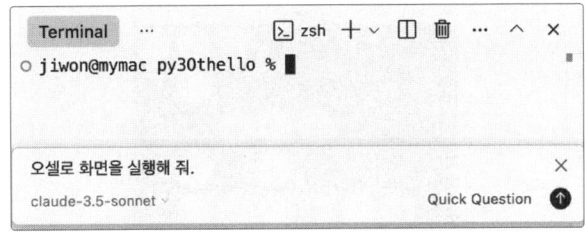

터미널에 python py3Othello.py라는 명령어가 입력되었습니다. 이제 엔터 키를 눌러 실행합니다.

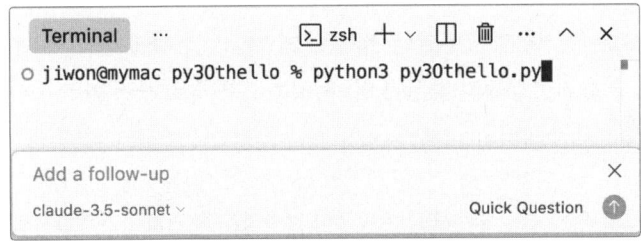

오셀로 게임 화면이 나타납니다.

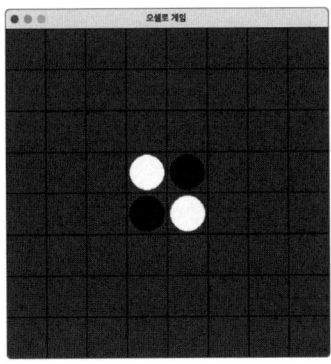

승패가 결정될 때까지 별다른 문제 없이 동작했습니다.

하지만 앞서 AI 어시스턴트가 말한 것처럼, 게임이 끝난 뒤에 승자를 표시하지 않거나, 게임 도중에 지금 누구 차례인지 알 수 없는 문제가 있었습니다.

그래서 이런 부분을 고치기 위해, 다음과 같이 프롬프트를 입력했습니다.

> **Q** 다음으로 돌을 놓을 플레이어가 누구인지 알 수 있도록 게임 화면에 표시해 줘.
> 승자가 누구인지도 쉽게 알 수 있도록 화면에 표시해 줘.
> 승패가 결정된 후 '종료' 버튼을 누르면 화면이 초기화되도록 해 줘.
> 출력하는 코드는 수정된 부분만 보여 줘.

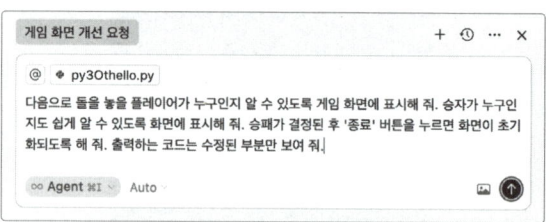

「Send」를 누르면 코드 제안이 표시됩니다. 반환된 코드 블록 위에 있는 「Apply」 버튼을 클릭하여 적용한 뒤, 「Accept」를 눌러 변경 내용을 수락하고 저장합니다.

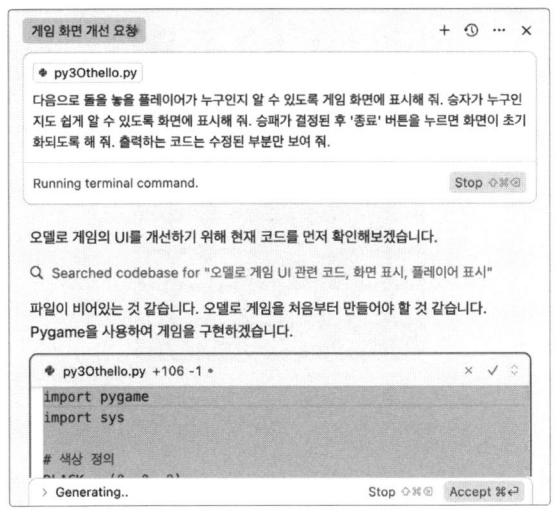

이제 터미널 화면에서 ↑ 를 눌러 명령어 이력에서 python3 py3Othello.py 명령어를 불러온 뒤, Enter 를 눌러 오셀로 게임을 다시 실행합니다.

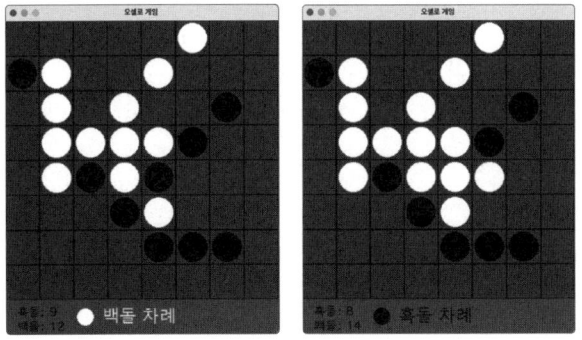

이제 돌을 둘 차례인 플레이어가 화면에 표시됩니다. 게임이 끝나면 승자도 나타나고, 「종료」 버튼을 클릭하면 게임이 다시 시작됩니다.

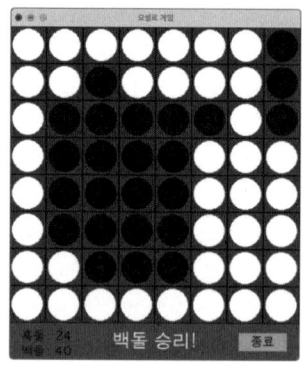

이렇게 해서 PyGame을 이용한 오셀로 게임 만들기 예제가 끝났습니다.

지금까지 프롬프트 지시만으로 시각적인 화면을 가진 프로그램을 만들 수 있었으며, AI 어시스턴트와의 대화를 통해 게임 기능을 단계적으로 개선할 수도 있었습니다. 예제에서 사용한 PyGame은 Python으로 게임을 개발하기 위한 강력한 도구로, 게임 개발 입문용으로 최적입니다.

다만, 이번 예제에서 간단한 프롬프트만으로 오셀로 게임이 만들어진 이유는, 오셀로 규칙이 널리 알려져 있고 AI 어시스턴트도 그 내용을 이미 알고 있기 때문입니다. 그래서 짧은 설명만으로도 필요한 정보를 알아서 추론해 게임을 만들어준 겁니다.

한편, 독자적인 규칙이나 화면 구성을 갖춘 게임을 만들고자 할 경우에는, AI 어시스턴트에게 게임의 세부 사항을 보다 정확히 전달할 필요가 있습니다. 게임의 규칙, 화면 레이아웃, 조작 방식 등 필요한 정보를 명확히 제공하지 않으면, 원하는 이미지를 갖춘 게임을 만드는 것이 어려워질 수 있습니다. 따라서 독창적인 게임을 개발하려면 프롬프트 작성에도 어느 정도의 시간과 노력이 요구된다는 점을 인식해 두는 것이 좋습니다.

5.13 웹 스크래핑 해보기

웹 스크래핑(web scraping)은 웹 페이지에서 원하는 정보를 자동으로 뽑아내는 기술입니다. Python은 웹 스크래핑에 자주 쓰이는 언어로, 다양한 라이브러리와 간단한 문법 덕분에 쉽고 효율적으로 작업할 수 있습니다.

이번 예제에서는 Cursor와 Python을 이용해서 웹 스크래핑의 기본적인 방법을 알아봅니다. 실제 웹사이트에 요청을 보내고, 받은 HTML을 분석해서, 필요한 데이터를 추출하는 전체 과정을 함께 배워봅시다.

웹 스크래핑은 데이터 수집, 분석, 자동화 등 여러 목적으로 활용할 수 있는 유용한 기술입니다. 다만, 웹 스크래핑을 할 때는 다음과 같은 점에 주의해야 합니다.

❶ 웹사이트 사용 규약을 확인할 것

대부분의 웹사이트는 이용약관에서 웹 스크래핑에 대한 규정을 명시하고 있습니다. 해당 규정을 위반하면 법적 문제가 발생할 수 있습니다.

❷ 저작권 및 법적 제한에 유의할 것

스크래핑을 통해 수집한 데이터의 사용에는 저작권법 및 관련 법률이 적용될 수 있습니다. 데이터의 사용 목적과 방식이 적절한지 반드시 확인해야 합니다.

❸ 윤리적인 스크래핑을 수행할 것

웹사이트 운영자의 의도를 존중하고, 웹사이트의 가치를 훼손하지 않도록 스크래핑을 진행해야 합니다.

❹ 웹사이트에 과도한 부하를 주지 말 것

대량의 요청은 서버에 부담을 주어 웹사이트 운영에 지장을 줄 수 있습니다. 요청 간 간격을 적절히 조절해 서버에 과부하를 주지 않도록 주의해야 합니다.

이제 Cursor를 활용하여 웹 스크래핑의 세계를 함께 탐험해 봅시다.

● **추출할 정보 항목 확인**

이번 예제에서는 대한민국 공식 전자정부 사이트인 「공공 데이터포털」(https://www.data.go.kr/tcs/dss/selectDataSetList.do)에서 인기 데이터 목록 정보를 자동으로 추출하는 프로그램을 만들어 보겠습니다.

우리가 뽑아낼 정보는 제목, 내용, 수정일입니다.

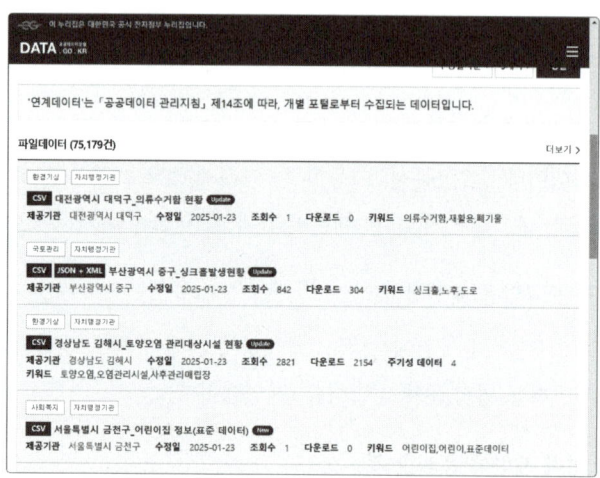

먼저, 웹 브라우저에서 개발자 도구를 열어 봅시다. 이후 마우스를 이용해 웹 페이지에서 '제목', '내용', '수정일'과 같은 항목 위에 올려보면, 해당 정보가 어떤 HTML 태그로 구성되어 있는지 시각적으로 확인할 수 있습니다.

또는 개발자 도구의 요소(Elements) 탭에서 웹 페이지에 표시된 실제 값(예: "대전광역시 대덕구_의류수거함 현황" 등)을 검색하여, 해당 데이터가 코드 안에서 어떤 구조로 작성되어 있는지도 살펴볼 수 있습니다.

이 과정을 통해 우리가 추출하려는 정보의 구조를 파악할 수 있습니다.

```
▼<dt>
  ▼<a href="/data/15143963/fileData.do">
    ▶<span class="tagset csv">...</span>
    ▼<span class="recent-title">
      " 서울특별시 종로구_생활쓰레기 월별 발생량 "
      <span class="recent-ty"> New </span>
    </span>
  </a>
</dt>
▼<dd class="ellipsis publicDataDesc">
  " 서울특별시 종로구에서 수집한 생활쓰레기 월별 발생량 통계자료입니다. 가정, 상가, 사무실 등 일상생활에서 배출되는 일반 생활쓰레기의 월별 발생량을 소각량으로 구분하여 집계하였으며, 청소 행정의 효율성 제고와 폐기물 감축을 위한 정책 수립에 기초 자료로 활용 가능합니다. 데이터는 연도 및 월 기준으로 되어 있으며, 배출량 단위는 톤(t)입니다. 수집된 자료는 종로구청 청소행정 시스템을 기반으로 산출되었으며, 지역별 쓰레기 발생 추세 분석, 특정 시기의 변동 요인 파악, 타 자치구와의 비교 분석 등에 활용될 수 있습니다. 본 데이터는 종로구의 생활쓰레기 처리 현황을 체계적으로 이해하고, 자원순환 및 환 약을 수립하는 데 유용한 기초 정보로 제공됩니다. "
</dd>
</dl>
▼<div class="info-data">
  ▶<p>...</p>
  ▼<p>
    <span class="tit">수정일</span>
    <span class="recent-update-dt"> 2025-06-18 </span>
  </p>
  ▶<p>...</p>
```

HTML을 살펴보면, 각 정보가 어떤 CSS 클래스명에 들어 있는지 알 수 있습니다.

```
<span class="recent-title">제목</span>
<dd class="ellipsis publicDataDesc">내용</span>
<span class="recent-update-dt">수정일</span>
```

● 프로그램 작성 순서

❶ 새 폴더를 만듭니다. 폴더 이름은 아무거나 괜찮습니다. 여기서는 「scraping」으로 했습니다.

❷ Cursor에서 「scraping」 폴더를 엽니다.

❸ 사이드바 파일 탐색기에서 새 파일을 만듭니다. 파일 이름도 자유롭게 정해도 되지만, 여기서는 「scrape_data.py」로 정했습니다.

❹ ⌘ + L (Mac) / Ctrl + L (Win)을 눌러 AI 패널을 엽니다.

❺ Chat 탭을 선택합니다.

❻ 모델은 「gpt-4o」를 선택합니다.

❼ 추출하려는 정보의 CSS 클래스명을 참고 정보로 AI에게 알려주고, 아래와 같이 프롬프트를 입력합니다.

다음 웹사이트에서 스크래핑을 수행하는 코드를 작성해 줘.
URL : https://www.data.go.kr/tcs/dss/selectDataSetList.do

아래 3개 항목을 추출해 줘.

- 제목
- 내용
- 수정일

HTML 구조는 다음과 같아 :
〈span class="recent-title"〉제목〈span class=recent-ty"〉Update〈/span〉〈/span〉

〈dd class="ellipsis publicDataDesc"〉내용〈/span〉

〈span class="recent-update-dt"〉수정일〈/span〉

❽ 프롬프트 입력 필드 아래의 「Send」 버튼을 클릭합니다.

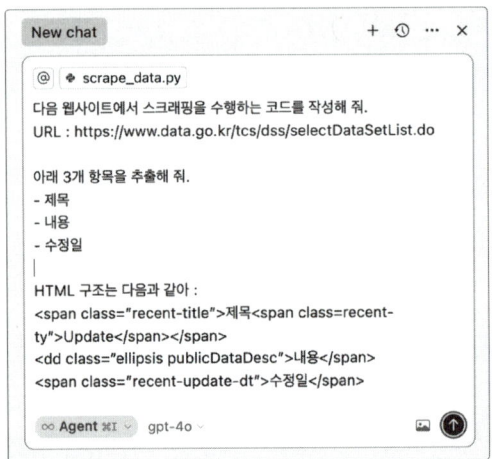

❾ 중간에 의존성을 설치하라는 안내가 표시되면 「Run」 버튼을 클릭하여 의존성을 설치합니다.

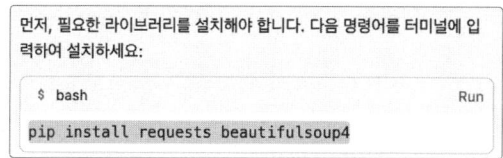

이후 제안된 코드 블록 위에 표시된 「Apply」 버튼을 클릭하여 코드를 적용하고, 이어 「Accept」 버튼을 눌러 에디터에 반영합니다.

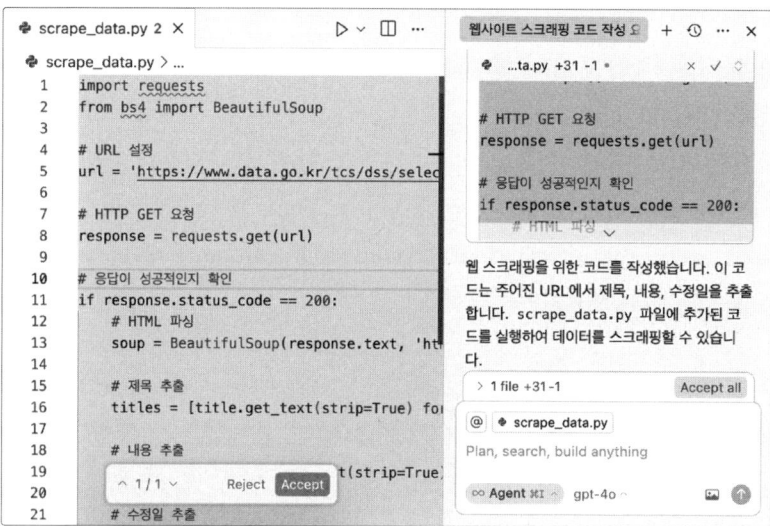

❿ 터미널 화면을 열고 Cmd K를 실행한 후, 프롬프트에 「스크래핑을 실행해 줘.」라고 입력한 뒤 「Send」 버튼을 클릭합니다.

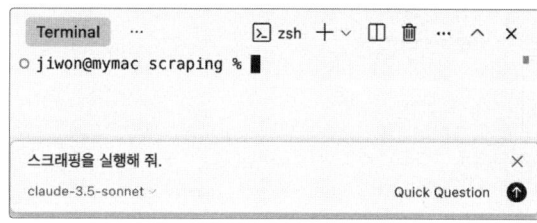

⓫ 터미널에 python scrape_data.py 명령어가 자동으로 입력되며, Enter 를 눌러
실행합니다.

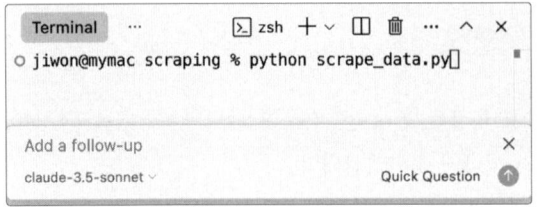

⓬ 터미널 화면에 HTML 태그가 제거되고 정돈된 형태의「제목」,「내용」,「수정일」
목록이 표시됩니다.
하지만 제목 뒤에 Update라는 문구가 함께 출력되는데, 이는 〈span
class="recent-title"〉제목〈span class="recent-ty"〉Update〈/span〉〈/
span〉처럼 중첩된 〈span class="recent-ty"〉…〈/span〉 태그를 제대로 처리
하지 못했기 때문입니다.

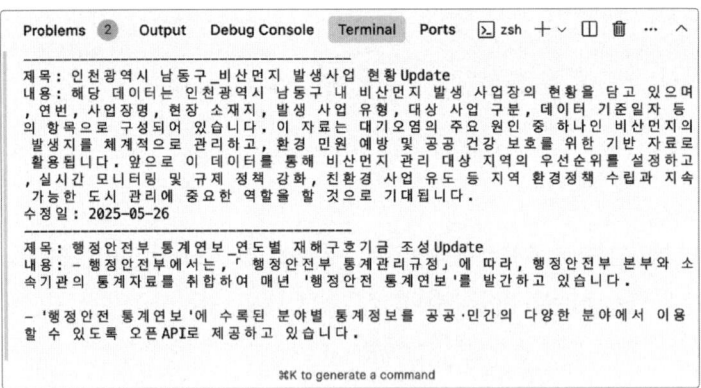

⓭ 중첩된 span 태그를 무시하고 처리할 수 있도록 다음 프롬프트를 입력한 뒤
「Send」 버튼을 클릭합니다.

> 다음 코드를 처리할 때는 중첩된 class를 무시해.
> \<span class="recent-title"\>제목\<span class=recent-ty"\>Update\</span\>\</span\>

⓮ 중첩된 클래스 안의 텍스트를 무시하는 코드가 제안됩니다. 코드 블록 위의
「Apply」 버튼을 클릭한 뒤, 에디터에서 「Accept」 버튼을 클릭하여 제안된 코드
를 반영합니다.

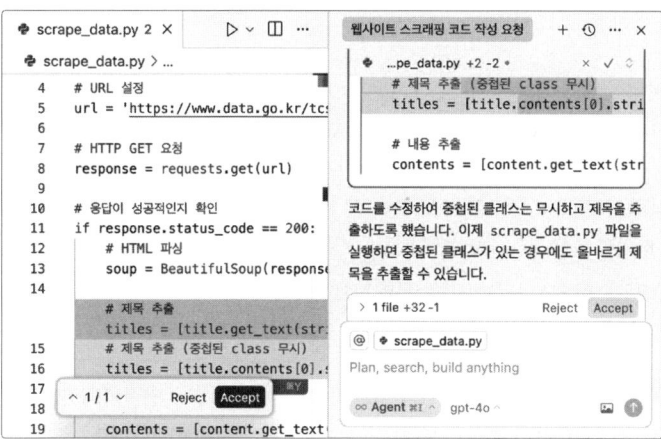

5장 프롬프트 프로그램 실전 예제 **205**

❻ 코드를 반영한 뒤 다시 실행하면, 터미널에 각 항목이 깔끔하게 추출되어 표시됩니다.

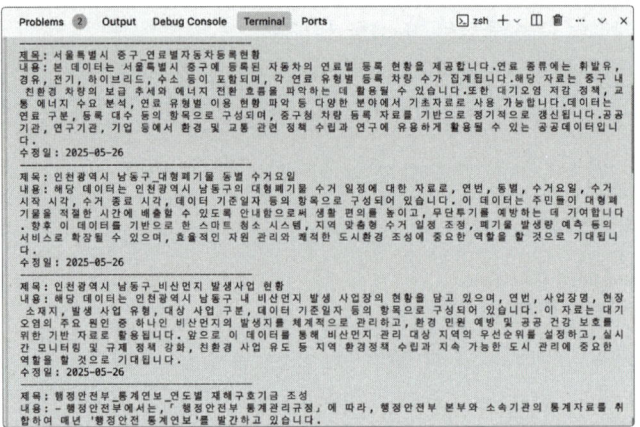

❻ 이번에는 CSV 파일로 저장할 수 있도록 코드를 수정해 봅니다.

다음 코드는 생성된 전체 코드에서 「# 결과 표시」 주석이 붙은 부분이며, 스크래핑 결과를 출력하는 코드입니다.

```
# 결과 출력
    for title, content, update_date in zip(titles, contents, update_dates):
        print(f'제목: {title}')
        print(f'내용: {content}')
        print(f'수정일: {update_date}')
        print('-' * 40)
```

에디터에서 이 블록을 복사해서 프롬프트 입력란에 붙여넣으면, 선택한 코드 범위를 나타내는 박스가 입력란에 표시됩니다.

⓱ 이어서 다음 프롬프트를 입력한 뒤 「Send」 버튼을 클릭합니다.

  다음 형식으로 CSV 파일을 만들어 줘.

수정일, 제목, 내용

출력하는 코드는 수정하지 말고 그대로 둬.

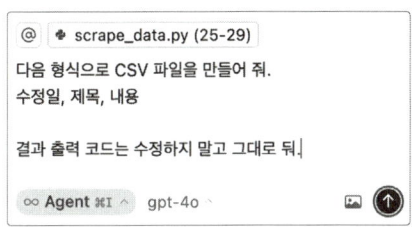

⓲ 제안된 코드 블록 위의 「Apply」 버튼을 클릭한 뒤, 에디터에서 「Accept」 버튼을 클릭하여 코드를 반영합니다.

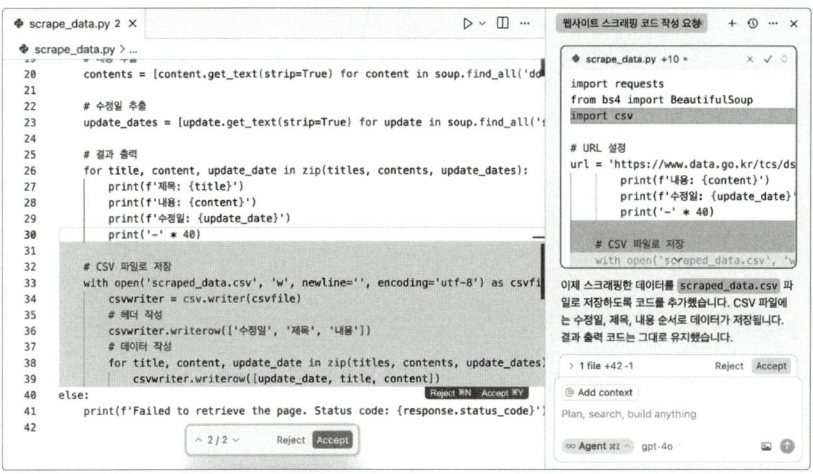

⑲ 터미널 화면에서 ↑를 눌러 명령어 이력에서 python scrape_data.py 명령어를 불러온 뒤, Enter 를 눌러 스크래핑을 다시 수행합니다. 「scraped_data.csv」파일이 생성되며, 추출한 CSV 데이터가 해당 파일에 저장됩니다.

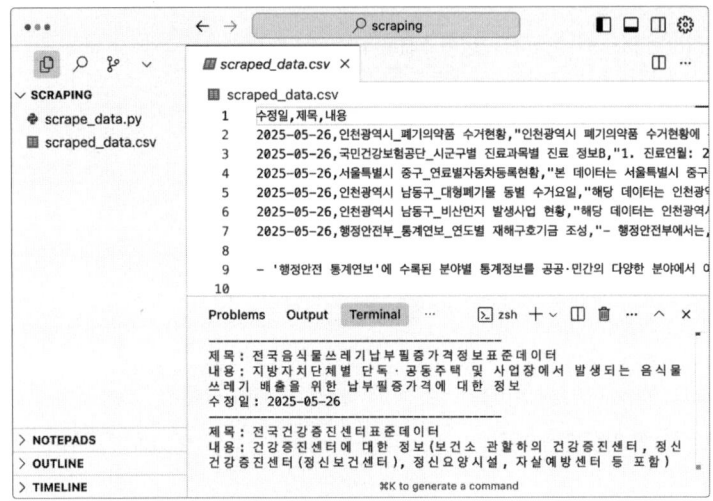

스크래핑 예제에서도 직접 코드를 작성하지 않고, 프롬프트만으로도 목표를 달성할 수 있었습니다. 이는 Python의 풍부한 라이브러리, 특히 requests와 BeautifulSoup 덕분이기도 합니다. 이러한 라이브러리를 활용하면 겨우 30줄도 되지 않는 코드로 스크래핑을 구현할 수 있습니다.

AI 어시스턴트는 무작정 정규표현식을 사용하는 방식이 아니라, 적절한 라이브러리를 선택하고 합리적인 해결책을 제시해 주었습니다. 라이브러리를 활용함으로써 코드가 단순하고 이해하기 쉬워지고, 유지 보수성도 높아집니다.

이처럼 AI 어시스턴트는 개발자의 생산성을 높이고, 더 정교한 문제 해결에 집중할 수 있도록 도와줍니다. AI 어시스턴트와 협력하면, 효율적이고 유지 보수가 쉬운 코드를 작성할 수 있습니다.

● **의존 라이브러리 설치**

이 예제에서 생성된 코드는 「requests」와 「BeautifulSoup」 라이브러리를 필요로 합니다. 이 라이브러리들이 설치되어 있지 않은 경우, 에디터에 코드를 반영하는 시점에서 Lint 에러가 발생합니다.

만약 Lint 에러가 표시되지 않는다면, 「@Lint errors」라는 프롬프트를 통해 설치 방법을 확인해 주세요. Lint 에러가 있는 상태에서 명령어를 실행하면, 터미널에서 에러가 발생합니다.

에러가 발생하면 터미널에 출력된 에러 메시지를 마우스로 드래그합니다. 그러면 「Add to Chat」 버튼이 활성화됩니다.

이 버튼을 클릭하면 에러 메시지가 Chat 입력창에 자동으로 추가되고, 입력창 위에는 선택한 메시지 범위를 나타내는 박스가 표시됩니다(예: 「Lines 42 – 56」).

이후 「Send」 버튼을 눌러, 안내된 절차에 따라 설치를 진행해 주세요.

 ## 5.14 SQL 데이터베이스 다루고 집계하기

데이터베이스는 정보를 정리하여 보관하고, 필요할 때 신속하게 정보를 검색할 수 있는 강력한 도구입니다. 특히 관계형 데이터베이스를 조작하기 위한 SQL(Structured Query Language)은 현대의 데이터 관리에 필수적인 기술입니다.

SQL 데이터베이스의 조작과 집계는 데이터 분석이나 업무 자동화 등 다양한 분야에서 유용하게 활용됩니다. 적절하게 설계되고 관리된 데이터베이스를 사용하면, 대량의 데이터를 효율적으로 다룰 수 있습니다.

이 절에서는 Cursor를 사용하여 SQL 데이터베이스를 조작하고 집계하는 기본적인 절차를 실습 중심으로 배워보겠습니다. 다음의 흐름에 따라 진행합니다.

❶ 환경 준비

SQLite 설치 여부를 확인하고, SQLite3 Editor 확장 기능을 설치합니다.

❷ 샘플 데이터베이스 준비

데이터베이스를 만들고, 테이블 구조(컬럼 이름, 자료형 등)를 정의해 테이블을 생성합니다.

❸ 샘플 데이터 작성 및 등록

샘플 데이터를 작성해 데이터베이스에 저장하는 방법을 배웁니다.

❹ 데이터 집계

등록한 데이터를 사용해, 집계를 위한 쿼리(질의)를 작성하고 실제로 집계를 수행합니다.

이제 Cursor를 통해 SQL 데이터베이스 조작과 집계의 세계를 함께 탐험해 봅시다.

● **환경 준비**

이 절에서는 SQL 데이터베이스 조작과 집계를 위한 환경을 준비합니다. 여기에서는 SQLite라는 데이터베이스를 사용합니다. SQLite는 파일 기반의 가벼운 데이터베이스로, 초보자도 다루기 쉬운 것이 특징입니다.

❶ 새 폴더를 만듭니다. 폴더 이름은 자유롭게 정할 수 있으며, 여기서는 「sql_practice」로 정했습니다.

❷ 샘플 저장소의 「create_tables.sql」 파일을 「sql_practice」 폴더에 저장합니다.

❸ Cursor에서 「sql_practice」 폴더를 엽니다.

❹ 「create_tables.sql」 파일을 엽니다.

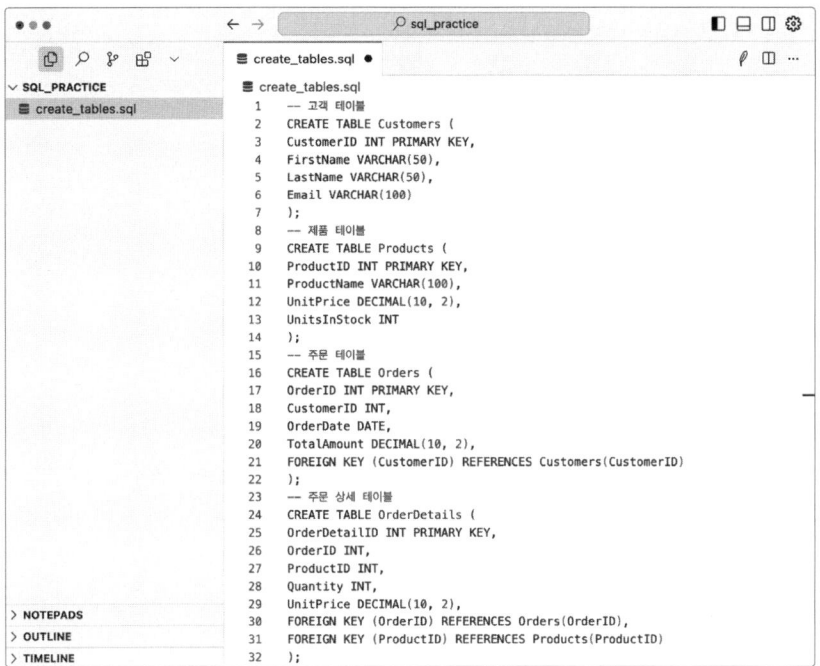

이 책에서는 SQL 데이터베이스 조작을 연습할 수 있도록 테이블을 정의한 파일, 「create_tables.sql」을 제공합니다.

정의 내용은 다음과 같습니다.

```
-- 고객 테이블
CREATE TABLE Customers (
    CustomerID INT PRIMARY KEY,
    FirstName VARCHAR(50),
    LastName VARCHAR(50),
    Email VARCHAR(100)
);

-- 제품 테이블
CREATE TABLE Products (
    ProductID INT PRIMARY KEY,
```

```
    ProductName VARCHAR(100),
    UnitPrice DECIMAL(10, 2),
    UnitsInStock INT
);

-- 주문 테이블
CREATE TABLE Orders (
    OrderID INT PRIMARY KEY,
    CustomerID INT,
    OrderDate DATE,
    TotalAmount DECIMAL(10, 2),
    FOREIGN KEY (CustomerID) REFERENCES Customers(CustomerID)
);

-- 주문 상세 테이블
CREATE TABLE OrderDetails (
    OrderDetailID INT PRIMARY KEY,
    OrderID INT,
    ProductID INT,
    Quantity INT,
    UnitPrice DECIMAL(10, 2),
    FOREIGN KEY (OrderID) REFERENCES Orders(OrderID),
    FOREIGN KEY (ProductID) REFERENCES Products(ProductID)
);
```

이 테이블 정의는 생성형 AI를 활용해 작성한 것입니다. 이번 절을 모두 마치신 후에는, 여러분도 직접 테이블 정의를 생성하는 프롬프트를 작성해 보는 연습을 해보시기 바랍니다.

● **SQLite 설치 확인**

이 책은 Python이 이미 설치되어 있다는 것을 전제로 설명합니다. SQLite는

Python에 기본 포함되어 있기 때문에, Python을 제대로 설치했다면 SQLite도 함께 설치되어 있습니다. 따라서 별도로 SQLite를 설치할 필요는 없습니다.
다음 순서로 SQLite 설치 여부를 확인할 수 있습니다.

macOS
터미널을 열고 다음 명령어를 입력합니다.

```
sqlite3 --version
```

Windows
명령 프롬프트를 열고 다음 명령어를 입력합니다.

```
sqlite3 --version
```

이렇게 해서 SQLite 설치 여부를 확인할 수 있습니다. 다음으로, SQLite3 Editor 확장 기능을 설치합니다.

● SQLite3 Editor 확장 기능 설치

SQLite 데이터베이스 파일을 시각적으로 조작하기 위해, VS Code 확장 기능인 「SQLite3 Editor」를 설치합니다.

❶ Cursor의 왼쪽 사이드바에서 확장 기능 아이콘(사각형에 잘린 모서리가 있는 아이콘)을 클릭합니다.

❷ 검색창에 「SQLite3 Editor」를 입력하고, 검색 결과에서 「SQLite3 Editor」를 클릭합니다.

❸ Install 버튼을 클릭하여 확장 기능을 설치합니다.

이로써 SQL 데이터베이스 조작과 집계를 위한 환경 준비가 완료되었습니다. 다음으로는 실제 데이터베이스를 생성하고 데이터를 등록 및 집계해 보겠습니다.

● 데이터베이스와 테이블 생성

❶ 사이드바의 파일 탐색기에서 새 파일을 생성합니다. 여기서는 「sql_practice.sqlite」라는 이름으로 저장합니다.

(확장자가 .sqlite인 파일은 자동으로 SQLite 데이터베이스로 인식됩니다.)

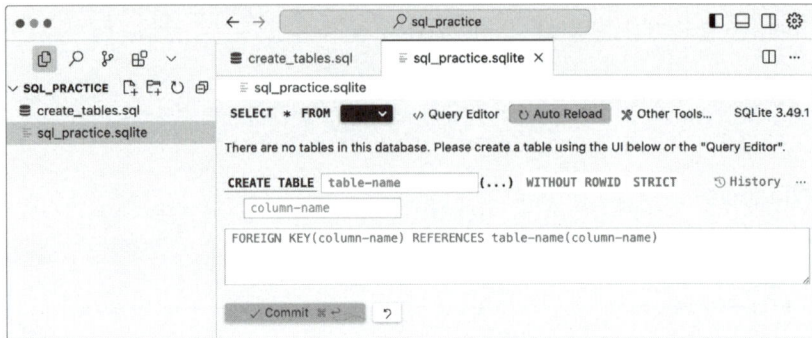

❷ ⌘+L(Mac)/Ctrl+L(Win)를 눌러 AI 패널을 엽니다.

❸ AI 패널에서 「Agent」 모드를 선택합니다.

❹ 「@」 → 「Files」에서 create_tables.sql 파일을 선택합니다.

❺ 프롬프트 입력란에 다음 문장을 입력합니다.

> **Q** 이 정의 내용에 따라 sql_practice.sqlite 데이터베이스에 테이블을 생성해.

❻ 모델은 「gpt-4o」를 선택합니다.

❼ 「Send」 버튼을 클릭합니다.

❽ 에이전트가 자동으로 작업을 수행합니다. 명령어 실행이 제시되면 「Run」 버튼을 클릭합니다. 그러면 sql_practice.sqlite 데이터베이스에 create_tables.sql에서 정의된 테이블이 생성됩니다.

❾ 처리가 완료되면, Cursor 왼쪽 사이드바에서 sql_practice.sqlite 파일을 선택합니다.

이후, SELECT * FROM 오른쪽의 드롭다운 버튼을 클릭하면 테이블이 정상적으로 생성된 것을 확인할 수 있습니다.

(만약 테이블 목록이나 내용이 보이지 않으면, 드롭다운 옆에 있는 「Auto Reload」 버튼을 눌러 새로고침합니다.)

이렇게 해서 데이터를 다루기 위한 데이터베이스와 테이블을 모두 만들었습니다.

원래는 테이블을 만들거나 수정하려면 전용 프로그램을 설치하거나 복잡한 명령어를 직접 입력해야 했습니다. 하지만 이런 도구나 명령어에 익숙하지 않은 사람에게는 쉽지 않은 작업입니다. 이번처럼 자연어 프롬프트만으로 테이블을 정의할 수 있다는 점은 정말 놀라운 변화입니다.

● 샘플 데이터 작성 및 등록

원래라면 샘플 데이터를 직접 준비해야 했지만, 이번에는 샘플 데이터도 AI 어시스턴트를 통해 생성해 보겠습니다.

❶ 테이블 정의에 사용했던 「Agent」 모드를 계속 사용합니다.

❷ Chat의 프롬프트 입력란에 다음 문장을 입력합니다.

> **Q** 테이블 정의 정보에 따라 매출을 집계하기 위한 샘플 데이터를 작성해 줘.
>
> - 고객명, 제품명은 한국어로 작성
> - 고객, 제품 데이터 건수는 100건 정도 작성
> - 주문은 2023년~2024년 사이에서 1000건 정도 작성
> - 주문 합계금액은 5000원~100000원 사이에서 무작위 작성
> - 주문 명세는 주문당 1~3건 정도 작성
>
> 데이터를 작성한 뒤 sql_practice.sqlite 데이터베이스에 등록해 줘.

❸ 「@」 → 「Files」에서 create_tables.sql 파일을 선택합니다.

❹ 모델은 「claude-3.5-sonnet」를 선택합니다.

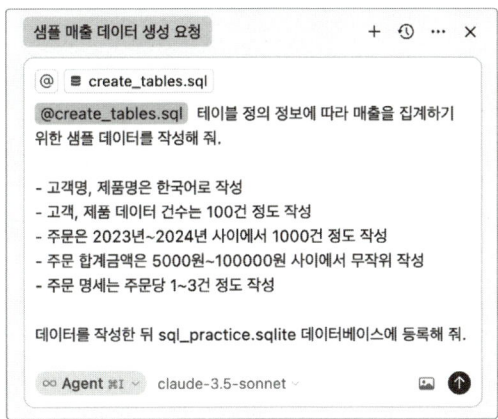

❺ 「Send」 버튼을 클릭합니다.

❻ 그러면 에이전트가 Python을 사용해 샘플 데이터를 생성하고 SQLite에 저장하는 스크립트를 작성한 뒤, 필요한 패키지를 설치하고 스크립트를 실행합니다. 이렇게 하여 생성된 데이터가 sql_practice.sqlite 데이터베이스에 저장되는 전 과정을 자동으로 처리합니다.

❼ 처리가 완료되면, Cursor 왼쪽 사이드바에서 sql_practice.sqlite 파일을 클릭합니다. 그러면 화면 중앙에 데이터베이스 내용이 표시됩니다. 상단에 있는 「SELECT * FROM」 드롭다운 메뉴를 클릭하면, 테이블 목록이 나옵니다. 여기서 테이블을 선택하면, 각 테이블에 샘플 데이터가 등록된 것을 직접 확인할 수 있습니다.

- 고객(Customers) 테이블

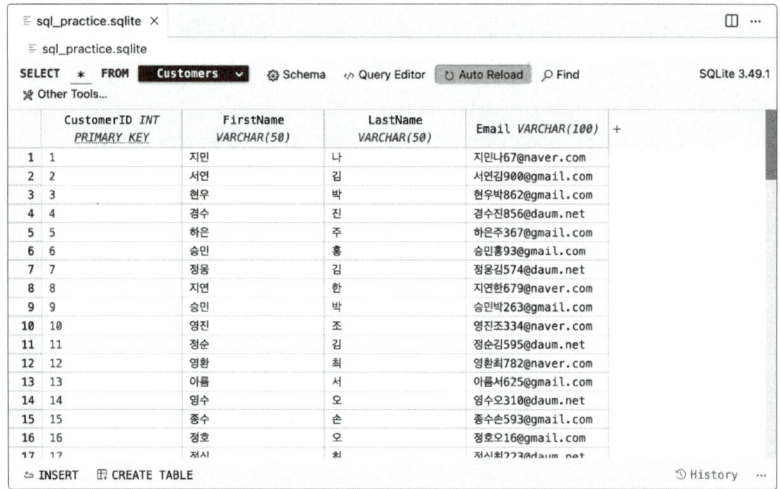

– 제품(Products) 테이블

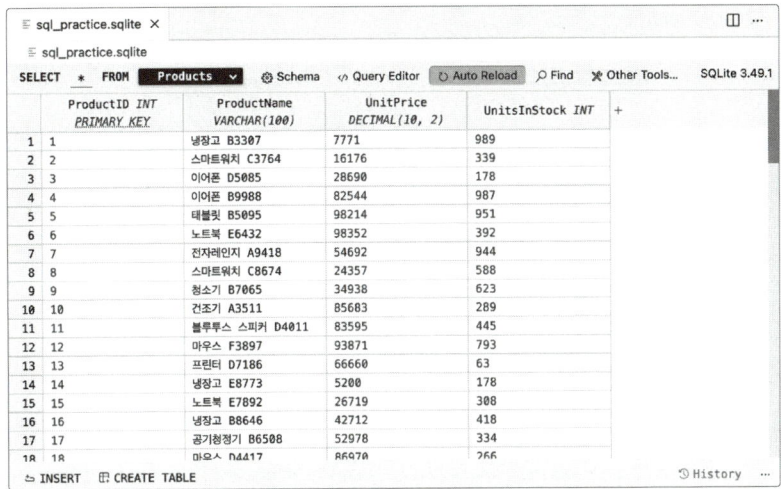

– 주문(Orders) 테이블

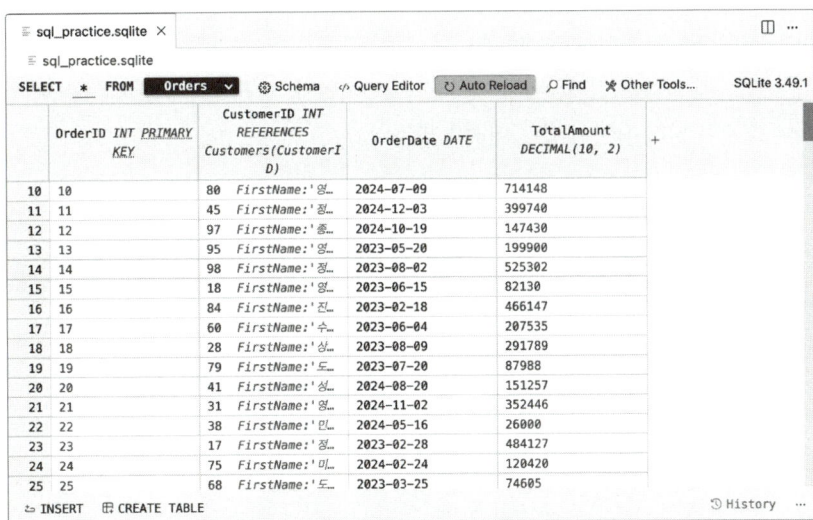

– 주문 상세(OrderDetails) 테이블

OrderDetailID INT PRIMARY KEY	OrderID INT REFERENCES Orders(OrderID)	ProductID INT REFERENCES Products(ProductID)	Quantity INT	UnitPrice DECIMAL(10, 2)
1	1	36 CustomerID:25 … ProductName:'…	4	7597
2	1	96 CustomerID:25 … ProductName:'…	2	66192
3	1	66 CustomerID:25 … ProductName:'…	4	56840
4	2	2 CustomerID:94 … ProductName:'△…	5	16176
5	2	86 CustomerID:94 … ProductName:'…	1	63899
6	3	62 CustomerID:12 … ProductName:'…	4	9861
7	3	37 CustomerID:12 … ProductName:'…	4	46334
8	3	64 CustomerID:12 … ProductName:'…	4	51763
9	4	2 CustomerID:55 … ProductName:'△…	2	16176
10	5	83 CustomerID:39 … ProductName:'…	1	29205
11	5	8 CustomerID:39 … ProductName:'△…	5	24357
12	5	25 CustomerID:39 … ProductName:'…	4	88146
13	6	75 CustomerID:89 … ProductName:'…	3	80298
14	6	82 CustomerID:89 … ProductName:'…	3	64117
15	6	78 CustomerID:89 … ProductName:'…	3	42815

이로써 매출 집계를 위한 샘플 데이터의 생성과 등록이 완료되었습니다. 겉보기에는 간단한 작업처럼 느껴질 수 있지만, 과거에는 테스트용 샘플 데이터를 준비하는 것조차 매우 번거로운 일이었습니다. 특히 데이터베이스 구조가 복잡해질수록 다양한 제약 조건이 얽혀 작업이 더욱 어려워졌습니다.

– 데이터 타입이 정확해야 하고,

– 비워둘 수 없는 필드는 반드시 값을 입력해야 하며,

– 중복이 허용되지 않는 고유 값 제약도 지켜야 하고,

– 어떤 값은 다른 테이블에 존재하는 값과 연결되어야만 입력할 수 있습니다.

이처럼 복잡한 조건을 모두 충족하려면 프로그램을 여러 차례 수정하거나, 샘플 데이터를 하나하나 수동으로 입력하며 오류를 바로잡아야 했습니다. 하지만 이제는 AI 어시스턴트에게 자연어로 요청만 하면, 이러한 복잡한 샘플 데이터도 손쉽게 생성할 수 있습니다.

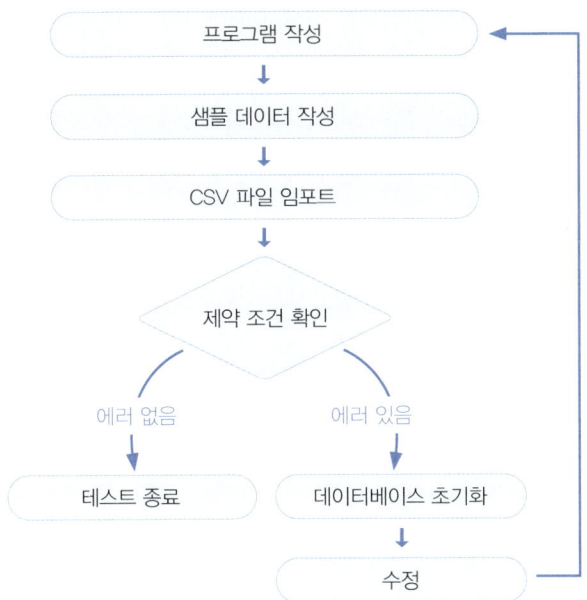

생성형 AI의 등장으로 샘플 데이터 작성이 매우 수월해졌지만, 생성마다 결과가 달라지는 특성상 수동으로 작업할 경우 임포트 할 때 오류가 발생할 가능성을 완전히 배제할 수는 없습니다. 그런 경우에는 샘플 데이터 생성 단계로 되돌아가 작업을 다시 해야 합니다.

한편 이번 방식은 Cursor의 Agent Mode에 자율적으로 작업을 맡김으로써, 중간에 설치가 필요한 라이브러리가 있으면 자동으로 설치하고, 오류가 발생하면 이를 회피하는 방식으로 자동 재시도합니다.

ChatGPT의 ADA에서는 생성 가능한 데이터 양에 제한이 있지만, 로컬에서 작동하는 Cursor는 그런 제약을 받지 않습니다 (드라이브의 여유 공간, OS, 데이터베이스, 모델의 최대 토큰 수 등에 따른 제약은 존재합니다). 성능 테스트를 위해 대량의 데이터가 필요한 경우에도 대응 가능합니다.

또한 프롬프트에서는 일상적으로 사용하는 한국어 표현으로 테이블을 지시했다는 점에도 주목할 만합니다. SQL에 국한되지 않고, 프로그래밍 언어는 어떤 명령이든 한 글자라도 다르면 오류가 발생하지만, 일상적으로 사용하는 테이블명을 프롬프트에 입력해도 AI 어시스턴트는 의도를 파악하여, 올바른 테이블명에 대해 샘플 데이터를 생성하고 데이터 등록까지 수행합니다. 이러한 기능은 초보자에게는 진입 장벽을 낮춰 주고, 전문가에게는 작업 시간을 절약해 주는 큰 장점이 됩니다.

● **데이터 집계**

데이터베이스와 샘플 데이터를 준비했으니, 이제 실제로 데이터를 집계해 봅시다.

「2023년 주문 중, 합계 금액이 10,000원을 초과하는 주문을 검색하고, 고객명, 주문 ID, 주문일, 주문 금액 합계, 주문한 제품명을 표시하고 싶다」라는 케이스를 생각해 봅시다.

이때 필요한 정보는 고객(Customers) 테이블, 제품(Products) 테이블, 주문(Orders) 테이블, 주문 상세(OrderDetails) 테이블에 각각 분산되어 있기 때문에, SQL에서는 조인(join) 을 사용해 데이터를 추출해야 합니다.

여러 테이블을 연결하는 쿼리에 익숙하지 않다면, 조인 조건을 설정하거나 필요한 정보를 추출하는 방법을 바로 떠올리기 어려울 수도 있습니다.

이럴 때도 AI 어시스턴트를 활용해 봅시다.

❶ ⌘ + L (Mac) / Ctrl + L (Win)를 눌러 AI 패널을 엽니다.

❷ Chat 탭을 선택합니다.

❸ Chat 프롬프트 입력란에 다음 문장을 입력합니다.

> Q 2023년 주문 중에서 합계 금액이 10,000원을 초과한 주문을 조회해 고객명, 주문 ID, 주문일, 주문 합계 금액, 주문한 제품명을 표시하는 쿼리를 알려줘.

❹ 「@」→「Files」에서 「create_tables.sql」 파일을 선택합니다.

❺ 모델은 「gpt-4」 계열 또는 「claude-3.5-sonnet」을 선택합니다.

❻ 「Send」 버튼을 클릭합니다.

❼ 조건을 만족하는 SQL 쿼리가 제안됩니다.

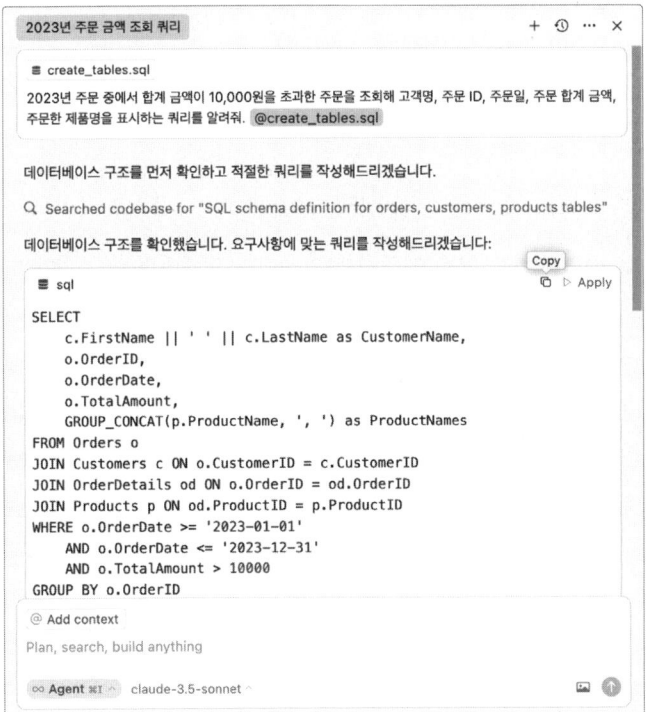

Ⓐ
```
SELECT
    c.FirstName || ' ' || c.LastName as CustomerName,
    o.OrderID,
    o.OrderDate,
    o.TotalAmount,
    GROUP_CONCAT(p.ProductName, ', ') as ProductNames
FROM Orders o
JOIN Customers c ON o.CustomerID = c.CustomerID
JOIN OrderDetails od ON o.OrderID = od.OrderID
JOIN Products p ON od.ProductID = p.ProductID
WHERE o.OrderDate >= '2023-01-01'
    AND o.OrderDate <= '2023-12-31'
    AND o.TotalAmount > 10000
GROUP BY o.OrderID
ORDER BY o.OrderDate;
```

❽ 표시된 쿼리 코드 블록 위에 있는 복사 버튼을 클릭합니다.

❾ 에디터에서 「sql_practice.sqlite」 탭을 선택하고, 탭 상단에 있는 「</> Query Editor」 버튼을 클릭합니다.

❿ 표시된 탭 상단에 있는 `⚡ Connect`을 클릭하여 데이터베이스에 연결합니다. 그런 다음, `▷ Select (⊙ ⏎)` 버튼 아래에 있는 SELECT 쿼리를 앞에서 복사한 쿼리로 덮어씁니다.

⓫ `▷ Select (⇧ ↵)` 버튼을 클릭해 쿼리를 실행합니다.

⓬ 쿼리 실행 결과가 「sql_practice.sqlite」탭 안에 표시됩니다.

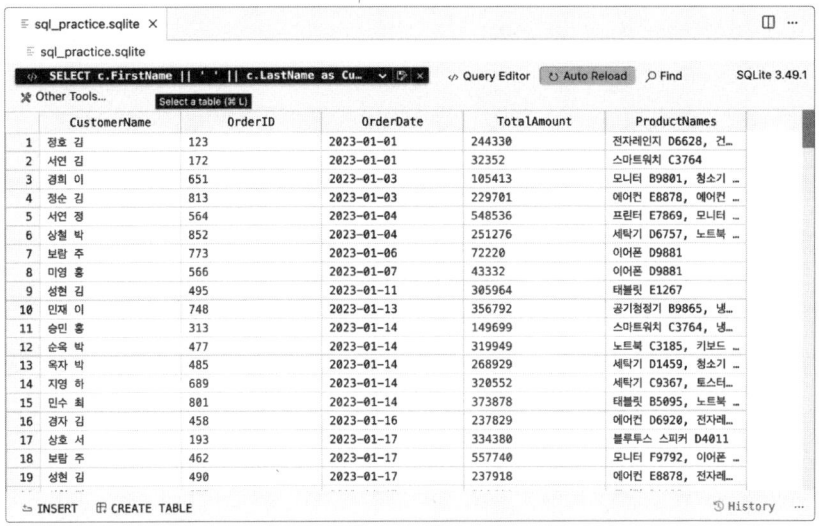

더 나아가 원한다면 이 표시 결과를 SQLite3 Editor의 확장 기능을 이용하여 다양한 파일 형식으로 내보내는 것도 가능합니다.

이로써, 「2023년 주문 중, 합계 금액이 10,000원을 초과하는 주문을 검색하고, 고객명, 주문 ID, 주문일, 주문 금액 합계, 주문한 제품명을 표시하고 싶다」라는 작업을 성공적으로 마쳤습니다.

같은 처리를 반복해서 수행하고 싶은 경우에는, SQL 쿼리를 .sql 확장자의 파일(예: Query.sql)로 저장해두면 재사용할 수 있습니다. 다시 실행하고 싶은 경우에는 해당 파일을 열고, 상단에 표시되는 `⚡ Connect` 버튼을 클릭하여 데이터베이스에 접속을 완료하면, 쿼리를 실행할 수 있는 상태가 됩니다. 그리고 `▷ Select (⇧ ↵)` 버튼을 클릭하면 동일한 목록을 다시 표시할 수 있습니다.

```
save_select-query
    Connect | Connect and Open Panel
1   -- database: ./sql_practice.sqlite
2
3   SELECT
4       c.FirstName || ' ' || c.LastName as CustomerName,
5       o.OrderID,
6       o.OrderDate,
7       o.TotalAmount,
8       GROUP_CONCAT(p.ProductName, ', ') as ProductNames
9   FROM Orders o
10  JOIN Customers c ON o.CustomerID = c.CustomerID
11  JOIN OrderDetails od ON o.OrderID = od.OrderID
12  JOIN Products p ON od.ProductID = p.ProductID
13  WHERE o.OrderDate >= '2023-01-01'
14      AND o.OrderDate <= '2023-12-31'
15      AND o.TotalAmount > 10000
16  GROUP BY o.OrderID
17  ORDER BY o.OrderDate;
18
```

더 나아가 자동화를 한다면, 쿼리 실행부터 특정 형식으로의 파일 출력까지를 프롬프트에 지시하여 한 번에 실행하는 프로그램으로 만드는 것도 가능합니다. 이 외에도 SQL 쿼리나 데이터베이스 구조 개선 제안 등 다양한 활용 방법이 있습니다.

데이터베이스와 생성형 AI는 매우 궁합이 잘 맞으며, 이 조합은 데이터 활용에 큰 가능성을 열어줍니다. 꼭 두 가지를 효과적으로 연계하여 데이터를 유용하게 활용해 봅시다.

5.15 iOS 애플리케이션 개발하기(Swift)

지금까지 학습한 Cursor의 프로그래밍 지식을 활용해, 실제로 도움이 되는 iOS 애플리케이션 개발에도 도전해 봅시다.

이번 절에서는 해외여행 시 유용하게 사용할 수 있는 「팁 계산기」 애플리케이션을 예제 프로젝트로 선택했습니다. 팁 문화에 익숙하지 않은 한국인에게는 식당, 택시, 호텔 등에서 팁을 계산하는 일이 늘 고민거리인데, 이 애플리케이션을 직접 만들어 보면서 iOS 개발의 첫걸음을 내디뎌 봅시다.

● 개발 환경 설정

iOS 네이티브 애플리케이션을 개발하려면, Apple이 제공하는 통합 개발 환경(IDE)인 Xcode가 필요합니다. 단, Xcode는 macOS에서만 동작하기 때문에 Windows 사용자는 사용할 수 없습니다. 하지만, 이번 절은 프롬프트를 사용한 애플리케이션 개발 방법을 다루고 있으니, macOS 환경이 없는 분들도 흐름을 참고 삼아 읽어보기를 권장합니다.

※ 이 책에서는 Xcode 16.2 버전을 기준으로 설명합니다.

iOS 애플리케이션을 개발하기 위한 환경 구축 순서는 다음과 같습니다.

❶ Xcode 설치

   1-1. App Store를 열고 검색창에 「Xcode」를 입력합니다.

   1-2. Xcode 애플리케이션이 검색되면 「설치」 버튼을 클릭해 설치를 시작합니다.

   1-3. 다운로드 및 설치가 완료되면 Xcode를 실행합니다.

❷ 새 프로젝트 작성

   2-1. Xcode를 실행한 뒤 「Create New Project…」를 선택합니다.

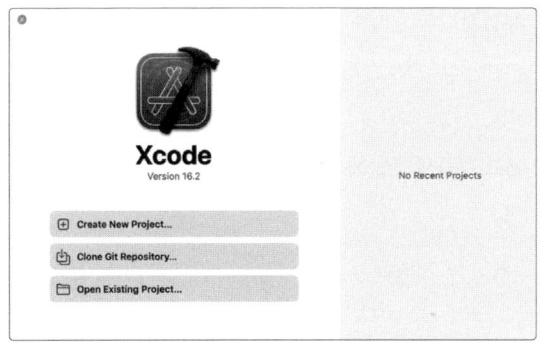

2-2. 프로젝트 템플릿 선택 화면에서 「iOS」를 선택한 다음, 「App」 템플릿을 선택하고 「Next」를 클릭합니다.

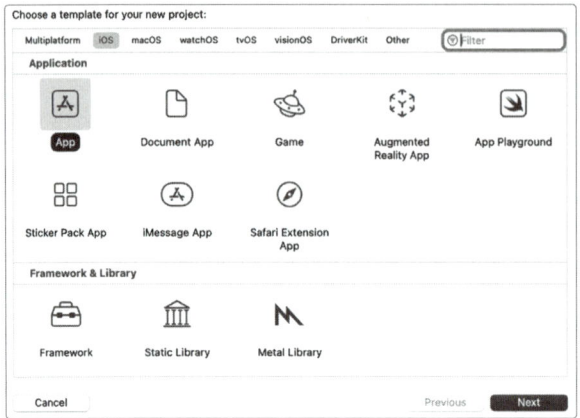

2-3. 다음 화면에서 「Interface」 항목에 「SwiftUI」를 선택합니다.

2-4. 프로젝트 설명 화면에서 다음 정보를 입력합니다.

- **Project Name(프로젝트명)**: 애플리케이션 이름을 입력합니다. (이 이름은 애플리케이션 홈 화면이나 App Store에 표시됩니다.)
- **Team(팀)**: 개발 팀을 선택합니다. 개인 개발자라면 「None」을 선택합니다.
- **Organization Identifier(조직 식별자)**: 조직을 고유하게 식별하기 위한 문자열입니다. 일반적으로 도메인을 반대로 표기한 형식(reverse domain name notation)으로 작성합니다. (예: 「com.yourcompany」, 「com.yourname」 등).
- **Bundle Identifier(번들 식별자)**: 애플리케이션을 고유하게 식별하는 문자열입니다. Organization Identifier와 프로젝트명을 조합해 자동 생성됩니다. (예: 「com.yourcompany.ProductName」 등).
- **Interface(인터페이스)**: 애플리케이션 개발에 사용할 프레임워크를 선택합니다. 여기서는 「SwiftUI」를 선택합니다.
- **Language(언어)**: 애플리케이션 개발에 사용할 프로그래밍 언어를 선택합니다.

SwiftUI를 선택한 경우 기본값으로 「Swift」가 선택됩니다.

- **Testing Systems(테스팅 시스템):** 개발 중 단위 테스트에 사용할 프레임워크를 선택합니다. 초보자라면 「None」을 선택하는 것이 좋습니다.
- **Storage(스토리지):** 애플리케이션의 데이터 관리 방법을 선택합니다. 여기서는 「None」을 선택합니다.
- **Host in CloudKit:** 고급 옵션입니다. CloudKit을 사용해 애플리케이션 데이터를 클라우드에 저장할지 여부를 선택합니다. 초보자라면 이 옵션은 선택하지 않고 진행합니다.

2-5. 「Next」 버튼을 클릭해 프로젝트를 저장할 위치를 선택한 뒤, 「Create」 버튼을 클릭합니다.

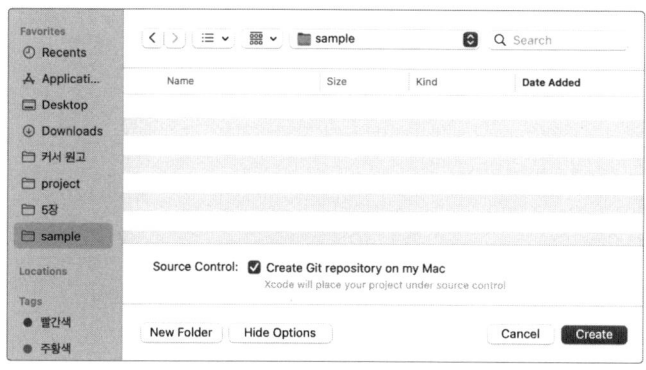

2-6. Swift를 사용한 iOS 애플리케이션 프로젝트의 초기 화면이 표시됩니다.

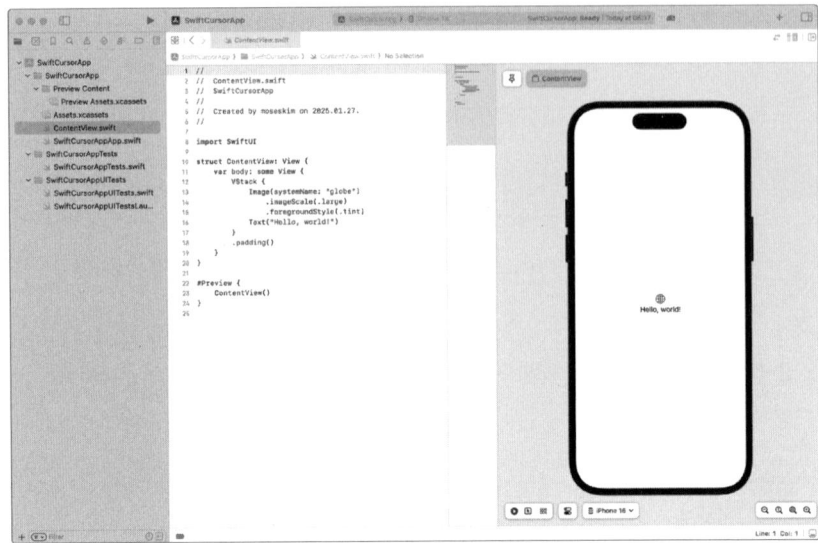

❸ 이제 Cursor로 돌아가서, 방금 저장한 Swift 프로젝트 폴더를 열어 봅시다.

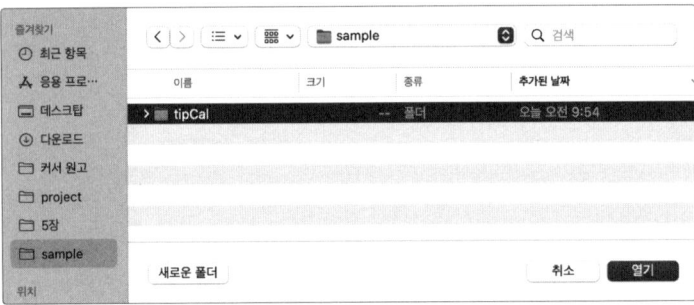

❹ 이제 Cursor에서 개발할 준비가 완료되었습니다. 이후 프로그래밍은 Cursor에서 진행하며, Xcode는 구현한 기능을 테스트하는 용도로만 사용합니다.

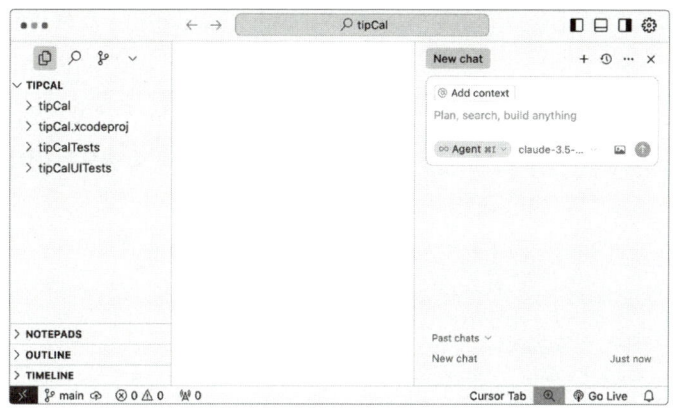

> **주의** 학습 단계에서는 시뮬레이터와 실제 디바이스에서의 제한적인 테스트만으로도 충분합니다. 하지만 애플리케이션을 실제로 배포하려면 Apple 개발자 계정이 필요합니다. 자세한 내용은 [Apple Developer Program](https://developer.apple.com/kr/programs/)을 참조하세요.

● Cursor를 사용한 개발 순서

이제부터 Cursor를 활용해 iOS 앱 개발을 시작해 보겠습니다. 먼저 프로젝트의 코드베이스를 이해한 뒤, 필요한 기능을 차례대로 구현해 나가겠습니다. 이후 시뮬레이터를 활용해 디버깅하고, 앱이 제대로 작동하는지까지 확인해 보겠습니다.

코드베이스 이해하기

iOS 앱 개발을 시작하기 전에 프로젝트의 코드베이스를 이해하는 것이 중요합니다. Xcode나 Swift를 처음 접하는 경우, 프로젝트에 어떤 파일이 있는지, 원하는 앱을 만들려면 어떤 파일을 어떻게 수정해야 하는지 파악하기 어려울 수 있습니다. 따라서 기본 구조를 먼저 확인하는 동시에, Cursor 환경에서 어떤 앱을 만들고 싶은지도 함께 전달하는 것이 중요합니다. 그래야 Cursor가 보다 정확한 코드를 제안할 수 있습니다.

❶ Cursor 창의 오른쪽 상단에 있는 톱니바퀴 아이콘을 클릭해 설정 화면을 엽니다.

❷ 「Indexing & Docs」 탭을 클릭하면 「Codebase Indexing」 화면이 표시됩니다. 코드 인덱싱이 완료되었는지 확인하려면, 상단에 100%와 함께 인덱싱된 파일 수가 표시되고, 하단의 파란색 진행 바가 모두 채워져 있어야 합니다. 또한, 오른쪽에 「Sync」와 「Delete Index」 버튼이 보이면 인덱싱이 정상적으로 완료된 상태입니다. 확인이 끝났으면 「Cursor Settings」 탭을 닫습니다.

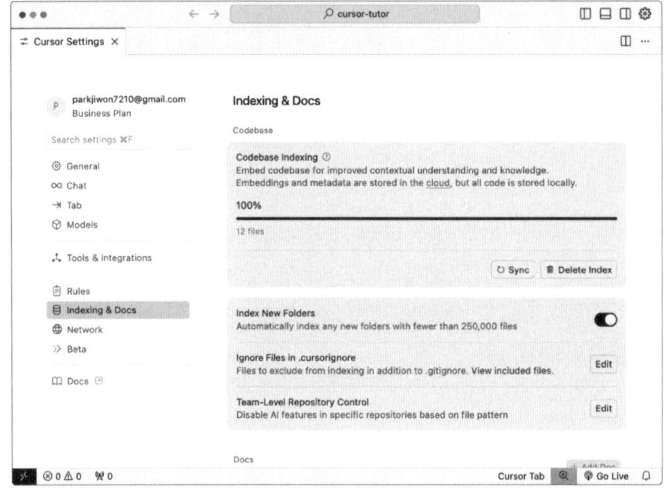

Cursor에서는 해당 폴더를 처음 열면 자동으로 코드 인덱싱이 시작되지만, 프로젝트 규모가 클 경우 시간이 오래 걸릴 수 있습니다. 인덱싱이 완료되었는지 먼저 확인한 뒤, 다음 단계로 넘어갑니다.

❶ Cursor 에디터에서 AI 패널을 엽니다.

❷ 상단에서 「Ask」 모드를 선택합니다.

Ask 모드는 Cursor가 코드베이스 전체를 자동으로 분석해, 질문에 필요한 파일과 내용을 종합적으로 고려하여 답변하는 모드입니다. 특히 코드 구조나 구현 방식에 대한 질문을 할 때는 Ask 모드로 설정해야 보다 정확한 응답을 받을 수 있습니다.

❸ 이어서 Chat 탭을 선택하고, 모델은 「claude-3.5-sonnet」으로 설정합니다.
❹ 프롬프트 입력란에 다음과 같이 입력합니다.

> 프로젝트의 코드베이스 구조를 설명해줘.

AI 어시스턴트는 이 프로젝트가 SwiftUI를 사용한 iOS 애플리케이션임을 자동으로 인식하고, 그에 맞춰 적절한 응답을 제공합니다. 이후의 질문에도 이 문맥이 반영되어 일관된 답변을 받을 수 있습니다.

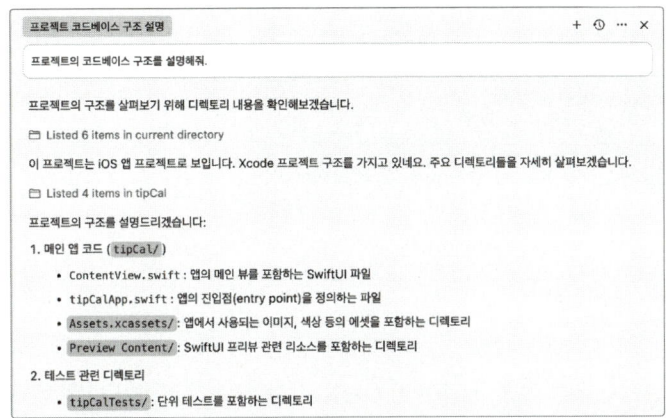

기능 구현

❶ 본격적으로 기능을 구현해봅니다. 다시 「Agent」 모드로 변환하고, 프롬프트 입력란에 아래와 같이 입력한 뒤, 「Send」 버튼을 클릭합니다.

> **Q** 청구 금액과 팁 비율을 입력하면, 팁 금액과 총합이 계산되는 팁 계산기를 만들어 줘.

❷ AI 어시스턴트가 다음과 같이 응답했습니다. 화면에 「ContentView.swift」가 표시된 것을 보면, 코드베이스 정보를 바탕으로 정확히 응답하고 있음을 알 수 있습니다.

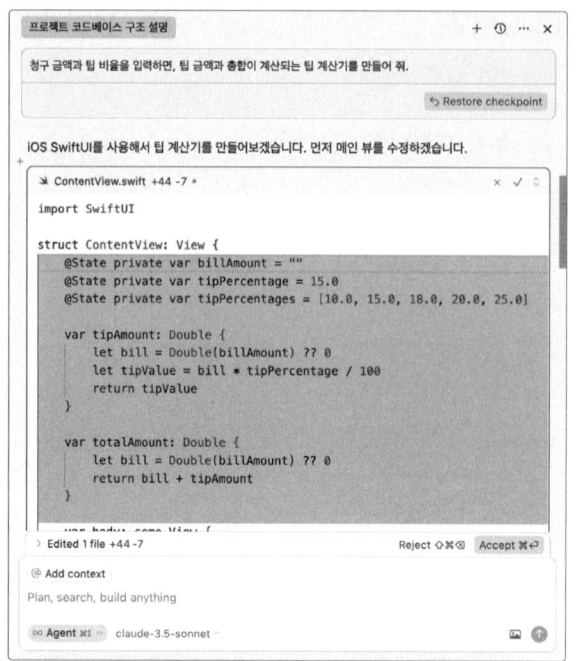

❸ 또한, 반환된 코드 블록 위에 「ContentView.swift」라는 파일명이 표시된 것으로 보아, 이 파일을 수정해야 함을 알 수 있습니다. 「Accept」 버튼을 눌러 제안된 코드를 적용합니다.

```
import SwiftUI

struct ContentView: View {
    @State private var billAmount: String = ""
    @State private var tipPercentage: String = ""
    @State private var tipAmount: Double = 0.0
    @State private var totalAmount: Double = 0.0
    var body: some View {
        VStack {
            TextField("청구 금액", text: $billAmount)
                .keyboardType(.decimalPad)
```

```
            .padding()
            .border(Color.gray, width: 1)

        TextField("팁 비율 (%)", text: $tipPercentage)
            .keyboardType(.decimalPad)
            .padding()
            .border(Color.gray, width: 1)

        Button(action: calculateTip) {
            Text("계산하기")
                .padding()
                .background(Color.blue)
                .foregroundColor(.white)
                .cornerRadius(8)
        }

        Text("팁 금액: \(tipAmount, specifier: "%.2f") 원")
            .padding()

        Text("총 금액: \(totalAmount, specifier: "%.2f") 원")
            .padding()
    }
    .padding()
}

func calculateTip() {
    guard let bill = Double(billAmount), let tipPercent = Double(tipPercentage) else {

        return
    }

    tipAmount = bill * (tipPercent / 100)
```

```
        totalAmount = bill + tipAmount
    }
}

#Preview {
    ContentView()
}
```

❹ 제안된 코드를 반영한 후, 「ContentView.swift」 파일을 저장합니다. (아직 저장되지 않은 파일에는 파일 이름 탭 오른쪽에 ● 마크가 표시됩니다.)

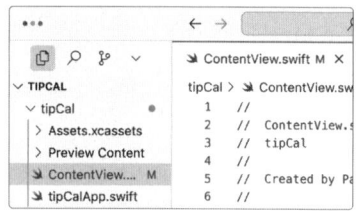

❺ Xcode로 전환하면, 「ContentView.swift」 파일의 변경 사항이 자동으로 감지되어 코드 화면과 오른쪽 미리보기 화면이 업데이트됩니다. 이 시점에서 방금 작성한 코드가 어떤 모습으로 동작하는지 확인할 수 있습니다.

시뮬레이터에서 동작 확인하기

❶ 시뮬레이터를 사용하여 앱의 동작을 확인해 봅시다. 코드 화면의 상단 타이틀 바에 있는 디바이스 선택 메뉴를 클릭하면, 앱을 실행할 디바이스(실기기 또는 시뮬레이터)를 선택할 수 있습니다. 여기서 원하는 디바이스를 선택합니다.

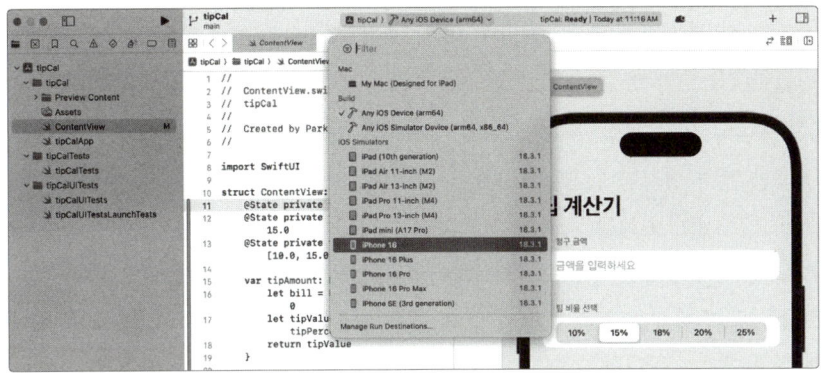

❷ Xcode 왼쪽 상단에 있는 ▶(Run) 버튼을 클릭합니다. 앱이 빌드되고 나면, 「Simulator.app」이 자동으로 실행되어 선택한 디바이스 상에서 앱이 실행된 상태가 됩니다.

❸ 실행된 「Simulator.app」으로 전환하여 앱의 동작을 확인합니다. macOS 상에서의 검증이므로, 키보드나 마우스로 조작을 수행합니다.

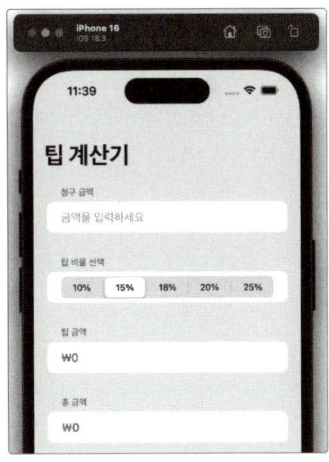

❹ 시뮬레이터에서의 확인을 마쳤다면, Xcode의 ▶(Run) 버튼 왼쪽에 있는 ■(Stop) 버튼을 클릭하여 앱 실행을 중지합니다. 앱은 종료되지만 시뮬레이터는

계속 켜진 상태로 유지되며, 홈 화면으로 전환됩니다. 이 상태에서 Cursor에서 코드를 수정한 뒤, 다시 빌드를 실행하면 시뮬레이터를 처음부터 다시 켤 필요 없이 바로 실행 결과를 확인할 수 있어, 더 빠르게 작업할 수 있습니다.

이처럼 iOS 애플리케이션 개발에 필요한 프로젝트 구성부터 코드 수정, 동작 검증까지의 전 과정을 살펴보았습니다. 처음 접하는 분이라면 이 모든 과정이 생각보다 간단하다는 점에 놀랄 수도 있습니다. Xcode 사용법이나 Swift 언어를 몰라도, 자연어로 지시하는 것만으로도 간단한 iOS 앱을 만들 수 있기 때문입니다.

궁금한 점이 생기면 언제든지 AI 어시스턴트에게 질문할 수 있으며, 이 과정을 시작점으로 삼아 기능을 확장하거나 화면 디자인을 점차 개선해 나갈 수 있습니다. Cursor에서 변경 사항을 프롬프트로 입력하고, 제안된 코드를 반영해 저장한 뒤, Xcode로 전환해 빌드하고 시뮬레이터에서 결과를 확인하는 사이클을 반복하며 개발을 이어가게 됩니다.

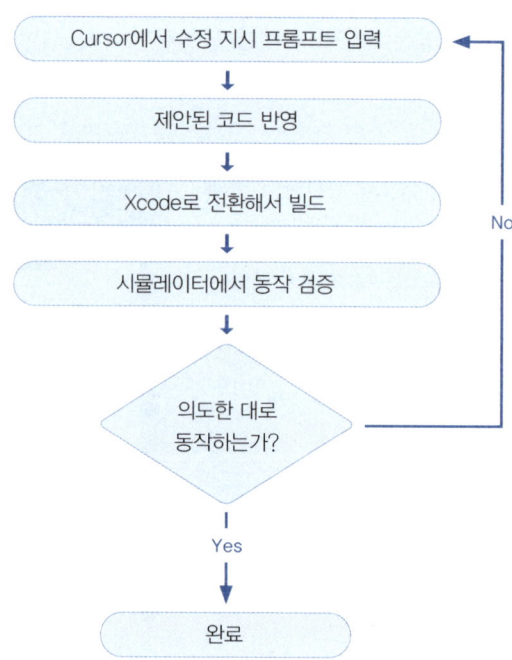

이번 예제에서 AI 어시스턴트가 제안한 코드는, 청구 금액과 팁 비율을 입력하면 팁 금액과 총액을 정확히 계산해 보여줍니다. 다만, 화폐 단위는 원(KRW)으로 설정되어 있습니다. 필자는 '팁'이라는 개념이 미국처럼 팁 문화가 있는 국가를 전제로 했다고 생각했지만, AI 어시스턴트는 프롬프트, 모델, 실행 시점 등에서 그런 배경을 고려하지 않은 것으로 보입니다. (물론 동일한 절차를 따르더라도, 상황에 따라 이러한 요소가 반영되는 경우도 있습니다.)

독자가 동일한 과정을 따라 했더라도, 책에 제시된 코드와는 다른 결과를 얻었을 가능성이 있습니다. 이러한 결과의 차이는 생성형 AI를 활용한 프로그래밍에서 흔히 나타나는 특징 중 하나입니다. 원하는 결과와 실제 생성된 결과 간의 차이를 줄이기 위해서는, 프롬프트를 작성할 때 AI에게 보다 구체적이고 명확한 정보를 세심하게 전달하는 것이 중요합니다.

5.16 Android 애플리케이션 개발하기(Flutter)

앞에서 Swift로 iOS 앱을 개발하는 예제를 통해, 개발이 얼마나 쉬운지, 그리고 프롬프트의 의도와 실제 결과물 사이에 어떤 차이가 발생할 수 있는지를 어느 정도 이해하셨을 것입니다. 이번에는 '팁 계산기' 앱을 예시로, 사양서를 바탕으로 의도에 가까운 프로그램을 만들어보는 방법을 살펴보겠습니다.

이 원고를 집필하는 동안, iOS용 팁 계산기 앱을 여러 차례 만들고 수정하며 개선을 반복했습니다. 그 과정에서 기대한 모습에 가까운 결과물이 나왔을 때, 이를 기반으로 코드를 다듬고, 최종적으로 아래 그림과 같은 TipCalculator 앱을 완성할 수 있었습니다.

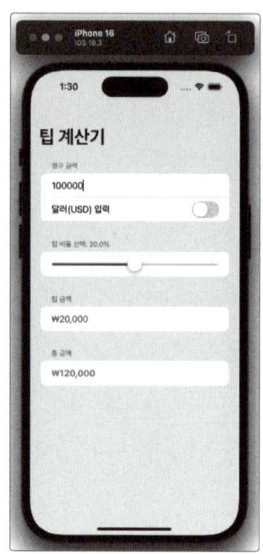

이 앱에서는 슬라이더 컨트롤을 이용해 팁 비율을 10~30% 사이에서 설정할 수 있습니다. 또한, 해외여행 시 유용하게 쓸 수 있도록 달러-원 환율 계산 기능도 넣었습니다.

이번에는 Windows나 Android 스마트폰을 사용하는 분들도 시뮬레이터(Android Studio에서는 '에뮬레이터'라고 부릅니다)로 동작을 확인할 수 있도록, 하나의 코드베이스로 iOS와 Android 양쪽 앱을 개발할 수 있는 플랫폼인 Flutter로의 전환을 진행합니다. 이 전환과 구현 과정을 통해, 프롬프트 작성 방식에 대한 사고 과정을 함께 배워보겠습니다.

● **개발 환경 설정**

Flutter를 사용한 Android 애플리케이션 개발 환경 설정은 다음 순서로 진행합니다. 여기서는 사용자의 홈 디렉터리에 「development」 폴더를 생성한 경우를 기준으로 설명합니다.

Flutter 설치와 설정

다음 순서를 따라 Flutter를 설치하고 개발 환경을 설정해 보겠습니다.

Flutter SDK 다운로드

❶ Flutter SDK 다운로드 페이지(https://docs.flutter.dev/get-started/install)에 접속합니다.

❷ 사용하는 운영 체제를 선택합니다.

❸ 「Install the Flutter SDK」 섹션에서 「Download and install」 버튼을 클릭해 설치 파일을 다운로드 합니다.

❹ 다운로드한 ZIP 파일을 아래 위치에 압축 해제합니다.

- Windows: %USERPROFILE%₩development₩flutter

- macOS: $HOME/development/flutter

경로 설정

Flutter 명령어를 환경 변수 PATH에 추가합니다.

- Windows: %USERPROFILE%₩development₩flutter₩bin 경로를 환경 변수 PATH에 추가합니다.

- macOS: 시작 스크립트 파일(예: .zshrc)에 다음 내용을 추가합니다.

```
export PATH="$PATH:$HOME/development/flutter/bin"
```

Android Studio 설치

❶ Android Studio 공식 웹사이트(https://developer.android.com/studio)에 접속합니다.

❷ 사용하는 운영체제에 맞는 Android Studio를 다운로드합니다.

❸ 다운로드한 설치 파일을 실행하고 안내에 따라 Android Studio를 설치합니다.

Android Studio용 Flutter 플러그인 설치

❶ Android Studio를 실행한 후,

- Windows: 「File」 → 「Settings」를 선택합니다.

- macOS: 「Android Studio」 → 「Settings」를 선택합니다.

❷ 「Plugins」 섹션으로 이동한 후, 「Marketplace」 탭을 선택합니다.

❸ 검색 바에 「Flutter」를 입력하여 Flutter 플러그인을 찾습니다.

❹ 「Install」 버튼을 클릭해 Flutter 플러그인을 설치합니다.

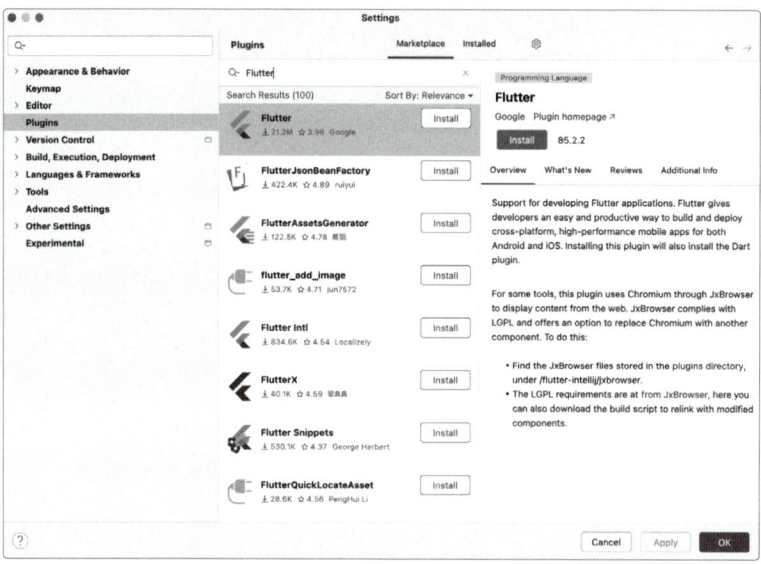

Windows에서의 JDK 설치

Windows 환경에서 Flutter 개발을 할 때는 JDK(Java Development Kit)를 반드시 설치해야 합니다. macOS 환경에서는 별도로 설치할 필요가 없습니다.

❶ Oracle JDK 다운로드 페이지(https://www.oracle.com/java/technologies/javase-jdk11-downloads.html)에 접속합니다.

❷ 라이선스에 동의한 후, 사용하는 Windows 버전에 맞는 JDK 설치 파일을 다운로드합니다.

❸ 다운로드한 설치 파일을 실행하고 안내에 따라 JDK를 설치합니다. (설치 경로는 기본값을 사용하는 것이 좋습니다.)

❹ 설치가 완료되면, 새 명령 프롬프트 창을 열고 다음 명령어를 입력해 설치 여부를 확인합니다.

```
java -version
```

설치한 JDK 버전이 정상적으로 출력되면 설치가 완료된 것입니다.

의존 관계 확인

❶ 터미널(또는 명령 프롬프트)을 열고 다음 명령어를 실행합니다.

```
flutter doctor
```

❷ 이 명령어를 통해 Flutter 개발에 필요한 의존성들이 정상적으로 설치되었는지 확인할 수 있습니다.

❸ 출력 결과에 경고나 문제가 표시될 경우, 안내에 따라 필요한 조치를 취합니다. (Android 애플리케이션 개발에는 Visual Studio가 필수가 아니므로, 해당 항목에 x 표시가 나타나더라도 무시해도 괜찮습니다.)

```
jiwon@mymac ~ % flutter doctor
Doctor summary (to see all details, run flutter doctor -v):
[✓] Flutter (Channel stable, 3.29.3, on macOS 14.7.3 23H417 darwin-arm64, locale
    ko-KR)
[!] Android toolchain - develop for Android devices (Android SDK version 35.0.1)
    ✗ cmdline-tools component is missing
      Run `path/to/sdkmanager --install "cmdline-tools;latest"`
      See https://developer.android.com/studio/command-line for more details.
    ✗ Android license status unknown.
      Run `flutter doctor --android-licenses` to accept the SDK licenses.
      See https://flutter.dev/to/macos-android-setup for more details.
[✓] Xcode - develop for iOS and macOS (Xcode 16.2)
[✓] Chrome - develop for the web
[✓] Android Studio (version 2024.2)
[✓] Android Studio (version 2024.2)
[✓] VS Code (version 1.97.1)
[✓] Connected device (3 available)
[✓] Network resources

! Doctor found issues in 1 category.
jiwon@mymac ~ %
```

이상의 절차에 따라 Flutter SDK, Android Studio, JDK(Windows만 해당)를 설치합니다.

설치나 설정 과정에서 모르는 부분이 생기면 AI 어시스턴트에게 질문해 해결할 수 있습니다.

● **새 프로젝트 작성**

❶ Android Studio를 실행한 후, 첫 화면에서 「New Flutter Project」를 선택합니다.

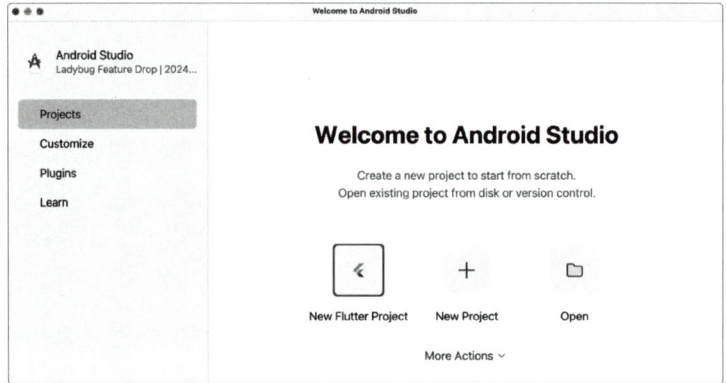

❷ 「Generators」에서 「Flutter」를 선택한 뒤, 「Flutter SDK path」에 Flutter를 설치한 경로를 입력하고 「Next」를 클릭합니다.

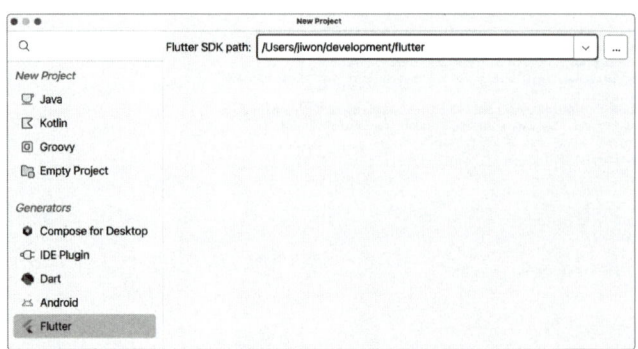

❸ 「New Project」 다이얼로그에서 다음과 같이 설정한 후, 「Create」 버튼을 클릭합니다.

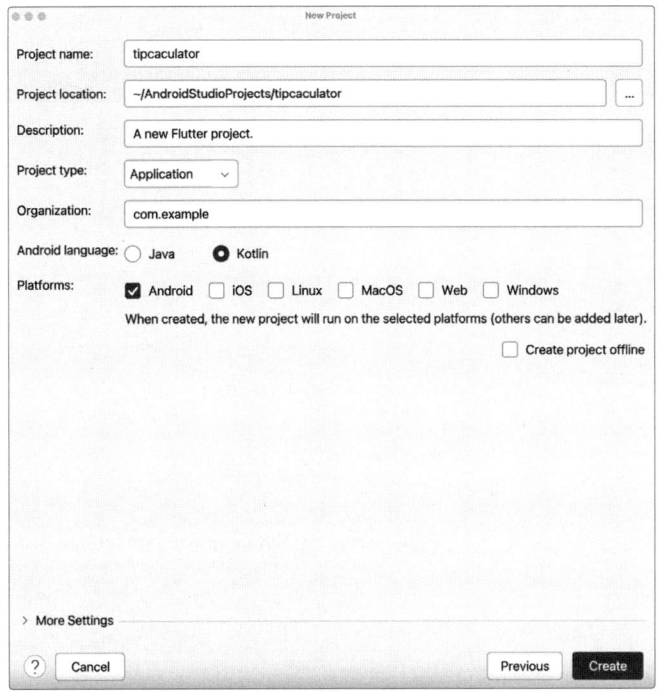

- Project name: 프로젝트 이름을 입력합니다 (예: tipcalculator).
- Project location: 프로젝트의 저장 위치를 선택합니다
  (예: ~/AndroidStudioProjects/tipcaculator).
- Description: 프로젝트 설명을 입력합니다 (예: A new Flutter project).
- Project type: 프로젝트 유형을 「Application」으로 설정합니다.
- Organization: 조직명을 입력합니다 (예: com.example).
- Android language: Android 앱 개발 언어를 Kotlin으로 설정합니다.
- Platforms: 프로젝트의 대상 플랫폼을 「Android」로 선택합니다
  (macOS 사용자는 iOS도 함께 선택하여 동시에 지원할 수 있습니다).

- Create project offline: 오프라인으로 프로젝트를 생성하려면 체크박스를 선택합니다 (선택 사항).

❹ 새로운 Flutter 프로젝트의 초기 화면이 표시됩니다.

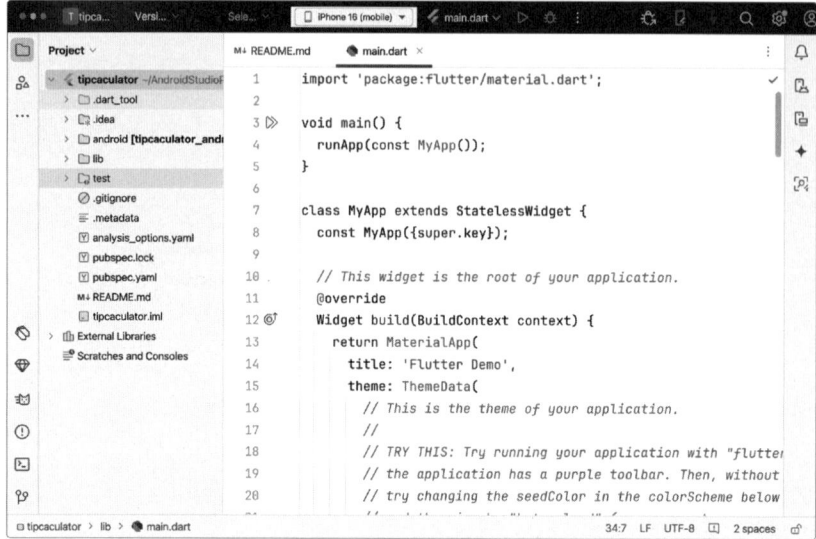

❺ Android Studio에서 동작을 확인할 스마트폰 가상 디바이스(AVD)를 설정합니다. (이미 만들어진 디바이스가 있다면 이 단계는 생략해도 괜찮습니다.)

1. 메뉴 바에서 「Tools」를 선택한 다음, 이어서 「Device Manager」를 선택합니다.

2. 「Device Manager」 창이 열립니다. + 버튼을 클릭하고 「Create Virtual Device」를 선택합니다.

3. 「Select Hardware」 창이 표시됩니다. 「Phone」 카테고리를 선택하고, 리스트에서 디바이스를 선택합니다. 「Next」 버튼을 클릭합니다.

4. 「System Image」 창이 표시됩니다. 에뮬레이트할 Android 버전을 선택합니다. 시스템 이미지를 선택한 뒤 「Next」 버튼을 클릭합니다.

5. 「Android Virtual Device(AVD)」 설정 화면이 표시됩니다. 필요에 따라 AVD 이름, 시작 옵션, 카메라, 네트워크, 메모리 및 저장소 설정 등을 조정합니다. 설정이 완료되면 「Finish」 버튼을 클릭합니다.

❻ Cursor에서 프로젝트를 저장한 폴더를 엽니다.

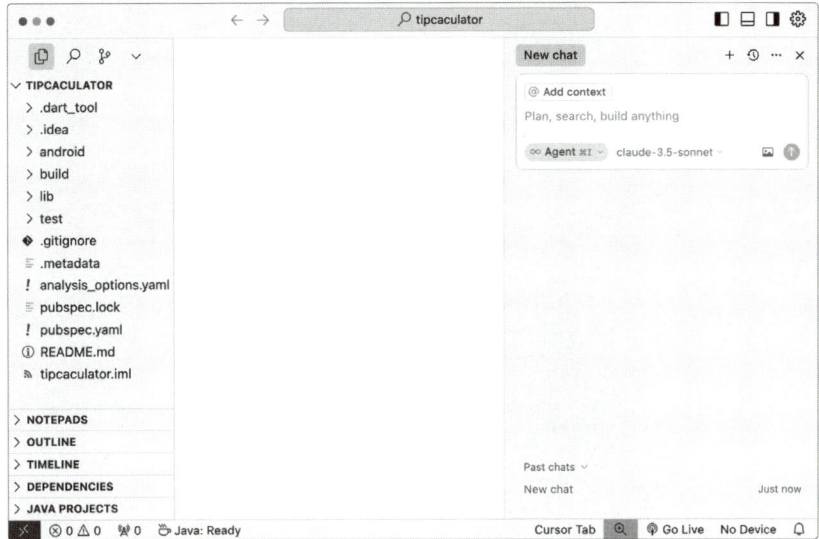

이로써 Cursor에서 개발을 시작할 준비가 완료되었습니다.

이후 프로그래밍은 Cursor에서 진행하며, Android Studio는 구현한 기능을 테스트하는 용도로만 사용합니다.

● 사양서 기반 앱 만들기

패턴 1 - 간단한 사양서 기반 앱 만들기

이번 절에서는 프롬프트를 사양서 형식으로 작성하여 AI에게 요청해보겠습니다. 앞서 「5.15 iOS 애플리케이션 개발하기」에서 생성한 「TipCalculator」 애플리케이션 프로젝트로 잠시 돌아가서, 해당 프로젝트를 바탕으로 사양서를 생성해 보겠습니다. 이때 「ContentView.swift」 파일을 심볼로 참조하며, 사양서를 생성해 달라는 프롬프트를 입력합니다.

@ContentView.swift 해당 iOS 애플리케이션의 사양서를 만들어서 「spec1.md」로 저장해.

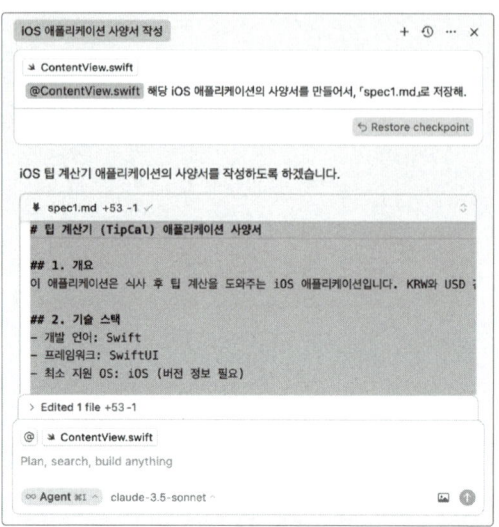

실행 결과 다음과 같은 사양서가 출력되었습니다(「spec1.md」파일).

 # 팁 계산기 (TipCal) 애플리케이션 사양서

1. 개요
이 애플리케이션은 식사 후 팁 계산을 도와주는 iOS 애플리케이션입니다. KRW와 USD 간의 환율 계산도 지원합니다.

2. 기술 스택
- 개발 언어: Swift
- 프레임워크: SwiftUI
- 최소 지원 OS: iOS (버전 정보 필요)

3. 주요 기능

3.1 기본 입력
- 청구 금액 입력 (KRW/USD)
- 통화 선택 기능 (KRW/USD 토글)
- 팁 비율 설정 (10% ~ 30%, 0.5% 단위 조절)

3.2 환율 기능
- USD 선택 시 환율 입력 가능
- 기본 환율: 1 USD = 1,300 KRW
- 사용자 정의 환율 설정 가능

3.3 계산 기능
- 팁 금액 자동 계산
- 총 금액 계산 (청구 금액 + 팁)
- USD 선택 시 KRW/USD 동시 표시

3.4 UI/UX 특징
- Form 기반의 직관적인 인터페이스
- 네비게이션 타이틀: "팁 계산기"
- 섹션별 구분된 정보 표시
    - 청구 금액 입력
    - 환율 설정 (USD 모드)
    - 팁 비율 선택
    - 팁 금액 표시
    - 총 금액 표시

3.5 표시 형식
- KRW: 정수 표시 (소수점 없음)
- USD: 소수점 둘째 자리까지 표시
- 팁 비율: 소수점 첫째 자리까지 표시

4. 시각적 요소
- 팁 금액: 파란색으로 표시
- 총 금액: 녹색으로 표시 (굵은 글씨)
- 통화 기호
  - KRW: ₩
  - USD: $

5. 입력 제한
- 금액 입력: 숫자 키패드만 표시
- 환율 입력: 숫자 키패드만 표시
- 팁 비율: 슬라이더 사용 (10%~30% 범위)

생성형 AI의 특성상 실행할 때마다 출력 결과는 달라질 수 있습니다. 이번 예제에서는 간단한 프롬프트만으로도 비교적 구체적인 사양서가 생성되었습니다.

이제 생성된 사양서(spec1.md)를 방금 Cursor로 연 Flutter 프로젝트 폴더에 저장합니다. 그런 다음 main.dart 파일을 연 상태에서, 아래 프롬프트를 입력해 애플리케이션 생성을 요청합니다. 이때 spec1.md 파일은 심볼로 참조합니다.

 이 사양서 보고 Flutter 앱 만들어줘.
혹시 구현 못하는 부분 있으면 코드 블록 밖에 목록으로 적어줘.
@spec1.md

실행 코드가 제시되고, 코드 블록 외부에는 아래와 같은 주석이 표시되었습니다.

iOS 애플리케이션과 Flutter의 사양 차이로 인해 그대로 이식할 수 없는 부분도 있지만, AI 어시스턴트가 그에 대한 대안을 제시해 준 것으로 보입니다.

구현할 수 없는 부분은 다음과 같습니다:
- NavigationView와 Form은 SwiftUI의 특정 구성 요소입니다. Flutter에서는 Scaffold와 Form 위젯을 사용하여 유사한 기능을 구현했습니다.
- @State는 SwiftUI의 상태 관리 기능입니다. Flutter에서는 StatefulWidget과 setState 메소드를 사용하여 상태 관리를 수행합니다.

제안된 코드 블록 위에 있는 「Apply」 버튼을 눌러 코드 변경 내용을 적용하고 저장합니다. 그다음 Android Studio에서 「Device Manager」를 열고, 기기 옆의 「▷」 버튼을 눌러 에뮬레이터를 실행합니다.

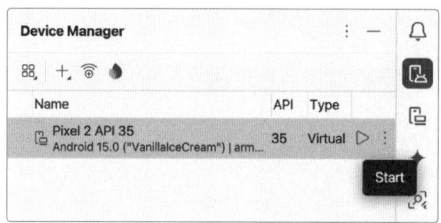

에뮬레이터가 실행되어 스마트폰 화면이 나타납니다. 다음으로 툴바의 녹색 「▶」 (Run) 버튼을 클릭하여 애플리케이션을 에뮬레이터에서 실행합니다.

iOS 네이티브 앱과 Flutter 앱은 외형상 약간의 차이가 있을 수 있습니다. 하지만 청구 금액을 입력하고 팁 비율을 선택하면, 팁 금액과 총액이 정상적으로 계산됩니다.

다만 환율 계산의 타이밍에 문제가 있어, 환율을 입력해도 다시 계산이 되지 않거나 화면에 계산 결과가 올바르게 표시되지 않는 경우가 있습니다. (이 상태에서 팁 비율을 바꾸면 다시 계산이 되며, 값은 일치합니다.)

작은 문제는 있었지만, 소스코드를 직접 수정한 것이 아니라 사양서로부터 생성된 앱이라는 점에서 주요 기능은 재현되었습니다. 이후 앱을 개선하려면 iOS 앱의 경우와 마찬가지로 수정과 실행 과정을 반복하게 됩니다.

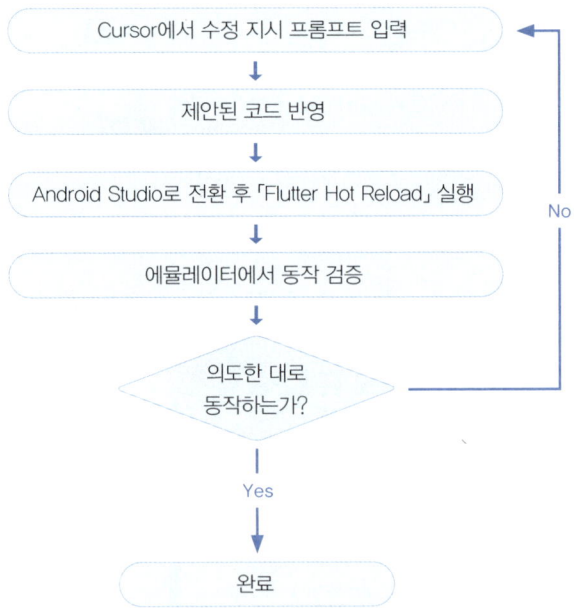

「Flutter Hot Reload」는 툴바에 표시되는 번개 모양 아이콘 ⚡을 누르면, 소스 코드를 수정할 때마다 다시 빌드하지 않고도 앱에 반영할 수 있는 Flutter의 편리한 기능입니다. 문제가 없는 한, 이 기능을 사용하면 개선 사이클을 빠르게 반복할 수 있습니다.

단, Hot Reload 이후 앱 동작이 이상하다면 「Device Manager」에서 해당 기기를 선택한 후, ■(Stop) 버튼과 ▶(Run) 버튼을 차례로 눌러 에뮬레이터를 재시작해야 합니다.

패턴 2 - 상세 사양서 기반 앱 만들기

같은 소스 코드를 기반으로, 이번에는 패턴 1보다 더 자세한 사양서를 먼저 작성해 보겠습니다. 특히 iOS로 만든 앱을 Flutter로 옮길 때 고려해야 할 내용도 사양서에 포함시키는 방식으로 진행합니다.

단순히 '사양서를 작성해 달라'는 요청이 아니라, 어떤 부분에 중점을 두고 구체적이고 '충실한' 사양서를 만들어야 하는지까지 함께 지시하는 것이 핵심입니다.

방금 예시와 같이, 「5.15 iOS 애플리케이션 개발하기」에서 생성한 「TipCalculator」 애플리케이션 프로젝트를 바탕으로 상세 사양서인 「spec2.md」를 생성합니다.

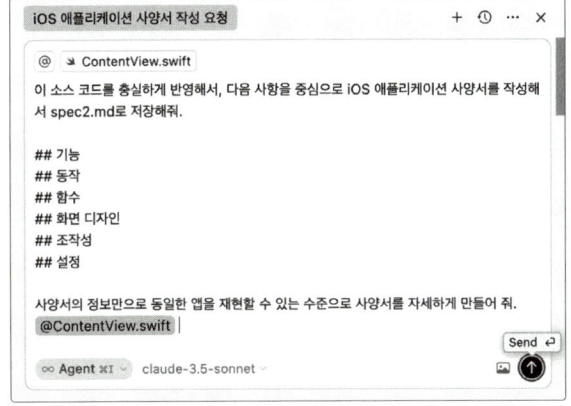

이 소스 코드를 충실하게 반영해서, 다음 사항을 중심으로 iOS 애플리케이션 사양서를 작성해서 spec2.md로 저장해 줘.

기능
동작
함수
화면 디자인
조작성
설정

사양서의 정보만으로 동일한 앱을 재현할 수 있는 수준으로 사양서를 자세하게 만들어 줘. @ContentView.swift

다음과 같은 사양서가 출력되었습니다(「spec2.md」파일).

 # 팁 계산기 IOS 애플리케이션 사양서

기능
- 청구 금액을 입력하여 팁과 총액을 계산
- KRW(원화)와 USD(달러) 간 통화 변환 지원
- 팁 비율 조절 기능 (10%~30% 범위)
- 실시간 환율 설정 기능
- 통화별 금액 표시 (USD 입력 시 원화 금액 동시 표시)

동작
1. 청구 금액 입력
    - 숫자만 입력 가능 (소수점 허용)
    - 통화 선택에 따라 입력 필드 안내 텍스트 변경
    - 입력값이 없을 경우 0으로 처리

2. 통화 변환
    - USD/KRW 토글 스위치로 통화 선택
    - USD 선택 시 환율 입력 필드 표시
    - 기본 환율: 1 USD = 1,300 KRW
    - 사용자 정의 환율 설정 가능

3. 팁 계산
    - 입력된 금액에 선택된 팁 비율을 적용하여 계산
    - USD 입력 시 달러와 원화로 동시 표시
    - KRW 입력 시 원화로만 표시

함수
1. billAmountInKRW
    - 입력된 금액을 원화로 변환
    - USD 선택 시 환율을 적용하여 변환
    - 반환 타입: Double

2. tipAmount
    - 팁 금액 계산
    - 원화 기준 금액에 팁 비율 적용
    - 반환 타입: Double

3. totalAmount
    - 총 지불 금액 계산 (청구 금액 + 팁)
    - 반환 타입: Double

4. formattedTipPercentage
    - 팁 비율을 소수점 첫째 자리까지 표시
    - 반환 타입: String

화면 디자인
1. 네비게이션 바
    - 제목: "팁 계산기"

2. 입력 섹션
    - 청구 금액 입력 필드
    - USD/KRW 토글 스위치
    - 환율 설정 필드 (USD 모드에서만 표시)

3. 팁 비율 섹션
    - 슬라이더 컨트롤

4. 결과 표시 섹션
    - 팁 금액 섹션
        - USD 모드: 달러와 원화 동시 표시
        - KRW 모드: 원화만 표시
        - 파란색으로 강조

    - 총 금액 섹션
        - USD 모드: 달러와 원화 동시 표시
        - KRW 모드: 원화만 표시
        - 녹색으로 강조
        - 굵은 글씨 처리

조작성
1. 키보드
    - 청구 금액 입력: 숫자 키패드 (소수점 허용)
    - 환율 입력: 숫자 키패드 (소수점 허용)

2. 팁 비율 조절
    - 슬라이더로 직관적인 조작
    - 0.5% 단위로 미세 조정 가능
    - 범위: 10% ~ 30%

설정
1. 상태 관리 (@State)
    - billAmount: String (청구 금액)
    - tipPercentage: Double (팁 비율, 기본값 15.0%)
    - isUSD: Bool (통화 선택, 기본값 false)
    - exchangeRate: Double (환율, 기본값 1300.0)

2. 숫자 포맷
    - USD: 소수점 둘째 자리까지 표시
    - KRW: 정수로 표시 (소수점 없음)
    - 팁 비율: 소수점 첫째 자리까지 표시

3. 통화 기호
    - USD: $ 기호
    - KRW: ₩ 기호

패턴 1보다도 더욱 상세한 사양서가 출력되었습니다.

이번에는 iOS 버전 사양서를 Flutter에서 바로 구현할 수 있도록 변환하기 위해, 다음과 같은 프롬프트를 추가로 입력한 뒤, 방금 생성한 「spec2.md」를 참조하여 결과를 「spec2_flutter.md」로 저장해 달라고 요청했습니다.

이 사양서는 iOS 애플리케이션의 사양서야. 이걸 Flutter에서 쓸 수 있도록 변환해서
「spec2_Flutter.md」로 저장해줘.

이식 가능한 부분은 최대한 충실히 반영하고, 이식이 어려운 부분은 사양서 안에 주석으로 남겨줘. 만약 이식이 어려운 부분이 없다면, 그냥 '없음'이라고 써줘.

기능
동작
함수
화면 디자인
조작성
설정 @spec2.md

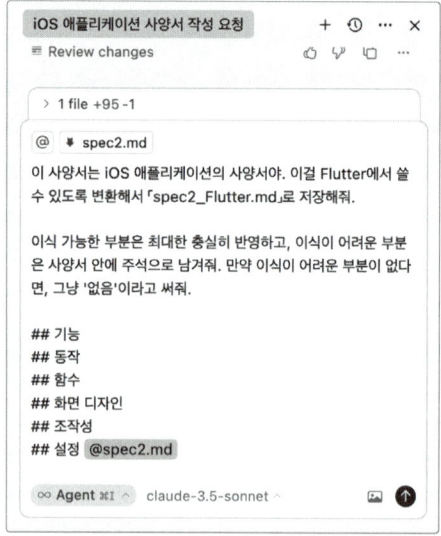

다음과 같은 내용으로 「spec2_Flutter.md」 파일이 저장되었습니다.

팁 계산기 애플리케이션 사양서 (Flutter 버전)

기능
- 청구 금액을 입력하여 팁과 총액을 계산
- KRW(원화)와 USD(달러) 간 통화 변환 지원
- 팁 비율 조절 기능 (10%~30% 범위)
- 실시간 환율 설정 기능
- 통화별 금액 표시 (USD 입력 시 원화 금액 동시 표시)

동작
1. 청구 금액 입력
    - 숫자만 입력 가능 (소수점 허용)
    - 통화 선택에 따라 입력 필드 안내 텍스트 변경
    - 입력값이 없을 경우 0으로 처리

2. 통화 변환
    - USD/KRW 토글 스위치로 통화 선택
    - USD 선택 시 환율 입력 필드 표시
    - 기본 환율: 1 USD = 1,300 KRW
    - 사용자 정의 환율 설정 가능

3. 팁 계산
    - 입력된 금액에 선택된 팁 비율을 적용하여 계산
    - USD 입력 시 달러와 원화로 동시 표시
    - KRW 입력 시 원화로만 표시

함수
1. calculateBillAmountInKRW
    - 입력된 금액을 원화로 변환
    - USD 선택 시 환율을 적용하여 변환
    - 반환 타입: double

2. calculateTipAmount
   - 팁 금액 계산
   - 원화 기준 금액에 팁 비율 적용
   - 반환 타입: double

3. calculateTotalAmount
   - 총 지불 금액 계산 (청구 금액 + 팁)
   - 반환 타입: double

4. formatTipPercentage
   - 팁 비율을 소수점 첫째 자리까지 표시
   - 반환 타입: String

화면 디자인
1. AppBar
   - 제목: "팁 계산기"

2. 입력 섹션
   - TextField: 청구 금액 입력 필드
   - Switch: USD/KRW 토글 스위치
   - TextField: 환율 설정 필드 (USD 모드에서만 표시)

3. 팁 비율 섹션
   - Slider 위젯

4. 결과 표시 섹션
   - 팁 금액 섹션
     - USD 모드: 달러와 원화 동시 표시
     - KRW 모드: 원화만 표시
     - TextStyle: color: Colors.blue

- 총 금액 섹션
    - USD 모드: 달러와 원화 동시 표시
    - KRW 모드: 원화만 표시
    - TextStyle: color: Colors.green, fontWeight: FontWeight.bold

조작성
1. 키보드
    - 청구 금액 입력: TextInputType.numberWithOptions(decimal: true)
    - 환율 입력: TextInputType.numberWithOptions(decimal: true)

2. 팁 비율 조절
    - Slider 위젯 사용
    - divisions: 40 (0.5% 단위 조절을 위해)
    - min: 10.0, max: 30.0

설정
1. 상태 관리 (StatefulWidget)
    - billAmount: String (청구 금액)
    - tipPercentage: double (팁 비율, 기본값 15.0)
    - isUSD: bool (통화 선택, 기본값 false)
    - exchangeRate: double (환율, 기본값 1300.0)

2. 숫자 포맷
    - USD: NumberFormat("#,##0.00")
    - KRW: NumberFormat("#,##0")
    - 팁 비율: NumberFormat("0.0")

3. 통화 기호
    - USD: $ 기호
    - KRW: ₩ 기호

이식 시 주의사항

1. Form 위젯
   - iOS의 Form은 Flutter의 Column이나 ListView로 대체
   - iOS의 Section은 Flutter의 Card나 Container로 구현

2. 네비게이션
   - iOS의 NavigationView는 Flutter의 Scaffold와 AppBar 조합으로 구현

3. 상태 관리
   - SwiftUI의 @State는 Flutter의 setState() 메서드로 대체
   - 더 복잡한 상태 관리가 필요한 경우 Provider나 Riverpod 같은 상태 관리 라이브러리 사용 고려

4. 레이아웃
   - iOS의 Form 기반 레이아웃을 Flutter의 Material Design 또는 Cupertino 스타일로 재구성 필요
   - Padding, SizedBox 등을 활용하여 적절한 간격 조정 필요

Swift 고유의 함수나 설정값 등이 Flutter에서 구현 가능한 형태로 잘 변환되었음을 확인할 수 있습니다. 이제 Flutter 프로젝트로 돌아가, 변환된 Flutter용 사양서 (spec2_Flutter.md)를 바탕으로 애플리케이션을 생성하도록 지시하겠습니다. 이때는 패턴 1과 달리, 프롬프트에 '충실하게'라는 표현을 추가하여 보다 세밀하고 정확한 구현을 유도했습니다.

 Flutter 애플리케이션을 이 사양서를 바탕으로 아래 항목에 유의하여 충실히 만들어줘.
구현할 수 없는 점이 있다면 코드 블록 밖에 목록으로 써줘.
구현할 수 없는 점이 없다면 '없음'이라고 적어줘.
기능
동작
함수
화면 디자인
조작성
설정 @spec2_flutter.md

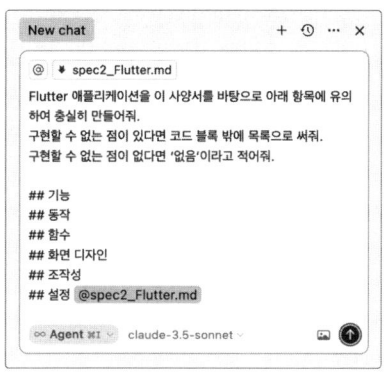

제안된 코드 블록 위의 「Apply」 버튼을 클릭해 코드 변경 내용을 반영하고 저장하고, Android Studio에서 「Flutter Hot Reload」 버튼 또는 「Run」 버튼을 클릭하여 「에뮬레이터」에서 동작을 확인합니다.

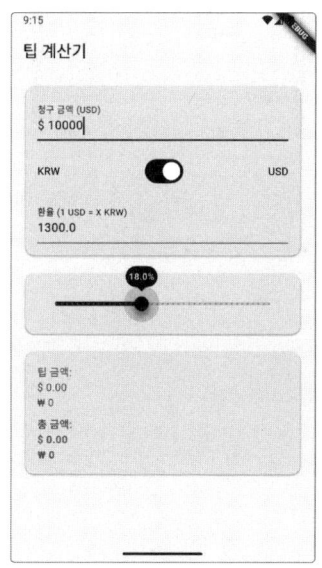

이번에는 iOS 버전과 동일한 기능이 동작하며, 계산 결과도 정확하게 나왔습니다. 자연어로 된 사양서를 바탕으로, 다른 플랫폼에서도 거의 동일한 결과물을 재현할 수 있다는 점을 확인할 수 있었습니다. 그리고 그 핵심은 사양서에 기재된 정보의 구체성과, 프롬프트에 「충실히」라는 지시어를 추가한 점에 있었습니다.

패턴 3 – 사양서를 직접 수정해 애플리케이션 업데이트하기

사양서의 세부 정보나 프롬프트에서 지시하는 방식에 따라, 만들어진 애플리케이션의 재현성이 높아질 수 있음을 확인했습니다.

일반적으로는 여기까지를 출발점 삼아 프롬프트를 기반으로 개선을 이어가지만, 이번에는 사양서를 직접 편집하여 요구사항을 추가하고, 이를 바탕으로 애플리케이션을 만드는 패턴을 실험해 보겠습니다.

패턴 2로 생성된 애플리케이션을 자세히 보면, 슬라이더 컨트롤을 조작하는 동안에만 팁 비율이 표시되고, 다른 조작을 하면 현재의 팁 비율이 보이지 않게 됩니다.

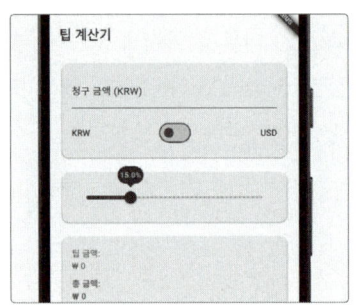

iOS 버전 앱과 마찬가지로 현재의 팁 비율이 표시되도록 하고, 또한 팁 계산은 다양한 통화로 계산되어야 하므로, 드롭다운에서 통화 종류를 선택할 수 있도록 하겠습니다.

패턴 2에서 생성한 「spec2_Flutter.md」 사양서에 다음 요구사항을 추가하고, 「@spec_flutter.v2.md」 파일로 저장합니다.

섹션: 팁 계산

DropdownButton 위젯
- 선택지: 주요 통화 기호 (USD, EUR, JPY, AUD, CAD)

청구 금액 입력
- 라벨: "청구 금액"
- TextField: 플레이스홀더 "청구 금액을 입력"
- 키보드 타입: 소수점 입력 허용
- 팁 비율 슬라이더
  - 슬라이더 범위: 10% ~ 30%

팁 비율 표시
- 라벨: "팁 비율"
- 값: 슬라이더 값 (정수로 표시)

설정된 팁 비율 표시
- 라벨: "팁 비율"
- 값: 설정된 팁 비율 (소수 둘째 자리까지 표시)

팁 금액 표시
- 라벨: "팁 금액"
- 값: 계산된 팁 금액 (소수 둘째 자리까지 표시)
- 선택한 통화 단위에 따른 표시

총액 표시
- 라벨: "총 금액"
- 값: 계산된 총액 (소수 둘째 자리까지 표시)
- 선택한 통화 단위에 따른 표시

'DropdownButton 위젯'은 통화를 선택할 수 있는 항목입니다. 처음에는 익숙한 표현인 '드롭다운'으로 썼지만, 코드 생성 시 정확하게 반영되지 않아서, Flutter에서 실제로 사용하는 컨트롤 이름을 조사해 기입했습니다.

(AI 어시스턴트가 지시대로 따르지 않을 때는, 자신의 의도를 AI에게 명확히 전달할 수 있도록 표현을 바꿔 쓰는 것도 도움이 됩니다.)

이 업데이트된 사양서를 바탕으로, 아래 프롬프트를 통해 애플리케이션 생성을 지시합니다.

 Flutter 애플리케이션을 이 사양서에 충실하게 만들어줘.
다음 항목에 주의해:
- 기능
- 동작
- 함수
- 화면 디자인
- 조작성
- 설정

구현할 수 없는 점은 코드 블록 밖에 리스트로 정리해줘.
구현 불가능한 부분이 없다면 '없음'이라고 써줘.
@spec_flutter.v2.md

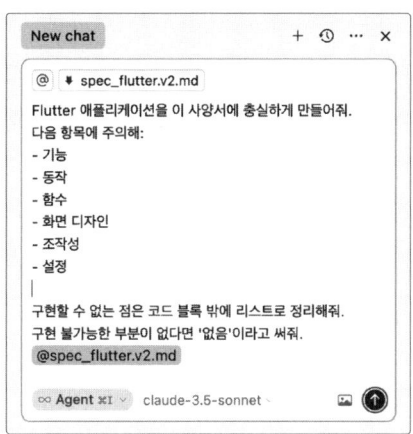

제안된 코드 블록 위의 「Apply」 버튼을 클릭해 변경 사항을 적용하고 저장합니다. 그런 다음 Android Studio에서 「Flutter Hot Reload」 버튼 또는 「Run」 버튼을 클릭하여 에뮬레이터에서 동작을 확인합니다.

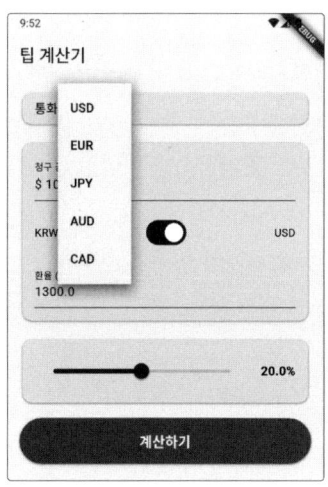

통화를 드롭다운으로 선택할 수 있게 되었고, 현재의 팁 비율도 슬라이더 컨트롤 오른쪽(화면에서는 20%)에 표시되도록 바뀌었습니다. 하지만 환산 금액 표시가 자동 계산 방식이 아닌 '계산' 버튼을 눌러야 다시 계산되는 방식으로 되돌아간 점은 의문입니다.

생성형 AI에 의해 코드가 생성될 때 이러한 케이스는 종종 발생하며, 사양서대로 구현되지 않은 것은 확률적인 이유일 가능성이 큽니다. 이럴 때는 동일한 프롬프트로 여러 번 생성해보는 것이 효과적이며, 특히 프롬프트를 통해 "지정한 기능 외에는 변경하지 마라"와 같은 지시를 추가하는 것도 도움이 됩니다.

추가하고자 했던 기능은 모두 반영되었고, 동작에도 문제는 없었습니다. 스토어에 공개하는 앱이라면 디자인 측면에서 좀 더 다듬을 필요는 있겠지만, 기능면에서는 충분히 실용적인 수준입니다. 이 시점에서 다시 한번 코드와 함께 상세한 사양서를 작성해 저장해두면, 사양서와 소스 코드의 버전을 일치시켜 관리할 수 있습니다.

이번 예제가 다소 길어졌기 때문에 마지막으로 핵심 사항을 정리해 보겠습니다.

- 간단한 프롬프트나 사양서만으로도 생성된 코드의 완성도는 크게 달라질 수 있다.
- 사양서의 기술 정도나 프롬프트 작성 방식에 따라 코드 결과의 편차를 조절할 수 있다.
- 사양서와 소프트웨어는 양방향으로 전환이 가능하며, 양쪽 버전을 함께 유지하는 것이 중요하다.

이 책의 예제는, 독자 여러분이 생성 AI를 활용한 프로그래밍 사고방식을 익힐 수 있도록 사례를 제시하는 것을 목적으로 하고 있습니다. 이러한 예제를 참고하여, 직접 시행착오를 겪으며 노하우를 쌓아가시길 바랍니다.

(지면 관계상, 각 단계에서 AI 어시스턴트가 제시한 프로그램은 생략하였지만, 프로그램의 소스 코드는 GitHub에 공개되어 있습니다.)

6장

Cursor 개발 기법

6.1 프롬프트 기법

● **프롬프트 엔지니어링**

AI 어시스턴트에게 효과적으로 지시하거나 질문하는 기술을 '프롬프트 엔지니어링'이라고 합니다. 이는 AI를 활용한 프로그래밍에서 반드시 갖추어야 할 핵심 역량입니다.

프롬프트 엔지니어링의 기초는 OpenAI와 Anthropic에서 제공하는 문서를 통해 익힐 수 있으므로, 먼저 이 문서들을 정독할 것을 권장합니다.

- OpenAI

  https://platform.openai.com/docs/guides/prompt-engineering

- Anthropic

  https://docs.anthropic.com/en/docs/build-with-claude/prompt-engineering/overview

● **프로그래밍에 특화된 프롬프트 작성 요령**

앞서 소개한 프롬프트 엔지니어링의 기본 개념과 OpenAI 및 Anthropic의 문서를 통해 익힐 수 있는 기초 지식을 바탕으로, 이제 프로그래밍에 특화된 프롬프트 작성 요령을 소개합니다. 특히 'AI 어시스턴트가 스스로 해결책을 고민하도록 유도한다'는 관점에서, 프로그래밍에 특화된 프롬프트 엔지니어링의 사고방식을 정리해 보았습니다.

❶ 목표를 명확히 전달하기

　- 프로그램의 목적이나 구현하려는 기능을 분명히 설명합니다.

❷ 세부 구현은 간단히 지시하기

　- 구체적인 구현 방법보다는 필요한 조건이나 제약사항만 간단히 전달합니다.

- AI가 유연하게 문제 해결 방식을 고민할 수 있도록 여지를 남깁니다.

❸ 구체적인 예시 제시하기

- 주요 사용 사례나 입력 예시 등을 함께 제시하면, AI가 보다 적절한 코드를 생성할 수 있습니다.

❹ 단계적으로 개발 요청하기

- 복잡한 프로그램은 작은 기능 단위로 나누어 순차적으로 개발할 수 있도록 합니다.
- AI가 각 기능을 개별적으로 작성하고, 이를 기반으로 전체 구조를 완성해 나갈 수 있습니다.

❺ 리뷰와 피드백 제공하기

- AI가 생성한 코드에 대해 정확한 피드백을 제공합니다.
- 개선점이나 추가 요구사항을 전달함으로써 AI가 더 나은 결과물을 만들도록 유도할 수 있습니다.

● 화면(UI) 디자인에 특화된 프롬프트 작성 요령

❶ 화면 구성 요소와 배치

- 버튼, 입력칸 등 각 UI 요소의 위치를 설명합니다.
- 요소의 위치, 크기, 간격 등을 구체적으로 지정해 줍니다.

❷ 요소의 종류와 기능

- 사용할 UI 요소의 종류(예: 버튼, 체크박스, 드롭다운 등)를 명확히 지정합니다.
- 각 요소의 역할이나 기능도 함께 설명합니다.

❸ 디자인 분위기와 테마

- 색상, 폰트, 아이콘 등 전체적인 디자인의 스타일과 분위기를 설명합니다.
- 예: 모던, 심플, 플랫 스타일 등

❹ 화면 크기 대응

- 스마트폰, 태블릿, PC 등 어떤 기기에서 사용할지 명시하고, 해당 기기에 맞춰 레이아웃이 조정되도록 합니다.

❺ 이미지나 목업 제공

- 실제 화면 이미지나 목업을 제공하면, AI가 요구사항을 더 정확히 이해할 수 있습니다.
- 시각적인 자료는 디자인 요구를 명확히 전달하는 데 큰 도움이 됩니다.

● **리버스 프롬프팅**

리버스 프롬프팅은 프로그램 코드를 보고, 그 코드가 어떤 프롬프트로 만들어졌는지를 자연어로 거꾸로 유추해보는 방법입니다. 이 과정을 통해, AI 모델이 더 좋은 코드를 만들 수 있도록 효과적인 프롬프트를 작성하는 방법을 배울 수 있습니다.

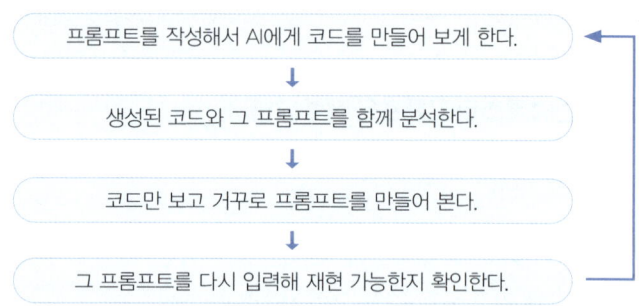

학습용 소스코드로는 GitHub에서 평가가 좋은 오픈소스(OSS) 프로젝트를 활용하는 것이 좋습니다. 이런 프로젝트를 다운로드한 뒤, 소스코드를 바탕으로 사양서나 프롬프트를 직접 작성해보고, 그 내용을 평가해보는 방식이 효과적입니다.

이 과정을 반복하다 보면 재현성이 높은 프롬프트를 만들 수 있고, 이를 라이브러리나 템플릿 형태로 정리해두면 프로그래밍 작업의 생산성을 크게 높일 수 있습니다.

● 이미지로 설명하기

이미지는 텍스트로 설명하기 어려운 내용을 보다 쉽게 전달할 수 있습니다. Cursor에서는 비전 기능(이미지 인식 기능)을 지원하는 모델도 제공하므로, 이미지를 활용한 지시를 적극적으로 사용할 것을 권장합니다.

예를 들어 에러 메시지가 길거나 복잡할 때, 또는 수정하려는 UI를 말로 설명하기 어려울 때는 화면을 캡처해 프롬프트에 첨부하면 긴 설명 없이도 상황을 효과적으로 전달할 수 있습니다.

● 심볼 참조의 활용 범위

모델이 학습하지 않은 정보를 필요할 때마다 직접 참조할 수 있는 심볼 참조(Symbol Referencing) 기능은 매우 강력합니다. 다만, 참조 범위가 너무 넓으면 오히려 효과가 떨어질 수 있습니다. 그럴 땐 아래와 같이 참조 범위를 좁혀주는 것이 좋습니다.

❶ 웹사이트 참조
❷ 공식 문서나 API 명세서를 Docs에 등록해서 참조
❸ 관련 정보가 있는 페이지의 URL 참조
❹ 참조하려는 사이트나 코드 파일을 로컬에 저장해서 파일로 참조

이처럼 제공하는 정보를 가능한 명확하고 구체적으로 좁혀주면, AI 모델이 해당 정보를 보다 정확하고 효율적으로 활용할 수 있습니다.

특히 소프트웨어, 프레임워크, 환경 설정 등 최신 버전에 대한 정보가 필요한 경우, 모델이 기대한 답을 제대로 생성하지 못하는 일이 자주 발생합니다. 이러한 경우에는 최신 정보를 명확히 지정해 주는 것이 중요합니다. 최신 문서나 자료를 정확히 참조할 수 있도록 하면, AI가 보다 정밀하고 신뢰도 높은 결과를 생성할 가능성이 높아집니다.

● **프로그래밍 지식**

생성형 AI를 활용한 코드 생성의 가장 큰 장점 중 하나는, 프로그래밍 지식이 없어도 자연어만으로 어느 정도의 코드를 만들 수 있다는 점입니다.

하지만 기능이 복잡해지거나, 디버깅이 필요하거나, 정교한 제어가 요구되는 상황에서는 프로그래밍 지식이 필요합니다.

따라서 AI가 생성한 코드를 제대로 평가하려면, 프로그래밍 언어의 문법, 알고리즘, 디자인 패턴, 베스트 프랙티스(권장되는 코드 작성 방식) 등에 대한 이해가 필요합니다. 또한, 더 나은 코드를 생성하기 위해서도 이러한 프로그래밍 지식을 바탕으로 프롬프트에 적절한 정보를 담는 능력도 중요합니다.

따라서 프로그래밍 언어에 대한 깊은 이해와 실전 경험은, AI가 생성한 코드를 이해하고, 필요할 때 수정하거나 직접 고치는 데 큰 도움이 됩니다. 여기에는 코드 읽기, 디버깅, 리팩터링 능력 등이 포함됩니다.

이처럼 프로그래밍 지식은 생성형 AI를 활용한 프로그래밍에서 다음과 같은 중요한 역할을 합니다.

- 코드의 품질을 평가한다.
- 고품질 코드를 생성하기 위한 적절한 지시를 제공한다.
- 생성된 코드를 이해하고 수정하는 데 필요한 기반이 된다.

품질 높은 프롬프트를 작성하려면 프로그래밍 지식이 필요합니다. 프로그램의 구조를 설계하고, 좋은 코드 작성 방법을 이해하고 있다면, AI에게 더 정확하고 효과적인 지시를 줄 수 있습니다.

처음에는 생성형 AI를 활용해 프로그래밍을 시작하고, 생성된 코드에 주석을 달거나 간단히 수정해보는 것부터 시작해도 괜찮습니다. 궁금한 점이 생기면 AI 어시스턴트에게 질문하거나, 코드를 검색해보며 하나씩 배워가면 됩니다.

프롬프트를 통해 프로그래밍을 배우는 방식은 교과서식 학습과는 다른, 다소 거친 스타일일 수 있지만, 생성형 AI 시대에 어울리는 새로운 프로그래밍 학습 방식이 될 수 있습니다.

6.2 코드 보호

생성형 AI로 코드를 생성할 때는, 프롬프트에 명시하지 않은 부분까지 코드가 변경되는 일이 종종 발생합니다. 또한 사용하는 API의 버전이 바뀌면서 기존 코드와 호환되지 않는 문제가 생기기도 합니다. 이러한 상황을 예방하려면 코드 보호와 버전 관리에 각별히 신경 써야 합니다.

● 「Accept」 전에 변경 내용 확인

「Apply」 버튼으로 이루어지는 코드 변경이 여러 부분에 걸치는 경우, 내용을 확인하지 않고 일괄적으로 「Accept」하는 일은 피해야 합니다. 에디터 화면에서 변경된 각 블록마다 「Accept」 또는 「Reject」를 선택해가며 확인하고, 신중하게 판단합니다.

● 변경 범위의 제한

❶ Cmd K 사용
- Cmd K는 선택한 범위만 변경 대상이 되므로, 그 외의 코드가 바뀌는 위험을 줄일 수 있습니다.

❷ 변경하고 싶은 코드 블록을 명확하게 지정
- AI 패널의 Chat을 통해 지시할 경우, 변경하려는 코드 블록을 명확히 지정합니다.

변경 범위가 50행 이내라면 Cmd K를, 50행을 초과한다면 AI 패널의 Chat을 활용하는 방식으로 구분해 사용하는 것을 권장합니다.

● 모듈(파일)의 분할

프로그램 소스 파일은 기능 단위로 나누어 모듈별로 분할하는 것이 기존의 모범 사례입니다. 생성형 AI를 사용할 때는 의도하지 않은 코드 변경을 방지하는 측면에서도 이 방식이 특히 중요합니다.

생성형 AI로 프로그래밍할 경우, 별다른 지시가 없으면 하나의 소스코드 파일에 여러 모듈이 뒤섞여 작성되는 경향이 있으므로 주의가 필요합니다. 이럴 때는 프롬프트에 "모듈로 분할할 수 있나요?"와 같이 작성해 AI 어시스턴트에게 분할을 제안하는 것도 좋은 방법입니다.

파일을 기능별로 나누어 하나의 소스코드를 작게 유지하면, 코드 생성이나 `Apply` 버튼을 눌렀을 때의 갱신 처리 속도도 향상될 수 있습니다.

● Git을 활용한 버전 관리

의도치 않은 변경으로부터 코드를 원래 상태로 되돌리기 위해, Git과 같은 버전 관리 도구의 활용은 그 어느 때보다 중요해졌습니다.

● 이전 단계로 되돌리기 및 코드베이스 복원

Cursor는 파일을 닫지 않는 한 변경 이력을 유지합니다.

- Undo 기능(⌘+Z (Mac)/Ctrl+Z (Win))을 사용하면 이전 단계로 되돌릴 수 있습니다.
- Restore Checkpoint 버튼을 누르면 변경 전 상태의 코드베이스로 복원할 수 있습니다.
- Chat 이력에 남아 있는 코드 블록을 복사하여, 특정 시점의 코드 상태로 되돌리는 것도 가능합니다.

6.3 Tips

● 파일 저장 시 자동으로 줄 끝 공백 제거하기

코드를 작성할 때 눈에 잘 보이지 않는 줄 끝 공백이 생기는 경우가 종종 있습니다. 이러한 공백은 버전 관리(Git) 시 불필요한 변경 이력을 발생시키고, 코드 품질에도 영향을 줄 수 있습니다. Cursor에서는 settings.json을 통해 저장 시 자동으로 모든 줄 끝의 공백을 제거할 수 있습니다.

❶ Cursor 설정 화면을 엽니다.

- Windows: 「File」 → 「Preferences」 → 「VS Code Settings」 또는 [Ctrl]+[,]
- macOS: 「Cursor」 → 「Preferences」 → 「VS Code Settings」 또는 [⌘]+[,]

❷ 설정 화면 우측 상단에 있는 「Open Settings (JSON)」 아이콘을 클릭합니다.

❸ settings.json 파일이 에디터에서 열립니다.

❹ 아래 설정을 settings.json에 추가합니다.

```
{
    ...
    "files.trimTrailingWhitespace": true
}
```

❻ 설정 파일을 저장합니다.

❼ Cursor를 다시 시작하면, 설정이 반영됩니다.

이제부터는 아래 사진처럼 코드 끝에 불필요한 공백이 있어도, 파일을 저장하는 순간 자동으로 제거됩니다.

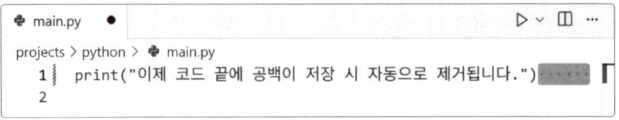

● **동일한 프롬프트 반복 전송**

Cursor에서는 한 번 보낸 프롬프트를 다시 전송할 수 있습니다. 이미 전송된 채팅에서 프롬프트 입력란의 「Send」 버튼을 클릭하면, 해당 프롬프트가 다시 보내집니다.

생성형 AI의 응답은 확률적인 특성을 가지기 때문에, 기대한 답변이 나오지 않았을 경우 단순히 다시 전송하는 것만으로 더 나은 결과를 얻을 수 있습니다. 물론, 모델을 변경하거나 프롬프트를 약간 조정하고, 심볼 참조 정보를 추가한 후 다시 전송하는 것도 가능합니다.

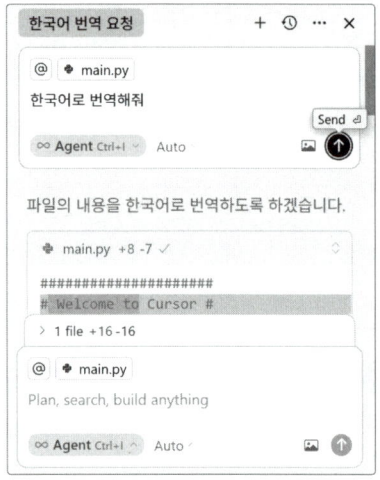

하지만 다시 전송할 때는 주의가 필요합니다. 다시 전송하면 이전 응답은 덮어써져서 사라집니다. 프롬프트에 실수가 있었거나 코드 블록이 깨진 응답이라면 상관 없지만, 이전 응답을 남겨 두고 참고하고 싶다면 '다시 전송'이 아니라, 새로운 프롬프트로 보내는 것이 좋습니다.

즉, 이전 응답을 남겨두고 비교·참조하고 싶다면 새로운 프롬프트로 보내고, 이전 응답을 삭제하고 다시 보내고 싶다면 이전 프롬프트를 '다시 전송'하는 식으로 구분해서 사용하는 것이 좋습니다.

● 변경된 부분만의 코드 제시 프롬프트

코드 수정을 요청하는 프롬프트에 대해, 기본적으로는 변경 대상 파일 전체 코드가 반환됩니다. 그로 인해 코드 양이 많을 경우, 응답 시간이 길어지거나 도중에 끊겨 「Continue」 버튼이 표시되는 경우도 자주 발생합니다.

이 문제에 대한 대응으로, 프롬프트에 「변경된 코드만 응답해」라고 명시하는 것이 효과적입니다. 이 지시를 통해 변경된 부분의 코드만 응답받을 수 있게 됩니다.

「Apply」 버튼을 눌러 반영된 수정 결과는 전체 코드를 받든, 변경된 부분만 받든 동일하므로, 수정된 부분만으로 충분하다면 변경된 코드만 응답받는 것이 더 효율적입니다.

아래는 「변경된 코드만 응답해」 지시의 유무에 따른 응답 길이 차이 예시입니다.

애플리케이션 타이틀을 "팁 계산기"에서 "TipCalculator"로 변경해.

 애플리케이션 타이틀을 "팁 계산기"에서 "TipCalculator"로 변경하고, 변경된 코드만 알려줘.

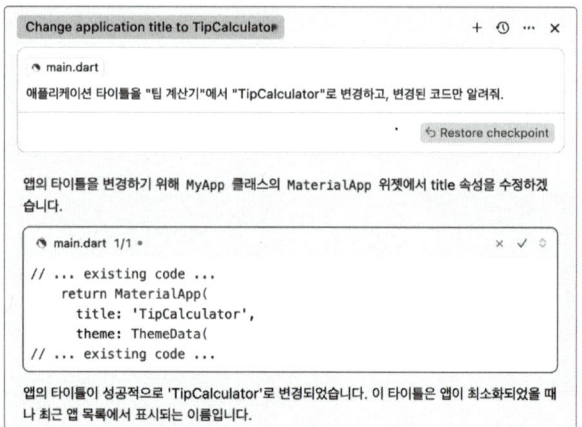

하지만 응답에 전체 코드가 포함되어 있는 경우에는, Chat 이력에서 해당 부분을 찾아 복사함으로써 손쉽게 그 시점의 코드로 복원할 수 있습니다.

반면, 변경된 부분만 포함된 코드 응답에서는 이러한 방식으로 복원하기 어렵습니다. 따라서 두 방식은 상황에 맞게 적절히 구분하여 사용하는 것이 좋습니다.

또한 「변경된 코드 부분만 응답해 주세요」라는 프롬프트를 사용하면, 이후의 프롬프트에 대해서도 변경된 부분만 계속해서 반환되는 경향이 있습니다.

전체 코드가 포함된 응답이 필요한 경우에는, 「코드 전체를 출력해 주세요」처럼 명확한 지시를 함께 제공하는 것이 필요합니다.

● 마크업 언어, 태그 언어의 Cmd K 변환

마크업 언어나 태그 언어는 정보의 구조나 계층을 표현하기에 적합하여, 컴퓨터나 AI가 이해하기 쉬운 형식입니다. 하지만 사람에게 직관적이거나 이해하기 쉬운 형식이라고 할 수는 없습니다. 특정 형식에서 다른 형식으로 변환하려면 전용 도구를 찾아 설치하거나 제작할 필요가 있지만, 더 간단하고 빠른 방법도 있습니다.

변환하고자 하는 데이터 범위를 선택한 후, Cmd K 대화상자를 열고 「○○ 형식으로 변환해.」라고 지시하기만 하면, 간단하게 변환할 수 있습니다.

 CSV에서 마크다운 형식으로 변환해.

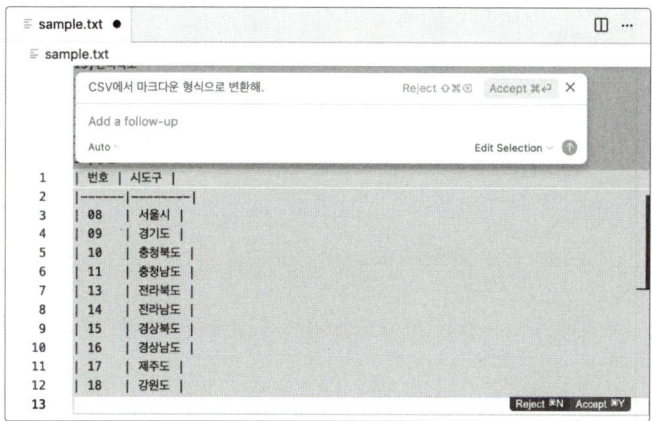

마크다운 형식에서 JSON 형식으로 변환해.

```
1  [
2    {
3      "번호": "08",
4      "시도구": "서울시"
5    },
6    {
7      "번호": "09",
8      "시도구": "경기도"
9    },
10   {
11     "번호": "10",
12     "시도구": "충청북도"
13   },
```

 마크다운 형식에서 XML 형식으로 변환해.

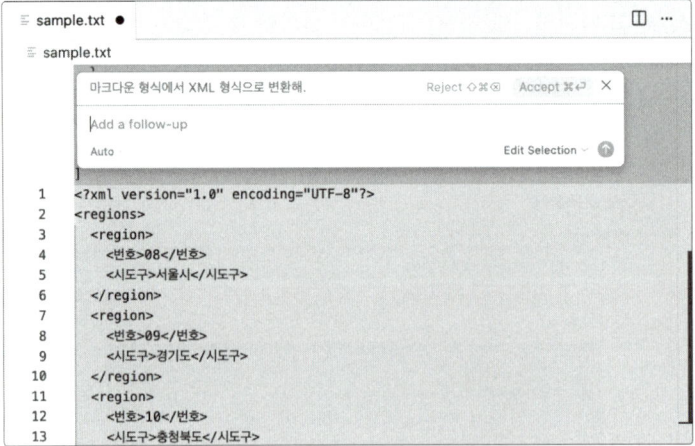

프롬프트를 체계적으로 작성할 때, ChatGPT에서는 마크다운 형식이 널리 사용되지만, Claude에서는 XML 태그를 사용하는 것이 프롬프트 엔지니어링의 모범 사례

중 하나로 권장됩니다. Claude에서 사용하는 XML 태그 형식에 대한 자세한 내용은 아래 링크에서 확인할 수 있습니다.

https://docs.anthropic.com/ja/docs/use-xml-tags

각 모델의 응답 정확도를 높이기 위해, ChatGPT용 마크다운 프롬프트를 Claude용 XML 형식으로 변환한 후 전달하는 것도 유효한 방법입니다. 이때는 Cmd K 기능을 활용하면 변환을 더욱 손쉽게 수행할 수 있습니다.

6.4 마지막: AI로 인해 프로그래머는 더 이상 필요하지 않은 존재가 될까?

Cursor와 같은 AI 에디터의 등장으로 프로그래밍의 효율은 크게 향상되고 있습니다. 앞으로 대규모 언어 모델(LLM)의 발전에 따라, 더욱 코드 자동화가 실현될 것입니다. 그러나 이것이 프로그래머나 프로그래밍 언어에 대한 지식이 불필요해진다는 뜻은 아닙니다.

프로그래밍에는 문제 해결 능력, 창의성, 복잡한 시스템 설계 등, AI만으로는 대응할 수 없는 많은 요소가 포함되어 있습니다. 프로그래머는 이러한 능력을 활용해, AI 에디터가 생성한 코드를 적절히 조정·개선하고, 프로젝트의 목적에 맞게 최적화하는 역할을 담당합니다.

확실히, AI 에디터의 진화로 인해 단순히 코드를 작성하는 프로그래머의 필요성은 줄어들 수 있습니다. 하지만 AI 에디터를 효과적으로 활용해 고품질의 소프트웨어를 개발하려면, 새로운 유형의 프로그래머가 필요하다고 말할 수 있습니다. 즉, AI 에디터의 기능을 깊이 이해하고 그 잠재력을 최대한 끌어낼 수 있어야 합니다. 동시에 프로젝트 요구사항과 제약을 적절히 파악하고, AI 에디터가 생성한 코드를 적절히 커스터마이즈할 수 있는 능력도 요구됩니다.

이처럼 AI 에디터와 협력하면서 더욱 창의적인 소프트웨어 개발을 실현할 수 있는 사람이야말로 앞으로의 시대에 요구되는 인재일 것입니다. AI 에디터의 진보와 함께, 프로그래밍의 새로운 가능성을 열어가는 프로그래머의 중요성은 앞으로도 계속해서 높아질 것입니다.

마치며

Cursor를 처음 사용했을 때부터 감탄의 연속이었습니다. 「이 멋진 개발 환경을 더 많은 사람들에게 알리고 싶다. 직접 사용해보게 하고 싶다.」는 생각이 이 책을 집필하게 된 원동력이었습니다.

개발이 빠르게 진행되고, 업데이트가 잦은 소프트웨어이기에 집필에도 속도가 요구되었습니다. 생성형 AI에 교정을 맡기는 분업 체제를 도입한 덕분에, 과거에 집필했던 책들보다 두 배 이상 빠른 속도로 원고를 완성할 수 있었습니다. 다만 주요 LLM과 Cursor의 업데이트 주기가 엇갈리는 바람에 정보의 최신 상태를 유지하는 데는 다소 어려움이 있었습니다. (집필 중 Cursor가 3일 연속 업데이트되기도 했습니다.)

그럼에도 불구하고, 새로운 기능에 놀라며 원고를 작성하는 작업은 신선하고 흥미로웠습니다. 생성형 AI를 활용한 프로그래밍 분야는 지금 이 시대에서 가장 흥미로운 기술 영역일지도 모릅니다. 이 책을 통해 그러한 매력과 가능성이 독자 여러분께 전달되기를 바랍니다.

이 책은 「AI가 할 수 있는 일은 AI에게 맡기자」는 철학 아래 집필되었습니다. 프로그래밍이나 원고 교정은 물론, 5장까지 사용된 화면 이미지와 PDF 샘플까지 모두 ChatGPT(DALL·E 3)를 활용해 제작했습니다. 표지 커버 이미지 역시 Adobe Firefly에서 생성한 후, Photoshop의 뉴럴 필터로 마무리했습니다. 아직은 이미지 생성 AI의 세부 조정에 한계가 있지만, 머지않은 미래에는 프롬프트 대화만으로도 수정이 가능해질 것입니다.

이 책은 최신 생성형 AI 기술을 통합적으로 활용한 결과물입니다. 불과 1년 전만 해도 상상할 수 없었던 기획이었으며, AI의 비약적인 진화와 그로 인한 가능성을 실감케 해주는 책이 되었습니다. 독자 여러분도 이 책을 통해 AI와 함께 미래를 만들어 가는 첫걸음을 내딛기를 기대합니다.

끝으로, 이 책의 기획과 출간 기회를 주신 옴사의 관계자 여러분, 원고에 많은 조언을 해주시고 멋진 커버 이미지를 제작해주신 편집자 하시모토 코스케 님께 깊이 감사드립니다. 집필에 집중할 수 있도록 도와주신 주식회사 키 플래닝의 스태프 여러분, 그리고 생활 전반에 걸쳐 따뜻한 지지를 보내준 아내 마유미에게도 진심으로 감사드립니다.

※ Cursor의 최신 변경 사항은 저자의 GitHub에서도 확인하실 수 있습니다.
https://github.com/kinopeee/cursor-perfect-guide

키노시타 유이치로

AI 에디터 커서 Cursor
완벽 가이드

1판 1쇄 발행 2025년 7월 7일

저 자 | 키노시타 유이치로
역 자 | 김모세
발행인 | 김길수
발행처 | ㈜영진닷컴
주 소 | (우)08512 서울특별시 금천구 디지털로9길 32
         갑을그레이트밸리 B동 10층
등 록 | 2007. 4. 27. 제16-4189호

ⓒ 2025. ㈜영진닷컴

ISBN | 978-89-314-8049-8

이 책에 실린 내용의 무단 전재 및 무단 복제를 금합니다.
파본이나 잘못된 도서는 구입하신 곳에서 교환해 드립니다.

YoungJin.com Y.